欲 望 的 快 樂 科 學

享樂的藝術

L'art
de Jouir

米歇·翁福雷 Michel Onfray 著　劉漢全 譯

L'Art de Jouir-pour un materialisme hedoniste

Copyright © 1991 by Editions Grasset & Fasquelle

Chinese Translation Copyright © 2005 by Borderland Books, a division of Cité Publishing Group

Published by arrangement with Editions Grasset & Fasquelle

本書中文譯稿由北京生活・讀書・新知三聯書店授權台北邊城出版社獨家出版發行

ALL RIGHTS RESERVED

享樂的藝術——欲望的快樂科學

作　　者　米歇・翁福雷 Michel Onfray

譯　　者　劉漢全

封面設計　王政弘／prworks@giga.net.tw

美術設計　呂德芬／der.fan@msa.hinet.net

圖片編輯　蕭雅陽

責任編輯　李亞南

發 行 人　涂玉雲

出　　版　邊城出版 城邦文化事業股份有限公司

　　　　　台北市信義路二段213號11樓

　　　　　電話：（02）2356-0933 傳真：（02）2356-0914

發　　行　英屬蓋曼群島商家庭傳媒股份有限公司城邦分公司

　　　　　台北市民生東路二段141號2樓

　　　　　讀者服務專線：0800-020-299

　　　　　服務時間：週一至週五9:30～12:00；13:30～17:30

　　　　　24小時傳真服務：02-25170999

　　　　　讀者服務信箱 E-mail：cs@cite.com.tw

　　　　　劃撥帳號：19833503英屬蓋曼群島商家庭傳媒股份有限公司城邦分公司

　　　　　城邦網址：http://www.cite.com.tw

香港發行　城邦（香港）出版集團

　　　　　香港北角英皇道310號雲華大廈4/F 504室

　　　　　電話：852-25086231 傳真：852-25789337

馬新發行　城邦（馬新）出版集團

　　　　　Cite（M）Sdn.Bhd.（458372U）

　　　　　11, Jalan 30D/146, Desa Tasik, Sungai Besi,

　　　　　57000 Kuala Lumpur, Malaysia

　　　　　電話：603-90563833 傳真：603-90562833

初版一刷　2005年6月30日

再版一刷　2005年7月30日

版權所有・翻印必究（Printed in Taiwan）

ISBN 957-299153-1

定價 350元（本書如有缺頁、破損、倒裝，請寄回更換）

目錄

巴黎訪談

採訪／邱瑞鑾

問：對你來說，哲學是什麼？

答：哲學對我是一種「間隔」，是隔開在一個距離之外思考的訓練，並且思考所得要在日常生活裡看到影響力。哲學不是論述，也不是對語言，或是對某個文本的理論建構，而是一種思考活動的邀約，與生活實踐。其實這也是古代哲學家的傳統。哲學思考應該產生信念，以取代宗教的位置。這意思是說，我們在哲學思考之前和之後不會是同一個人。哲學，讓我們邂逅一整個宇宙，並製造意義，影響我們的存在。一位哲學家，他一生的傳記也應該能夠見證他的思想，有他對政治、女人、金錢、權力等等看法的實踐。

問：你在拿到博士學位後，不願到大學教書，而選擇中學，二十年的中學哲學教師生涯後，又在兩年前離開公家教育系統，創辦「人民大學」，實踐你自己的教育理想。為什麼會有這些想法？這和你個人的求學經驗有關？和法國的學院教育有關？

答：我的政治立場是馬克思，思想偏向尼采，而且我青少年時代在性方面的問題等於就是佛洛伊德。十四、五歲時一開始接觸哲學，生命大受啟發，便選擇了攻讀哲學。當年在遠離巴黎的外省大學念書，想的是當一個哲學教授，後來一門伊壁鳩魯學派的課更讓我清楚瞭解理性傳統之外的思想，我幾乎是立刻被享樂學派迷住。這一派學說在傳統哲學的教育裡，一直是被視為次要的。他們以享樂為中心，從自己的身體開始、發展出自我的明確信念（confession），就像尼采在《快樂的科學》前言裡所表示的：「我們一直是自己個人的哲學。哲學首先是身體的自傳與信念。」在歷史上伊比鳩魯的思想默默的一脈相承，尤其在反基督教思想的立論上時常有享樂學派的痕跡。像蒙田也可以說是賀拉斯（Horace）一派的伊壁鳩魯學派。

在我求學和教學的過程中，哲學課程的內容總是限在柏拉圖、笛卡爾、康德等一路的理性哲學，而忽略了像是古希臘的享樂學派、犬儒學派，或是十八世紀唯物主義的霍爾巴赫

作者於巴黎寓所
邱瑞鑾 攝

（Holbach）、愛爾維修（Helvétius），或是費爾巴哈等這一路的思想傳統。與其說學校裡教的是哲學，不如說是教哲學史，而且是有偏廢的哲學史。我不願意在大學教書，因為大學不是一個教人思考的地方，還常常複製著整套社會系統，這有違我自由主義者的天性。因此，我希望能辦一所入學不看文憑、離開學校不看成績、也沒有學費負擔的學校。只要有意願求知便隨時可以進修的學校。有人批評學生上我的課，多少將它視為一種「哲學治療」，我的回答是：「從來沒有哪門哲學裡沒有政治和心理分析」。

問：你的「人民大學」不收費用，那你……

答：對，有意願來參與的人不需繳學費，我只靠我的版稅收入。

問：回到現實的教育制度來談，法國似乎常處在這種學院傳統與非學院傳統的抗衡？

答：學院要的是哲學史教師，不需要哲學家。早期，法蘭西一世為了平衡索邦大學的學院教育，設立了國王學院，敦聘思想上有創見的人士自由講學。但時到今日，國王學院還不是拒絕了德勒茲，也沒有聘請過德里達。沙特當年還很難找得到教職。學院常常忽略真正的哲學家，對學院外的哲學家的批評往往不是在學術上針對他們的思想。所以像德里達等人常常是先在法國以外獲得肯定，要到過世以後，他們的地位才會在法國得到認可。

問：那什麼是你心目中理想的哲學教育？

答：我心目中最理想的教育是伊比鳩魯提出的「哲學的花園」，在一個開放、流動的空間裡，無論貧富、男女、老少，每個人都在這裡交會，是一個

「以友誼建構起來的哲學社團」，是一個以學習為樂、追求智慧的社團，學習哲學的目的在於自我的轉化，最終的目的是為追求人存在的純然愉悅。

問：在你的著作中經常探討一般哲學書裡不談的主題，例如身體、美食、感官等。這些主題關聯到什麼樣的哲學思想？又怎麼和傳統的理性哲學對話？

答：我的理念是由反理性哲學的哲學出發，思索怎麼在尼采、佛洛伊德、馬克思、基督教思想之後談享樂學派，我依然相信系統哲學的思考方式，相信哲學是綜合命題，享樂學派其實和這一點並不衝突。它可以是一套理論，所見的是有一致性的世界全貌，相關也會探觸到許多的領域。

我處理美食、聽覺、視覺、香水、旅行等題材，是要談「存在中純然的樂事」，這當然是直接源自於享樂學派的思想。談我們唯一擁有的這個身體的直接經驗。我談的身體不是以柏拉圖的方式、以掛空的概念來談，而是享樂學派裡的實實在在的肉體，會吃喝、能觀看、要碰觸的肉體。身體的份位、身體對思想所起的作用、我們能從身體獲得什麼、身體又對人產生什麼影響……種種這些都還有很大的研究空間。

柏拉圖的理性主義一直是西方哲學的大傳統，這個建基在「純粹理性」的哲學史由笛卡爾、康德等一脈傳承，發展至今，整個西方哲學幾乎不外乎柏拉圖的理性。我在研究中指出，很多理性其實是建築在非理性上。身體常常引發「間離」，身體上起的作用，讓我們思想上起了大反轉，就像笛卡爾的夢就是一個好例子，還有盧梭肉體的迷狂也是。我在這《享樂的藝術》書裡便引了許多論證，試著從以前哲學家的傳記裡找出身體對他們思想的「間隔」作用，在這作用之後，整個思想的哲學系譜才展開。所謂理性便常常是建築在身體這個非理性的基礎上。

最終，我希望能在這些論述裡，談反理性哲學史的哲學史。

問：在你的每一部著作的扉頁上，都引了一段尼采的話。尼采對你有很深的影響？

答：尼采是影響我最深的哲學家。但受尼采的影響，不是說想法和尼采一樣，而應該說從尼采的思想為出發點。我常說自己是「左派的尼采主義者」，我認同他的生命哲學，而且批評政府、批評權力、批評消費社會等。

問：你除了在政治、教育問題之外，也在另外一本書裡探討到了自由主義的愛情觀，也就是說兩性自由。而在《享樂主義》這本書裡，談薩德的篇幅不少。是否薩德對你的主張有影響之處？

答：薩德可以說是某種封建的享樂學派，我對他的興趣只限制在某個限度內；他相信君主的無上權力，他否定他者，這些和我的想法有很大的差異。我談自由主義的愛情觀，主要是建築在兩性平等的基礎上，彼此不以社會規範、法律、權力互相限制，正視身體的慾望，追求個人充分開展，在兩性間建立極致美好的關係，在親密關係中仍然能保有個人的自由。這不能簡單的等同於虛無主義的性解放。

問：你的寫作方式和一般傳統哲學家很不同？這樣的風格更能表現你思考的內容？

答：我想是。理性傳統的哲學談概念，陳述方式自然不同。我每一本書都先從自己的經驗出發，一方面交代書的來由，再方面也表明了思考帶有主觀性。我關注的肉體為中心的享樂主義、反理性傳統，在文字上也就希望能表現同樣的理念。

問：曾經深研中國哲學嗎？或是研究過房中術嗎？

答：這方面我只有很粗淺的認識，我很有興趣去瞭解，儒家也許比較強調人社會化的重要，道家在形上學。在中國的房中術中，有個想法倒是讓我很佩服：女人能讓男人得到高潮，從前西方是不談這一點的，尤其是在基督教傳統裡。

問：對東方的讀者，你有沒有什麼特別要說的話？

答：我想，我和東方讀者的邂逅會是一段偉大愛情故事的開始。

「活得使你渴望再活一次，這樣活著是你的責任。」

尼采《遺言錄》1881－1887

JULIEN OFFROI LA METTRIE
der Arzney-Kunst Docter und Mittglied der
Königl. Societet der Wissenschaften zu Berlin

拉美特里（Julien Onffroy de la Mettrie ，1709—
1751），從拉美特里開始，法國走向唯物主義哲
學。他最知名的著作就是《人是機器》與《享樂的藝
術》。他聲稱「唯一的哲學」就是「人體的哲學」，
人的心靈最終依賴於人的肉體。

0 悼拉美特里

我傾慕拉美特里，他冷嘲熱諷，傲慢無禮，肆無忌憚，出言不遜。在那充滿了令人怡然自得的樂觀主義時代，同時發展了他的享樂主義。我傾慕這位專門喜歡撰寫小冊子大肆抨擊的作者，他本是醫生，卻備受同行責難。我傾慕這位不稱職的丈夫和父親，他迷戀上一個甚至談不上長得好看的妓女。我傾慕這位哲學家，伏爾泰[1] 評論他說：「他擯棄道德和羞恥，頌揚邪惡，教誨縱欲放蕩，而這一切卻並非出於惡意。」我傾慕這位思想家，他著書立說，對肉體的享樂讚不絕口，也知道該死的適得其時。他別出心裁，用鷹肉代替雞肉，加上豬肉和生薑，又塞進一些過期走味的豬油，做成餡餅，大啖之後，因消化不良而一命嗚呼。我傾慕這位浪子，這個自由的靈魂，這位徹底的無神論者，他覺察到了「必然」的專制性格。他的全名是朱里安・翁福雷・德・拉美特里。

純屬祖上取名巧合，我竟然與拉美特里同姓翁福雷。既然已僭用了這位名人的赫赫姓氏，那我索性一不做二不休，就大不敬地再盜用他一篇文章的題目做我的書名吧，也就是那篇絕妙的短文：《享樂的藝術》。

---

[1] 伏爾泰（Voltaire，1694—1178），法國啟蒙運動的代表人物。

「我們在夜裡徘徊，被烈火吞噬。」
居伊・德博

I 我的道德系譜

我的身體好像正從一個裂口中逃逸，這個裂口是在我覺得像是心的那個地方用刀片割開的。這個裂口吸吮著我的血和肉，吸吮著一切本來會以靈魂的方式表現的東西。肌肉緊張到痙攣，甚至快成了礦物般的無機物，而心臟有節奏的跳動聲正化為持續的尖鳴。意識正消失在它現在唯一能感覺到的，如世界末日般的苦難之中。我現在只不過是一個巨大的痛苦，扭曲著，絕望地尋找一個減輕痛苦的姿勢。但一切都是枉然。有時，恍惚中，我在一閃而過的影像裡，看到自己化為純粹的苦痛，就像是玻璃或水晶一樣，眼看就要被砸得粉碎。這時迴盪在耳畔的是地質解體般的奇異轟鳴。

凝聚在某一點上的疼痛，劇烈到了極至，甚至消除了「痛苦本身」和「意識到這種痛苦」之間的距離。一種奇特的鍊金術正在把肉體液化成熾烈的能量。接下來的氣化則在每一瞬間都可能發生，這將意味著終結——我所希望的終結。

醫生的診斷是心肌梗塞。那是十一月三十日星期一，我就要二十八歲了。我的肉體受到某種智慧的啟蒙。這個啟蒙將我引向了享樂主義。

救護車姍姍來遲。地凍天寒。我覺得霧氣在沙沙作響，籠罩著還將持續兩三個小時的寒夜。我躺在車外的擔架上，腿太長，腳懸在空中。我被抬進車裡。只來得及看到，在鄰居廚房的黃色燈光驅散了黑暗的地方，站著我的鄰居。我的痛苦成了他看的熱鬧。我心中掠過一絲譏諷的微笑，腦際浮現了盧克萊修[2]的話：「隔岸看狂風暴雨掀起的巨瀾，旁觀不幸的人與死亡抗爭的驚險，那是很愜意的。這倒不是因為人們對他人幸災樂禍，而是因為看到那些自己從未受過的痛苦而感到安慰。」伴隨著盧克萊修的名言，是我的醒

---

[1] 居伊・德博（Guy Debord，1931—1994），法國境遇主義者（situationist），電影製片與哲學家，其名著為La société du spectacle。譯註。

[2] 盧克萊修（Titus Lucretius Carus，約99B.C.—55B.C.），古羅馬詩人和哲學家。譯註。

悟，但，也許只是疲倦。門關上了，車開走了。

路上，想必是那針嗎啡產生了效果。救護車緩緩而行，長路漫漫無盡，熟悉的道路坑窪不平，車拐彎時小心翼翼，路邊橙黃的燈光隨著行進節奏時明時暗，這一切將我送往醫院的路上。我想，我就要死了。

奇怪得很，我在氧氣瓶上乳白色油漆的光澤上運用起我的意識和清醒來了。那光澤就像一幅有趣的地圖，當我漫遊其中，微觀的世界霎時變得大了起來，接納了一個充滿不安的巨大靈魂。氧氣瓶上白漆的縷縷刷痕，宛若一道道連綿不斷象牙色凝結了的淚水。

後來疼痛使我閉上了眼睛。從下救護車到進醫院急救室，我所必須做的每一個動作都痛苦不堪。我渴望長眠，渴望那種令人恢復元氣的死亡。這時我只能聽到這個世界。光線撥開我的眼皮，我仰面朝天，只看見刺目的氖燈和白色的瓷磚。痛徹心扉的疼痛終於可以忍受了，但我仍然寧願用生命換取這一切的結束。雖然這不太合理，既然事已至此，那麼客觀實在的全部狀態應該已經充分顯露。至少，有一點應該教人安心，那就是一切不可能更壞了。

我聽到針頭在鋼盤裡碰撞的金屬聲。聽覺變得異常敏銳。憑著這種奇異的能力，我知道藥液正從針管裡排出。聲音從瓷磚牆上反射回來。我閉上雙目，更加清楚地聽到共鳴、迴響，以及寂靜發出的無聲的喧囂。我感覺到一個導管從手臂的皮膚下穿入。在外科手術燈一片雪亮的光芒中，我睜開眼，先是看到瓶子，隨後看到蠕動的、綠色的軟管在我的肌膚下輸送著藥液。

痛苦發生了奇異的變化。一種痛苦消失後，另一種不同的痛苦隨之出現而且更形強烈。在經受了那種鋼絲割裂心肌的痛苦之後，我又經受了另一種痛苦，那就像是用極細的針頭剝開我的纖維組織，又像是用亂針刺紮我的肌肉。有時軀體乏到極點，我產生了結束這一切的欲望，產生了對死亡的渴求。當痛苦將一切控制力消滅殆盡時，當軀體轉變為一具動物的軀殼時，空無就變得甜美而令人嚮往了。像野獸一樣痛苦，實際上就是在經歷意識與智慧的逃逸，就是在經歷卑下的生成。這時，肉體成了死亡的藏身之地。

我聽到身邊的醫生、護士和那位緊急派來的心臟科專家在討論著什麼。他們把一些可笑的藥丸放在我的舌頭下面，讓我比較它們的效果，並說出我比較喜歡哪一種。我真想放聲大笑，這一笑將就此終結我的存在。我只想即刻了結一切，其他都是無足輕重的。更滑稽可笑的是，我竟然還有餘暇欣賞到一位護士小姐的驚慌失措。有一粒藥丸她找不到了。沒有這粒藥丸，藥種就不全了，我將因用藥不足而死亡。生命直到最後的時刻都是一場鬧劇。後來我得知，給我的那些靈丹妙藥原本是為我的鄰床病友準備的。那天凌晨，他曾企圖自殺，後來被搶救了過

盧克萊修（Titus Lucretius Carus，約99B.C.—55B.C.），古羅馬詩人和哲學家。

《聖經》中的三王來朝即東方三博士朝拜初生的耶穌。圖為十六世紀初所繪之〈東方三賢士的崇拜〉。

來。這已經不是他第一次企圖自殺了。

我想像著自己的身體附著在一個齜牙咧嘴的東西的周圍，一個裡面有著傷口的東西的周圍，我的生命正從這個傷口裡從容不迫地溜走。我所有受傷的地方，所有被撕裂的地方，所有疼痛的地方，都在持續不斷地噴發著，帶走我一塊塊的軀體。身體的感覺、形狀和聯繫似乎正在四分五裂，正在變成一種奇特的瘋狂，一種肉體的錯亂。死亡遲遲不來。我一直承受著巨大的痛苦，也一直在詛咒這種生命的延續。活下去，對我已毫不重要。我已經沒有力氣繼續演出「生存」這齣惡毒的喜劇。我希望那深紅色的、沉重的、令人愉快的帷幕最終降落在舞臺上。

專家們的初步分析結果出來了。他們決定用直升飛機把我送往區醫療中心。但是大霧彌漫，這個行動即使可能，也是困難重重。這時候，用一塊橡皮膏固定在我鼻孔處的兩根膠管正在給我輸送氧氣。一股股涼氣有節奏地鑽進鼻孔，發出輕微的嘶嘶聲。

我被救護車運走了。我躺在氣墊上，這個氣墊維持著我對四肢的記憶。那是癱瘓而毫無活力的四肢，它們就像失去了固有的

形狀一般，死亡似乎就是在這裡宣佈了它的降臨。轉移使我重又感覺到外面的寒冷。雖然蓋著被子，汗水還是化成了一層冰冷的薄膜，一層薄如蟬翼的冰——至少我是這樣想像的。我想經歷這種令我不快的溫差。我渴望舒適的死亡。

長路漫漫。我體驗到肉體無法適應時間所產生的那種奇異的感覺，持久性代替了沙漏的客觀性。痛苦化作了節奏、分秒、瞬間。我對生與死都不再抱有任何渴望。我不想再回到可笑荒謬而沒有意義的世界。與死亡如此靠近，卻擦肩而過，我覺得這實屬不該。這樣好像有點缺乏品味，因為人應該死得其時。

到達救命地之後，要把受到創傷的整副軀體暴露無遺，赤裸的肉體就像東西或是機器一樣被翻來覆去地檢查。死亡是簡單的，因為死亡就是將肉體永久地化成純粹的物體。但痛苦卻複雜得多了，痛苦是將肉體置於不純粹的狀態，被動與意識、混亂與知識、無能與確信，這一切相互糾纏，亂成一團。皮膚被割裂，肌肉被翻開，軀體被貫穿。一群斥候被送進主動脈，沿著血管壁滑

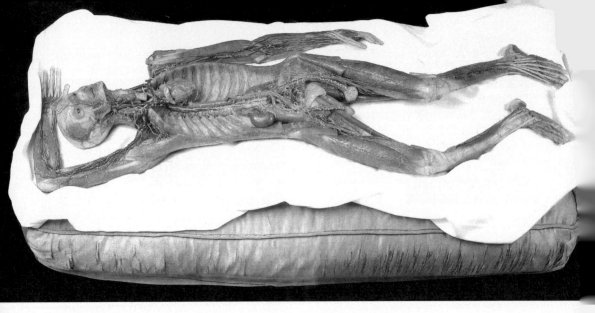

人體解剖蠟像。現藏於 "La Specola" Museum of National History of the University of Florence。

動，一直通往心臟，結成金屬的花束。血從割開的腹股溝裡湧出，順著大腿淌了下來。我想像著自己的血正玷污著自己的肉體，鮮紅的熱血在濕潤的白色皮膚上流淌。

　　穿著綠色罩衣的高大身體在我周圍忙個不停。他們的臉上戴著僵直的大口罩。燈光熾烈，將一切陰影驅散得一乾二淨。我的軀體裹在外科手術布裡，變成了刀和剪的進攻目標。手術布上有一個開口，只露出幾平方釐米的肉體和皮膚。一個斥候猛地鑽進我的股動脈，我彷彿覺得有一個鋼鐵般的手指突然穿透我大腿的肌肉。這條鋼鐵般的蛇向著心臟游移行進。它在我的軀體之中，在我的血液之中，在我的體液的脈衝之中，盡情吮著死亡，興奮得如癲如狂。人們對痛苦的觀念使得痛苦變得崇高起來了。我知道是我的肉體正受著殘酷的蹂躪，我從監測器上看到這一切，但這並不足以使我相信，這就是

我。我在拒絕這個肉體，這個肉體也在拒絕著我。

　　醫生們終於離開了我受創的軀體，總算曲終人散了。他們把意識從他們所探測的這個物體中驅走了。他們打趣地、漫不經心地、猶如聊家常一樣地宣告了此事的結束，就好像生命在此之前，已在最後的一陣痙攣中離開了肉體，然而其實痙攣此刻仍恣意橫行於肌肉之中。做手術的人舉起雙手，淺色的橡膠手套已被鮮血染紅。他向後退去，外罩上的斑斑血跡映入我的眼簾——他幹的是正屠宰牲口的行當。

　　一位男護士將我抱起，我覺得自己的赤裸是一種動物的退化，但我那過分衰頹的意識甚至已無法對此作出判斷。羞恥與純潔已同歸於盡。人們將我放在病床上，我離開了冰冷的手術枱，躺到了柔軟的被褥裡。我暗自悲歎，這次我又死不成了，我仍須毫無道

理地承受著同樣的痛苦。

* * * * * * * * * * * * * * * * *

　　急診室就像是生命的會客室，也像是死亡的會客室。每一具骨架都被探測，都被連在儀器上。這座儀器把心臟的變異化為曲線，化為聲音訊號，可是人們卻總是固執地無視心臟之所以蠻橫無理的原因。無論男女，赤裸是絕對必要的。每個人躺在臨時的臥床上，他們的肉體正在極力從剛剛與死亡達成的妥協中恢復過來。有時，被單沒能遮住那些健康和秩序已逃之夭夭的可悲機器，於是衰老便從中顯露出來。

　　靜脈不斷地被刺穿，以便讓某種液體注入。這種液體使凝血液化，給大腦血管帶去一種瘋狂，引發了無法描述的劇烈頭痛。人們忘記了室外的生活依然明暗交替、晝夜有序地繼續著，因為病房一直浸沒在一種手術燈般雪亮的光明之中。

　　在肌肉的平靜與意識的挑唆之間，肉體就像兩棲動物和爬行動物的身體一樣活動著，但卻緩慢得出奇，這是那些從遠古存活下來的動物的緩慢，它們有的是時間，它們從未改變任何史前的習慣。枯萎的、沉重的、累贅的雙手經常出現麻木，隨即便陷入被遺棄的狀態。皮膚比白被單還白，白被單上刺著大學醫療中心的縮寫字母。

　　探病透露了真實人生的商數T.Q.。探視病人顯示了社會喜劇中最誇張諷刺的戲劇性。探病時，人們會發現唯我論[3]的傳播之廣，以及教人相信「人與人之間的交流為可能」的一派胡言也傳播甚廣。痛苦是一段漫長離奇的漂泊冒險，在擁有歡樂的同時，痛苦也擁有揭示孤獨的奇異特權，痛苦可以在令人眼花繚亂和使人感到恐怖的光亮中展示出形上學的鮮明性。對痛苦的知識變成了痛苦對人所揭示的知識。

　　探病透露了一種罪惡感和快感的奇異混合。探視者感到尷尬，被愧疚感和幸福感拉來扯去。愧疚的是自己如此健康，幸福的是自己未遭此難，避開了死神的翅膀。在這一大堆示波器當中，在這一片輸血的忙碌之中，喜形於色顯然很失禮又不合時宜。應該只能顯露出一種恰如其分的表情，介於懺悔與憐憫之間。這一切滑稽到了極點。如果扮演病人角色的人有幽默感，想必會為這一切捧腹大笑吧。

　　對受傷軀體的瞻仰，像是《聖經》中的三王來朝，也像是在夏季進山放牧，不是愚蠢的就是無用的禮物接踵而至，不合時宜的話與這裡的人造植物爭奇鬥豔，床頭櫃上堆滿了十足可笑和天真的證據。探視者都要喬裝打扮一番，穿上一件背

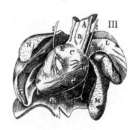

III

[3] 唯我論（Solipsism），這種哲學認為，只有我存在，而外在世界只存在於我的意識之中。

Tabula Libri IIII.

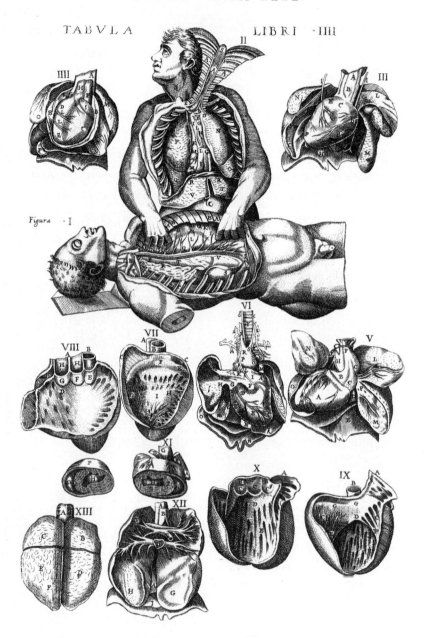

繪於十六世紀的心臟解剖圖。

人體解剖蠟像。現藏於 "La Specola" Museum of National History of the University of Florence。

後有拉鏈的罩衫，套上一雙像小丑穿的那種套鞋，戴上一頂把頭變成蔬菜的帽子。這一切都極端認真。他們穿著這套行頭，極力擺出相宜的表情，提建議，發議論，作判斷，說一些平庸的見解，講一些無聊的新聞，口若懸河，滔滔不絕。然而這一切都淹沒在殘酷無情的光亮之中，凡是與歷劫歸來的肉體所經歷到的那些超越的體驗不能產生共鳴的東西，都備受冷落而悄然隱去。人從世界末日歸來，要求是苛刻的。

我慶倖自己擺脫了那些須穿戲裝進行的探視，也終於擺脫了那些與死亡進行調解的專家們。我感覺到了蓋在我身上的被單，似乎很沉重。腹股溝令我疼痛，我覺得自己彷彿已不再擁有心臟，痛苦的記憶還在使我麻醉。我的手指感覺到把探測器固定在我肉體上的那塊橡皮膏。探子是個奇異的金屬物，它很奇怪地與那條腫大的動脈結合在一起。寂靜被那些奴役著我們每個人的心電圖，所發出的有節奏而刺耳的抱怨聲所打破。我的胸前和肋側貼著圓片，它們捕捉著我軀體的震動、搏動和樂聲。我覺得自己被打敗了。

門突然大開。一位男護士傻頭傻腦地推進一張病床。兩扇門隨即關上。與我並排的那張床被移走，讓位給了一個剛被推進來，即將橫遭摧殘的新目標。一切幾乎都是在沈默中進行的。醫生偶然說出一言半語，半是建議，半是命令。他語氣堅決，動作準確。周圍有好幾個人來來往往，有條不紊。一個老人赤裸而煞白的軀體直挺挺地躺在病床上。人們撬開他的嘴，將一個通氣設備插入他的嗓子。醫生拿著電擊器的兩端，請在病床周圍忙碌的八個人退後。他那掛在脖子上的聽診器懸在病床上方，危險地晃來晃去。一位女護士將它撥開。醫生將兩個鐵片貼住老人胸膛。在電擊下，那僵硬直挺的軀體跳動了一下，也許跳起了幾釐米吧。接著是第二次電擊，第三次電擊。一為男護士捋起袖子，挺直胸膛，使足腰勁，用整個身體的重量，齜牙咧嘴地作起心臟按摩。一再重複的猛烈動作使老人的肋骨咯咯作響，就像踩斷秋天落到樹下的枯樹枝。這乾裂的聲音永遠

銘刻在了我的記憶中，惟有死亡才能抹去。

　　我一動不動地躺在床上，凝視著這場世界末日，忍受著這場可怕的舞蹈。一根針向心臟扎去。那針頭在我看來是如此之長，似乎能探到宇宙的深處。但一切都已無濟於事了。

　　醫生只說了一個字。眾人散開，回到各自的崗位。一片寂靜，更加陰森的寂靜，無時無刻不被監控儀器的嗡嗡電流聲所打斷的寂靜。男護士走近這具高大的軀體，將被單拉到那人臉上，遮住了裸露者最重要的部位。我平靜地看著這個場景，確信在這個完全是另一個人的肉體上所看到的一切，就是我該經歷的一切。

　　兩扇門大開，病床被推離急救室。屍體上蓋著屍布，從等在走廊裡的探視者和親屬的面前經過，一去不返。在我的身側，被推走的病床留下一片空白。我的目光無法從這片空白中移開。死亡是如此的簡單。在這苦難的一刻之後，餘下的就是把軀體變成意識的夥伴，讓肉體與智慧和解。一切存在都建築在沙灘上，死亡是我們所擁有的唯一的確定。問題並不在於馴服死亡，而在於蔑視死亡。享樂主義便是蔑視死亡的藝術。

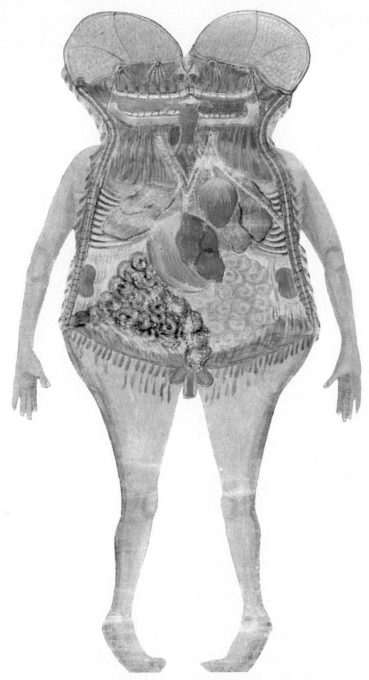

一幅將人體像書本一樣打開的解剖圖，呈現人體各個內臟器官（繪於十五世紀初）。

笛卡爾（René Descartes，1596—1650），法國數學家，物理學家，生理學家，二元論哲學家，唯理論的代表人物，近代西方哲學創始人之一。

笛卡爾所著《論人》（1664）中的插圖。

探索肉體奧秘的哲學家

認識事物的狂熱有時會將哲學家們引領到屠宰場，在這古怪的場所看到動物血淋淋的五臟六腑之後，他們可以重拾象牙塔中的寧靜，從而潛心著書立說。事情發生在一六四五年冬季的阿姆斯特丹。我們不妨想像一下，此時年僅十三歲的斯賓諾莎[1]正在不遠處嬉戲玩耍，而林布蘭[2]也正在不很遠的地方繪製他的《牧羊人的愛》（L'adoration des bergers）……屠宰場的愛好者是笛卡爾，這位尋求孤寂和清淨的普瓦圖人（le Poitevin）。他每天去找屠夫，看他宰割動物。有時他會把某種臟器帶回居所，解剖後詳加觀察。據專家說，他解剖得不夠精確，但比一般業餘愛好者要強多了。這位哲學家將觀察的結果一絲不苟地記在日記本上。不僅如此，他甚至不惜重金購買一些狗、小牛、兔子之類，用來解剖。他的傳記作者阿德安·巴耶（Adrien Baillet，1649—1706）甚至提到，無論是鱈魚頭、鰻魚頭還是綿羊頭，都常被他置於手術刀之下。

有一次，笛卡爾請來訪的索比耶（Sorbieres）看他在後院餵養的小牛，對他說：「這就是我全部的藏書。」[3]的確，那幾年，笛卡爾已經把書本拋開，而寧可相信實踐哲學所推崇的「觀察」。在《方法論》（Discours de la méthode）的最後，他曾說，此後，他將致力於醫學和能夠改善生命品質與壽命的科學……他對肉體的探索正是出於這種睿智。

為了豐富自己的知識，寫好《論人》（Traité de L'homme）一書，笛卡爾開始研究雞蛋裡受精卵的發育，隨後又致力於分析體內循環，研究消化不良、心臟停滯、盜汗、發抖以及其他各種身體的癥狀。他要揭開那貫穿體內而與死亡同時消失的能量的奧

[1] 斯賓諾莎（Benedict de Spinoza，1632—1677），荷蘭哲學家，西方近代理性主義者的三大代表人物之一。譯註。

[2] 林布蘭（Harmensz Van Rijn Rembrandt，1606—1669），荷蘭畫家。譯註。

[3] 熱拉·米約（Gérard Milhaud），《笛卡兒年表》（Chronologie de Descartes in Descartes），Europe，oct. 1978，頁155。

十六世紀解剖人體的情形（繪於1580年）。

秘。

拜訪笛卡爾的客人可能會撞見他正在操縱一個像人一樣的奇妙小機器。小機器在一條晃動的繩子上扭曲、跳躍，模仿雜技演員和走鋼絲高手的各種動作。[4]更驚人的是，我們知道，笛卡爾曾渴望設計出一個女機器人，一個非常年輕、簡直就是小女孩的機器人。他向一些人展示過放置在自製框架中的女機器人模型。女機器人還有一個好聽的名字：法蘭西斯。這是他與艾蓮娜・揚斯所生的女兒的名字。女兒五歲時夭折，讓笛卡爾留下了深深的痛苦，他說，那是他平生最大的痛苦。「哲學家想把這個模型變成女機器人，會哭，會笑，會觸摸羽管琴的琴鍵，甚至會跑去迎向它的創造者，投入他的懷抱。這樣，當他回想起那那可怕的一刻，回想起天藍色的小臥室竟變成了亡靈的墓穴時，他也許就不會痛苦得口如刀割了。」[5]

[4] 熱內維耶・陸易斯（Geneviére Rodis Lewis），《笛卡爾作品集》（*Oeuvre de Descartes*），Tome II，Vrin，頁472，註71。
[5] 馬塞爾・斯巴達（Marcel Spada），《笛卡爾與唐璜》（Descartes et Don Juan），Fata Morgana，頁42。

笛卡爾的一生。左上圖描繪笛卡爾喪女，右上圖則是笛卡爾為瑞典皇后上課的情景。

人是機器？

我們看到，發現人體結構、發現新大陸和發現星球運轉都在同一個時代，這其實不足為怪。維薩留斯[6]和哥白尼[7]也是在同一年代發表了他們的主要著作。哲學家在揭示星球或肉體所蘊含的秘密時，他們便成了諸神的對手。探索肉體是造物者的事業，然而屍體裡卻隱藏著《聖經》中找不到的真理。伽利略[8]，這位最先被禁止上解剖課的人物之一，深諳此理。有時為了獲得一具人體，人們常常買通看守絞刑架下受刑者屍體的衛兵，或是在途中偷走從醫院運往公墓的窮人遺體。那時候，只是為了要研究肌肉、神經、皮膚，就有這麼大的困難。

但是，醫生一旦突破迷信，就會像對

---

[6] 維薩留斯（Andreas Vesalius，1514—1564），現代解剖學的奠基者。譯注。

[7] 哥白尼（Nicolaus Copernicus，1473—1543），波蘭天文學家，日心說的創始人，近代天文學的奠基者。譯注。

[8] 伽利略（Galilei，Galileo，1564—1642），義大利物理學家，天文學家，近代自然科學的奠基人。譯注。

阿基塔斯（Archytas 約400B.C.—365B.C.），古希臘畢達哥拉斯派哲學家與數學家。

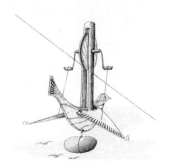

阿基塔斯發明的可展翅飛翔的木製鴿子，本書作者在此原文為「會移動的圓柱體」，即指此發明。

待機器一樣對待人體了。人體當然是一部微妙的機器，但終究只是一部機器，它像一個製造生命、能量和力量的龐大生產系統。卡巴尼斯[9]和拉美特里對哲學的貢獻遠遠超過那許許多多的唯心主義投機家。人體帶有神秘感。然而這種神秘卻使得人體與機器之間出現了弔詭的變化，那就是：人體被理解為機器，機器卻想要成為人體。機器人風靡一時，蓋出於此。

模擬生命：這想法自古有之；而對這種生命的誘惑的反覆練習亦然。從阿基塔斯的飛鴿到凱西畢奧[10]的水鐘——寶石和金膜使水鐘避免氧化並增加了精準度，那是因為永恆運動而誘發對永恆生命的想像——人們從未停止過製造讓人幻想的結構，人們幻想著

這些結構承受著生命，包容著生命的潛能。在基歇爾[11]的手中，人變成了模型，他別出心裁，讓這個模型的頭部發出聲音。與基歇爾同時代的沃康松丟開了他那隻能消化穀粒的機器鴨，設計出了一些能夠模仿生物功能的人造解剖模型。形上學是機器人製造者的理論基礎，而最能表現形上學的當屬馮・肯佩倫男爵的棋手機器人。馮・肯佩倫也是能寫出107個字的作家機器人之父。棋手機器人是個古里古怪的機器，它全身裝滿鏡子、滑動門和神秘而精工細作的木製零件。這玩意兒被運到過所有的歐洲宮廷。有人甚至見過凱薩琳二世和拿破崙與它對弈。它總是獲勝，無一例外，它的思考時間長短不一，與對手的招法成比例。這引起了愛倫坡

[9] 卡巴尼斯（Pierre-Jean Georges Cabanis，1757—1808），法國18世紀末唯物主義者，庸俗唯物主義理論的先驅。譯注。

[10] 凱西畢奧（Ktesibios），約西元前三世紀時，亞歷山大城的機械工程師，發明了許多器械與機械玩具，其中最有名的就是利用迴授控制器械發明的古代漏壺(clepsydra)—水鐘。譯註。

[11] 基歇爾（Athanasius Kircher，1601—1680），文藝復興時期的哲學家，德國耶穌會教士，發明「魔術幻燈」，開啟了後來動畫的可能。譯注。

[12] 愛倫坡（Edgar Allan Poe，1809—1849），美國詩人與作家。譯注。

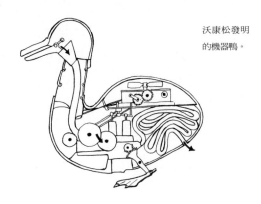

沃康松發明
的機器鴨。

馮‧肯佩倫發
明的奕棋機,
名為土耳其人
(Turk)。

[12]的注意。經過縝密的調查研究,他得出這
樣的結論:其實有個身材矮小的人,可以住
在機器人裡,他能通過鏡子瞭解棋局,製造
出人們想像的效果。在機器人的心臟裡,只
有一種可能,那就是寓居著一種異乎尋常的
「能」,而這種能量具有無窮無盡的動力。
即使我們無法理解其中的邏輯,但至少它產
生的效果還足以娛人⋯⋯

II 甜瓜先於理性

毫無疑問，戴奧尼索斯[1]是阿波羅的父親，至少是他的啟示之神，是繆斯的領袖（musagete）。但是人們卻認為這種父子關係極不光彩，一直千方百計地掩蓋這個罪惡的系譜。一個肉體居然能夠產生如此極端的思想，與哲學史中習見的善惡觀念相抵觸。如果在一個肉體上寄居著熱情、混亂和那些使人聯想到瘋狂、歇斯底里、著魔等奇異的成分，那麼這個肉體就是古怪失當的。然而，許多哲學家都有過那些我們可稱之為存在的特例、極端而獨特的體驗。在這些體驗中，肉體湧出靈感、恍惚與幻覺，然後哲學家卻因此獲得了啟示並產生改變，這些啟示和改變在原來概念森嚴結構嚴密的世界中，具體成形。

緊繃的張力長住在肉體中。肉體是個奇怪的處所，衝動和直覺、能量和力，都在這裡循環流動。有時候，衝突的解決、謎語的破譯、陰影的驅除、混亂的結束，都出現在張力特別高的時刻，這種高度緊張打亂了存在，並豐富了發揮各種潛能的可能。哲學家的身體像是一個熔爐，裡面加工著存在的體驗，然後這些體驗在邏輯嚴謹的結構中具體成形。

在思維領域中盛行的理性崇拜，似乎使不少哲學家打消了描述自己肉體體驗的念頭。比如說，人們完全不知道休謨[2]是用甚麼方式將康德從獨斷主義的沉睡中拉出來的；人們也不太知道，當馬勒伯朗士發現了笛卡爾的某部主要著作時，是何等的欣喜若狂，因而皈依了哲學；我們同樣不很瞭解黑格爾的負面消沉，以及他用那揮之不去的辯證法所作的假設性解答。只有當人體提供材料時，理性才能產出秩序。那些對人類的神

---

[1] 戴奧尼索斯（Dionysos），希臘神話中的酒神。此詞在哲學概念上借指激情、狂熱，與阿波羅相對。阿波羅（Apollon），希臘神話中的太陽神。此詞則借指調和、中庸的理性傾向。譯註。

[2] 休謨（David Hume，1711—1776），英國經驗主義哲學家。譯註。康德（Immanuel Kant，1724—1804），德國哲學家，德國古典哲學奠基人。馬勒伯朗士（Nicolas de Malebranche，1638—1715），法國哲學家。黑格爾（George Wilhelm Friedrich Hegel，1770—1831），德國哲學家。

戴桂冠的阿波羅。普桑（Nicolas Poussin，1594—1665）繪於1630年。

經元十分熟悉的人一定能解釋，為什麼產生哲理的這塊特殊之地，很可能就是一個怪異的身體，一具發狂的肉體。

蘇格拉底的身體

我們可以從蘇格拉底的身體談起。蘇格拉底的身體是如此明顯地與眾不同，這可不是人人都遇得到的偶然。這位面孔酷肖野獸的哲人的身體是非人的，說的精準些，他那樣子介乎狡猾的丹納人阿波羅尼厄斯[3]和造物主耶穌之間。在芸芸眾生的眼裡，他的神性伴隨著一種形體上的孤寂。蘇格拉底體現了典型的哲學家的身體。

在《會飲篇》[4]中，宴席上與他同席共飲的人對他讚不絕口，說像他這樣的人，前無古人，後無來者，而且舉世無雙。蘇格拉底身手矯健，精力充沛。既使困倦與烈酒對他也毫無影響。他甚至可以完全不吃不喝。在宴會上，大家就愛情發表了議論之後，便開懷暢飲起來，爛醉如泥者甚眾，唯蘇格拉底獨醒，安然離開這次宴會。人們從未見過這個雅典人酒後步履蹣跚或現出醉意。蘇格拉底一早就把埃里克西馬克和斐德若給撂倒了，隨後又打敗了其他的人。在把酒量最大的人都折騰得筋疲力竭之後，蘇格拉底揚長而去。草草梳洗一番之後，他又來到廣場。在那裡，對修辭學運用自如的蘇格拉底又一次在唇槍舌劍中將辯論對手一個個駁得體無完膚。

蘇格拉底的身體對氣候也具有非凡的抵抗力。古時候的夜晚多是異常寒冷的，但對他卻毫無影響。「有一天，天寒地凍，從沒這麼冷過，大家都躲在家裡，足不出戶，就是出門，也穿得厚厚的，還要在鞋上裹著氈子和

---

[3] 泰納人阿波羅尼厄斯（Apollonius of Tyana，？—97），小亞細亞新畢達哥拉斯學派哲學家，也精於通幽術（Necromancy），傳說曾死而復活，因而被基督教護教者稱為「假基督」。

[4] 《會飲篇》（*Symposium*），柏拉圖的對話錄之一。主題為論愛情。譯註。

戴奧尼索斯，
希臘神話中的
酒神。

蘇格拉底（Socrates，
469B.C.—399B.C.），古
希臘哲學家。圖中央為正
在與人辯論的蘇格拉底，
出自拉斐爾（Raphael，
1483—1520）的＜雅典學
院＞。

羔羊皮。但是在這種情況下出門，他的身上依然是平常穿的那件大衣，還赤著腳。他在冰上走得比那些裹嚴了腳的人還要從容不迫。路上的士兵對他側目以視，認為蘇格拉底在嘲弄他們。」（Symposium，220b）這位哲學家在軍人見長的活動中，卻遠遠勝過軍人……

這樣一具體魄非凡的人體也具有一種令人生畏的機智。蘇格拉底基本上是個沉思者，他思考時太聚精會神了，以至於常把約會忘在腦後。他經常面無愧色地姍姍來遲。那一次，人們看到他在前往宴會的途中突然駐足不前，路過的雅典人向他打招呼也好，提問題也好，都不能轉移他的注意力。亞里斯多代姆（Aristodeme）說：「這就是他的習慣，一會兒躲到一邊，一會兒站著發愣。」（Symposium，175 b）路人大多識趣，對他置之不理，隨他在思想的天地裡自由馳騁。結果就在那次，他在晚餐吃到半截時才到。但是他精力過人，席間高談闊論，語驚

四座，征服了在座的賓客。

蘇格拉底「從哲學的瘋狂和沈醉中」（Symposium，218b）領悟到最精微的奧秘。凡看過他狂喜出神的人，無不留下至深的印象。亞西比德[6]描述了這樣一個出神的情景：「從黎明起，他便筆直地站在那裡，聚精會神地思索著一個問題。他遲遲找不到問題的答案，但他鍥而不捨，依然站在那裡苦苦思索。已是中午時分，大家開始議論紛紛：『從黎明起，蘇格拉底就站在那裡思考著什麼！』直至夜幕低垂，有幾個人吃過晚飯後將臥床搬到了外面（那時是夏天），這樣既可以享受露天睡覺的清涼，又可以觀察到蘇格拉底的動靜，看他是否會這樣凝神呆立一夜。他確實這樣一直站到了黎明，站到了日出。後來，他對著太陽作了祈禱，之後離開了那裡。」（Symposium，220c）奇特的蘇格拉底在這裡與後來異端的神秘主義者產生了關連，就像普羅丁[7]在宗教儀式中宣稱體驗到了某種

---

[6] 亞西比德（Alcibiade，約450B.C.—404B.C.），古雅典將領和政治人物，蘇格拉底的弟子。譯註。

激情。從亞西比德的描述中，人們看到了一個在必須克服的困難、在必須粉碎的阻力面前，凝神苦思的蘇格拉底。思維活動是用肉體承載的能量換取而來的。

為了描述出蘇格拉底奇異身體的全貌，在此還應該明確指出，他不僅有沉思的能力，還有英勇無畏的特質與付諸實際行動的本領。亞西比德在對這位哲人的頌揚中不忘提到他在波蒂岱（Potidaia）戰役時的那一幕。當時蘇格拉底冒著九死一生的危險來到戰場上找他，救了他的性命。還有一次，是在迪里昂（Delion）的大潰敗時，蘇格拉底用平素的步速泰然自若地向後撤退，通常別人在這種情況下，應該都會用比平常快得多的速度吧。

哲學選中這樣一個優秀的身體作為棲息之地，其實不足為奇。但在這個身體上也並非沒有弔詭之處。在這位理性楷模的身上，在他善於運用邏輯與辯證法的同時，人們可以清清楚楚聽到一個聲音，那是精靈（demon）的低語。這個從蘇格拉底內心發出的聲音淵遠流長，它是哲學家開始忤逆父親的根源。一個神諭曾告訴這位父親，他的兒子具有奇異的特質，並告誡這位哲人的生育者，應任憑蘇格拉底聽從這個聲音的呼喚，這個聲音「抵得上一千個父親」[7]。

要想理解這種奇異現象的本質，我們可以參考何以詩人會著魔入迷的分析。關於這個問題，蘇格拉底本人教誨說：「由於神靈的安排，對我們來說，優秀的詩人就是神的思想的詮釋者。」（柏拉圖，Ion，535a）我們可以說，他完全將神與異常、奇特和非理性融為一體了，這樣一來，就避開了直觀知識的法則。神寄居在肉體內，至少我們是可以這樣想的。神可以憑藉聽得到的冥思讓人聽到祂。

哲學家的耳朵是遲鈍的，包括尼采[8]在內，雖然他在許多情況下都表現出驚人的敏銳：每當這位德國哲學家對蘇格拉底的精靈感興趣時，他都得出幻聽的結論⋯⋯令人驚奇的是，在這位雅典人身上出現的徵兆可以為尼采提供論據，支持他關於哲學與肉體關係緊密的論點。在這一點上，柏格森[9]更為敏銳，他在《道德與宗教的兩個根源》中寫道：「蘇格拉底的教誨是如此完美地理性，它懸浮在某種似乎超乎純然理性的事物之

---

[6] 普羅丁（Plotinus，204—269），古羅馬帝國時期哲學家，新柏拉圖派最著名的代表人物。譯註。

[7] 泰爾圖里安（Tertullien），《辯護篇》（*Apologétique*），II。

[8] 尼采（Friedrich Wihelm Nietzsch，1844—1900），德國哲學家。譯註。

[9] 柏格森（Henri Bergson，1859—1941），法國生命哲學家。譯註。

蘇格拉底的最後時刻。雅克—路易・戴維（Jacques-Louis Daid）繪於1787年。

上。」[10]這種超乎理性而又不知為何物的某種事物就是關鍵的核心了，這就是與正在生成的思想相連接的樞軸。

蘇格拉底向提阿泰德斯（Theateteus）解釋這個精靈究竟是什麼：「根據神的安排，我身上有某種神性的東西，它一直伴隨著我，甚至可以追溯到童年。它是一種聲音，每當它響起的時候，它就是要告訴我得避免做我正要做的事情，於是我也就永遠不會付諸行動了。更奇妙的是，如果某個朋友告訴了我他的某種意圖，這個聲音也會響起，這也是為了

要阻止他去做這件事，並且不讓此事實現。」（柏拉圖，Theatetus，128d）按照這種邏輯，蘇格拉底的精靈要不就是告誡他別產生輟學的念頭，要不就是請他別涉水過河，或是不要與某某人打交道。這位哲學家曾勸阻朋友們不要去體育場鍛鍊。他也曾勸阻蒂馬克不要離開宴會，但他沒聽，結果蒂馬克倒了霉，死亡正等著這個傢伙……

蘇格拉底之所以沒有從政，將精力用在城邦事務上，正是因為他聽從了這個聲音。精靈也在宗教方面給了他指示。在決定他生

---

[10]亨利・柏格森，《道德與宗教的兩個根源》（*Les Deux sources de la morale et de la religion*），P.U.F，頁50。

死的審判中，蘇格拉底激起人們對法官的鄙視，這些法官的判決表明了他們並不尊重具有特質的人。面對那些正在控告他的人，哲學家又一次聽到了精靈的聲音，那聲音勸他不要為自己辯護。最主要的原因是，英年早逝可以逃脫年邁帶來的衰弱；其次是因為，在貴族的眼裡，一個有價值的人不會受到不如他的人的傷害。

在這次的審判中，蘇格拉底的精靈之說必然受到許多評論者的批評與簡化，要不就把這看作是一種錯亂或是虔誠的徵兆，要不就看成是精神病或是獨具慧眼的神秘主義者的特徵。其實，我們完全不必作出心理或宗教的診斷，而只是簡單地把這個聲音當成是：用詩的形式表現直覺的原則。在這一點上，我們不妨再讀一讀柏格森關於直覺認識的妙論。他首先在著作《思想與運動》中下了這樣的定義：「直覺首先意味著意識，但這是直接的意識，是與所看的客體略有區別的幻象，是作為接觸甚至巧合的認識。」[11]柏格森分析的精妙之處，在於他所宣稱的唯物主義極為微妙，與一般人通常按字面理解的意義風馬牛不相及。柏格森採用了動力學的概念，包括像生命衝動，修正，干擾，壓力，能量變換等等，這些概念非常有效地說明了生命中的那些極端體驗，也就是直覺。為此，直覺現象被理解為「通過物質發射的能量」[12]的特殊產物。柏格森沒有談到他未曾問津的佛洛伊德的無意識，而是使用了下意識或超意識，這兩種實在劃分出了人體進行緊張活動的區域，正是這些緊張產生了人們津津樂道的直覺。

肉體是這種微妙動力與理解力的共同居所。說句題外話，這樣我們大概可以明白為什麼柏格森能引起德勒茲[13]的興趣了。能量在肉體裡工作，並且獨立於一切意識的沉思。肉體接受盲動的力量，是為了讓那些經過長期精心製作的成果出現在意識中，所以直覺是結果。柏格森說：「充滿世界的物質和生命，也同樣存在於我們的身上；加工萬物的力量，也同樣可以在我們的身上感覺到，無論存在的和正在形成的東西是什麼樣的內在本質，我們都是由這些東西構成的。那就讓我們深入到我們自己的內部去吧！我們消極的程度越深，那個將我們送回表面的推力就越大。

---

[11]柏格森，《思想與運動》（La Pens e et le mouvant），P.U.F，Quadrige，頁27。

[12]柏格森，《道德與宗教的兩個根源》，頁264。

[13]德勒茲（Gilles Deleuze，1925—1995），法國當代著名哲學家。譯註。

[14]柏格森，頁137。

奧古斯丁（St. Augustin，Aurelius Augustinus，354—430），羅馬帝國基督教思想家，教父哲學主要代表人物，一度曾為摩尼教信徒，後皈依基督教，著有《懺悔錄》。

哲學上的直覺就是這種接觸，哲學就是這種衝力。」[14]在蘇格拉底的聲音中有一種奇特的媒介，這種奇特的媒介使「能」的工作處於原始的狀態，這種能遍佈居住並出沒於蘇格拉底全身。有點像某種壓力或某種扭力所容許的那樣，精靈表達了蘇格拉底的個性，他的本質。哲學家的生命所寓居的這個地方，精靈在變成聲音之前，已經把它搜刮一空了。這位思想家聽從了那充盈以及訓練著他的肉體的力的呼喚，這呼喚給了他的直覺更多的機會。後來，在廣場，宴會，角鬥場，或是雅典的街道上，他即興發揮，揮灑自如，對潛力充滿信心，讓身體發出聲音。隨著矛盾、敦促、對話者訪問的出現，蘇格拉底從他那肉體的熔爐裡汲取應對之物——進行哲學的思辨。直覺支配著論證，支配著修辭技巧的發揮或準確語言的選擇，支配著諷刺、無意識或緘默的運用。助產術—蘇格拉底使用的辯論術—在這裡成為體現直覺、體現直覺阿波羅風采的藝術。我們可以說，蘇格拉底奇異的身體是一座機器，裡面進行著結晶，這些結晶將被呼喚出來變為獨特的思想。

要想抓住這些產生嬗變的煉金術的實質，就必須接受一元論，並同意把直覺看成是一種流動的戰略產物，這種產物無論如何都會固守著它的動力的秘密。肉體內寄居的詰問、懷疑或問題越多，人體受到的壓力便越大，便越發催促肉體解決這些衝突。思想史上有跡可尋的熱情與狂熱，憤怒或改變宗教信仰，究其發生的根源，總有其物極必反的狀態，總有一種教人看著可怕的怪異，衝動的神經繃得像是快要拉斷的弓弦。

奧古斯丁的懺悔

聖奧古斯丁道出了他在改變宗教信仰前的感覺狀態。這個部分，《懺悔錄》裡有許多珍貴的細節。現在讓我們來看看這部著作。有一天，奧古斯丁和幾個朋友在米蘭街頭漫步，遇到一個酒醉的乞丐。此人步履蹣跚，正處於欣欣然自得其樂的迷醉狀態。就像酒神戴奧尼索斯一樣……飲者的無憂無慮和快樂令這位哲學家羨慕不已。他當時正忙於為聽眾收集有關人們對瘋狂在生活中引起痛苦的看法。奧古斯丁承認，他從自己的角度開始幻想起醺醺然的無憂無慮，不再痛

奧古斯丁的花園皈依。

聖約翰為耶穌進行受洗儀式。

苦，不再憂愁。他寫道：「我們所求的不過是安穩的快樂，這乞丐卻已先我而得，而我們卻可能終無所獲。」[15]這位哲學家極其詳細地傾訴了他的憂慮、焦躁、淒涼、不幸與悲慘：「苦惱咬囓著我的五臟六腑……我時常這樣反省自己的狀況，看到生活的不協調而感覺痛心，於是倍增苦惱。」[16]

他這種對存在的不滿產生了生理的症狀。這位後來熱心的教徒正為了精神因素而發生身體的病變……385年末，他牙疼，失眠，胸痛；而對一個演說者尤為可怕的是，他嚴重失聲。奧古斯丁常跑公共浴室，企圖以此擺脫自己對享樂的明顯愛好，但是他做不到——這使他大為遺憾。與日俱增的罪惡感將禁欲與無能為力緊緊聯繫在一起。「我就這樣在內心深處受著折磨。」[17]他使用了沸騰和暴風雨的隱喻來形容這種折磨。有一句話表達了他體內那種揮之不去的精神分裂感。他寫道，造成煩惱的原因是，「我在自己向自己發動進攻」[18]。一方面是聽從於欲望，一方面是致力於秩序；也就是說，一方面是快樂原則，一方面是現實原則；一方面是本能衝動，一方面是超我。這兩者互相拉

扯，造成了可怕的精神狀態，這種狀態侵害摧殘著肉體，使他產生了病態的情感：「我只能這麼做：雖清醒猶發狂和雖生猶死。」[19]要躲開在他身上形成的這個深淵，奧古斯丁可以沉淪為裝瘋賣傻或行屍走肉，也可以受到一種突發的調節力量。在長期的苦惱之後，一種突如其來的調節會將肉體推到某種頓悟之中。

奧古斯丁在《懺悔錄》中描述了他那騷動的早期症狀，坦言說出他當時的情況：「正在心煩意亂之際，我的手足做出許多動作，如果人的手足殘缺，或被束縛，或四肢無力，或因其他原因而不能動彈，那麼即使想做也沒有這個能力。我搔頭，敲額，環臂抱膝。這些動作是因為我要這麼做，才做得出來」[20]奧古斯丁渴望著禁欲，他的身體很快就會告訴他出路何在，他將通過這條出路脫離神經分裂的折磨與苦海。

這一幕發生在386年秋天的米蘭，在一個花園裡，奧古斯丁正與朋友阿里比尤斯一起備課。奧古斯丁覺得身上掀起一場風暴——這是他的比喻。淚水湧上來，他連忙走遠，免得讓人看見。「我不知怎麼地就平躺

在一棵無花果樹下，失聲痛哭起來，淚如泉湧……我哭得心如刀割。就在此時，我聽到從鄰近的房子裡傳來了一陣分不清是男孩還是女孩的歌聲，歌聲唱著：『拿著，讀吧，拿著，讀吧。』」奧古斯丁環顧四周，心想這反覆吟唱的歌莫非是兒童歌曲？不！「我抑制住淚水的攻勢，立刻起身。我找不到其他解釋，這一定是神的旨意，叫我翻開書來，看到哪一章就讀哪一章。」[21]這確實是命運的安排，他手中的書恰好是聖經的《羅馬書》。奧古斯丁是個即知即行的人，他隨手翻開一頁，這一頁正好是專門譴責狂歡、酗酒、懶惰、輕浮、爭吵、欲望和肉欲。

奧古斯丁心有靈犀，恍然大悟，滿面春風地跑去找他的母親莫尼卡，向她傾訴衷腸。她也高興得手舞足蹈。不久，他隱居到米蘭的鄉間。幾個月後，在復活節的那一天，他接受了洗禮。

彼得·布朗，一位傳記作家，鉅細靡遺地搜集了奧古斯丁的生平。他將奧古斯丁的花園皈依描寫成了「平衡的恢復」[22]，標誌著演說家職業的結束和教父生涯的開端。布朗將奧古斯丁皈依前的失音症視為一種精神抑鬱的症狀。後來，奧古斯丁把無法恢復的失音所傷及的器官看成是「人類驕傲的象徵部位」[23]。哲學家的新身體是教會博士的身體，是北非希波主教的身體——貞潔，純潔，聖潔。無法解決的矛盾結束了，痛苦的壓力消失了。

在不可忍受的肉體狀態與禁欲所實現的肉體解放的交會點上，人們遇到了精神的苦難，奧古斯丁描述了它的種種現象：內心的壓力，口、牙、嗓、胸、口頭表達器官等由於精神因素而發生的種種病變，錯亂的舉止，失調的運動機能，音調的改變，部分失聰，幻聽，心跳加速，痙攣，戰慄，流淚，吼叫，從凳子上摔下後的扭曲和胎兒姿態的復原……說肉體是一架生產秩序的機器是再恰當不過的了，但是在此之前，肉體要經歷極大的騷亂，真正的震撼！

尼采以出色的心理學家的身份教誨人們說：「肉體是偉大的理性」。他在《查拉圖士特拉如是說》一書中明確寫道：「哦，我的兄弟，被你稱作精神的這個微小的理性，只是你肉體的工具和玩具而已……我的兄弟，在你的思想和感情的背後佇立著一個強大的主宰，一個未被認識的賢哲，它被稱作自我。自我住在你的肉體裡，自我就是你的肉體。你肉體裡的理性多於你的最高智慧中的理性。再說，誰知道你的肉體為

[15]聖奧古斯丁，《懺悔錄》（confessions），VI.，Livre de Poche，頁143。註16，頁144—145。註17，VIII，頁212。註18、19，頁214。註20，頁217。註21，頁222。

[22]彼得·布朗（Peter Brown），《聖奧古斯丁生平》（La Vie de Saint Augustin），J.H. Marrou, Seuil，頁13。

[23]奧古斯丁，《反摩尼教徒》（Contre les manichéens），II，§17。

不同時代、文化裡同樣展現了「夢境帶來啟發與啟示」的概念。哥雅（Francisco de Goya，1746-1828）繪於1910年。

什麼需要你的最高智慧呢？創造性的肉體為自己創造了精神，作為它的意志之手。」[24]這個強大的主宰令人不安，因為人們只看到它的結果，這些結果有時使注意到它們的那些人痙攣不已，肌肉僵硬。尼采的自我令人聯想到衝動、欲望、生存和保存種屬的本能或無意識。這是一個強大的力量，為了服從它自己的法則，它將一切不直接構成其本身的東西捲走。在深處的同一性集中在一個高密度的神秘點上。

奧古斯丁的皈依使得肉體延續了下去，並避開了矛盾和左右為難的壓迫。在這位哲學家的作品中充滿了肉體遭受煎熬的內容。按照這種轉換衝動與能量，以及體現潛能和超越壓力的邏輯，肉體就像一座了不起的製造感覺的機器。對於這樣的肉體，人們可以像尼采一樣的說：「肉體比任何思維系統或感情系統都完善得多，甚至比一切藝術品都高級得多。」[25]人的身體正達至令人難以置信的崇高境地，因為肉體是製造其他機器的機器：它孕育潛力，並從自身出發，造出新產品。我們也可以說，肉體是個複雜的結構，它使饒富詩意的活動得以有力而持久地進行下去。

笛卡爾的三個大夢

我們應該將肉體視為思想的起點。同樣地，在一切理性的起點上，人們遇到的先是非理性。戴奧尼索斯出現在阿波羅旗下之前，先是被捕獲，後是被征服。這種具體化和秩序化行動的工具是意識和與意識相關所必不可少的一方——大腦。現在具有神經細胞的人已充分證明了這一點。尼采在《遺言錄》中曾寫道：「可以這樣認為，整個機體都在思維，所有的組織構成物都參與思維、感覺、意志等等，只是大腦是一個巨大的集中裝置。」[26]在這個奇異的大腦裡消耗著強大的能量，人們完全不知道這些能量的性質，不知道它們的工作方式。為了盡可能地掌握與它們相關的資訊，人們只能研究它們的結果。夢便屬於那些顯示能量在腦內產生興奮的信號。

夢給許多哲學家帶來啟示。呂勒[27]就是夢見自己在一棵樹下閱讀阿拉伯文的文稿之後開始致力於阿拉伯文的研究的。聖多瑪斯[28]，還有康帕內拉[29]，都曾得益於夢。然而，在這方面收穫最大的，當屬笛卡爾，甚至可以這麼說，要不是他在1619年10月的一個夜裡做了那個夢，就不會有笛卡爾主義了。

一切始於多瑙河畔的烏爾姆（Ulm）。那是一個富饒的地方，誕生過浮士德的傳說。笛卡爾獨居一室，長期閉門深思，苦苦

---

[24]尼采，《查拉圖士特拉如是說》。（*Ainsi parlait Zarathoustra*），M.de Gandillac 譯，Idées Gallimard，頁93—97。

[25]尼采，《權力意志》。（*La Voloné de puissance*），H. Albert 譯，Tome II，LIII.853，Mercure de France。註26，頁93—97。

[27]呂勒（Lulle，1233—1315），西班牙學者，哲學家，神學家，詩人。譯註。

[28]多瑪斯·阿奎那（Thomas Aquinas，約1225—1274），中世紀義大利基督教經院哲學家。譯註。

[29]康帕內拉（Tommaso Companella，1568—1639），文藝復興時期義大利自然哲學家。譯註。

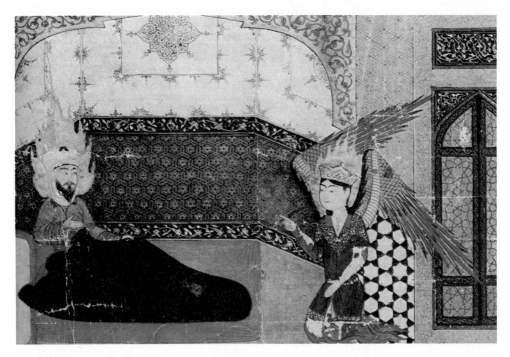

〈給穆罕默德的啟示〉（繪於十五世紀）。

尋求如何達至哲學的確定性的方法。關於這位軍人哲學家的精神狀態，眾說紛紜，莫衷一是。有些人極力維護著他那嚴肅深沉，熱衷於理性的思想家的形象，有些人則將他描繪成好色、好鬥、好飲、好賭之徒。那些堅信笛卡爾是在遵循修行理想的正統信奉者則認為，這位離群索居的年輕人一連幾個月處在完全與世隔絕的狀態，既不曾尋花問柳，也沒有嚴肅的學術活動。有些人更希望在人性的廣度上真實地展示笛卡爾，他們指出，他正在度過一個大吃大喝，乃至花天酒地的

階段。[30]按極為嚴肅的笛卡爾傳記作家巴耶的說法，這位年輕的軍官此時確實比平常喝得多了些，甚至比在聖馬丁之夜喝得還多……[31]

不管這位哲學家是不是花天酒地，眾口一詞的是，他在這個階段沉浸在懷疑、疑問和苦思之中。梵樂希[32]後來說：「這是在創造的時刻出現之前，應有的高度集中和劇烈騷動的狀態。」[33]笛卡爾的肉體經歷了以算術級數累進的緊張，這種算術級數的累進，以及肉體強迫自己所進行的那種精神尋覓，累

---

[30]阿德安‧巴耶（*Adrien Baillet*），《笛卡爾先生的生平》（*La Vie de Monsieur Descartes*）。

中國佛道信仰裡也傳道了
「夢境與啟示」的概念。
圖繪於十世紀。

密相關，也就是，找到一種現代哲學，一種徹底獨立於宗教和經院命令的形上學所賴以存在的基礎。在10月10日那個夜晚之前的幾個星期裡，探索變得如此急劇，以至於他的精神大有不堪負荷的危險。「精神把他折磨得疲憊不堪，烈火在他的大腦裡燃燒，他陷入了一種亢奮狀態，這種亢奮支配著他那備受打擊的神經，致使他處於一種接受夢幻印象的狀態。」[34]肉體為焦慮所折磨，受到苦思未果的摧殘。

那個亢奮之夜說明肉體正處於覺醒的狀態。不確定踐踏著身體，致使一切平衡的存在都變得非常困難，甚至不可能。笛卡爾苦心追求的那些至為重要的解決困難的方法即將成形。為此，需要一種肉體的信號，一種肉體的證明。強烈的欣喜表明這個時刻已經來臨，解脫正在實現。關於這一刻，還是讓我們看一看梵樂希的描述吧：「突然，某個人的真理形成了，真理閃閃發光照耀著他。我們應該將此比作光亮，因為再沒有什麼比喻更貼切的了，那是在只能摸索行動的黑暗中出現的光。隨著亮光，朝著路線前行，以及朝路線行進時與欲望和目標協調的直接關係。」更具體地談到笛卡爾的經歷時，梵樂希說：「這是整個生命的豁然開朗，生命的所有行動都將投入到這個即將成為目標的事業中去。路線被標舉出來了。智慧發現或正在規劃生命為何而做。生命一勞永逸地形成了它未來全部活動的模式。」[35]生命的全部事業都是從這一點開始被具體化的，這證明了這種時刻具有異常的強度。所有的深思、思索、寫作、交談、後來的結果等等，都是從這個時刻產生

---

[31]莫里斯・布維─阿讓（Maurice Bouvier-Ajam），《對一個傳統肖像的修改》（*Quelques retouches un portrait conventionnel*），in Europe，Descartes，oct.1978。

[32]梵樂希（Paul Valéry，1871—1945），法國詩人。譯註。

[33]梵樂希，《哲學研究》（Études philosophiques in Oeuvres），Pléiade，Tome I，頁814。

[34]皮耶・菲得瑞（Pierre Frédérix），《笛卡爾及其時代》（Monsieur René Descartes et son temps），Gallimard，頁47。

[35]梵樂希，《哲學研究》，頁814—815。

的。用比喻來說，這是肚臍，是胎盤。為了說明存在的獨特體驗及其潛能，柏格森後來提到一種原始直覺，沙特[36]則提到一種原始的投射。[37]肉體在為系統和詞語的出現作準備。但語言不是肉體表達的手段，它無法明確傳達這種感悟的含義。

1619年的一夜，笛卡爾23歲。他還未寫過任何東西，但是對物理、化學頗有研究，常與別人切磋探討相關的問題。在這位哲學家的生活中，10月10日並不是個普通的日子，在一年前的這一天，他同數學家伊薩克‧比克曼（Isaac Beeckmann，1588—1637）在荷蘭的布雷達首次見面。後來笛卡爾畢生都在試圖縮小甚至否認他們的交往具有決定性的重要意義。

比克曼是傑出的數學家，在業餘時間，他是加工豬肉製品的學徒。他那時正住在布雷達的叔父家，幫他製作歲末的豬肉食品。美味香腸並沒有影響比克曼當個憐香惜玉的風流荷蘭人。這天，笛卡爾漫步街頭，被張貼在牆上的一則用弗拉芒語（le flamand）寫的數學題所吸引。他是普瓦圖人，不大精通荷蘭語。這時正巧迎面走來那位客串的豬肉食品學徒，笛卡爾請他當了翻譯。

隨後他們建立了深厚的友誼，但是兩人很快便絕交了。笛卡爾認為這位兄長對他總是過分使用保護者的語氣，而且大部分發現者的資格都被他佔據。笛卡爾在他的隨記中曾寫下他與比克曼有過的深情厚誼，並且強調比克曼具有非凡的創造力。笛卡爾初期的所有數學研究都是在這位了不起的人物的默契配合下，在非常友好的氣氛中進行的。如今評論家一致認為，這位前輩對當時的新入門者，後來的屈光學和幾何學著作的作者有決定性的推動作用。

笛卡爾給荒蕪的友誼之地撒上了鹽，他想把10月10日的那次相見從腦海中徹底清除。他在談到兩人關係的開端時，只是輕描淡寫地說那是一次偶然的邂逅。笛卡爾輕易喪失了表示感激的機會。其實對非凡的人物表示感謝，只會使自己變得高大，並不會貶低自己。不管他有多想擺脫比克曼，但比克曼卻如影隨形，縈繞在他的靈魂裡，佔據著他的思想。因為這個影子終於帶著諷刺意味浮現在他的一個夢裡，這個夢就是使笛卡爾成為聲名大噪的哲學家的三個夢之一。

還是讓我們回過頭來看一看正躺在床上的笛卡爾吧。據他自己說，童年的許多美好時光，他都是懶懶地躺在床上，在沉思中度過的。這時是1619年11月10日到11日的夜晚。笛卡爾也許還在回味醇酒迷人的氣息，但已開始在恍惚中看到幢幢鬼影，他好像正漫無目的地躑躅街頭，盡享信步閒逛的快樂。他感到身體右側有些疼痛。突然，狂風襲來，他掙扎著沒被風吹倒。但是有一股旋風迫使他只能用右腳單獨著地，在原地一連轉了三四個圈。他看見一所學校，並排是一座教堂。他正想走進教堂禱告，身側走近一

[36]沙特（Jean-Paul Sartre，1905—1980），法國哲學家，作家。譯註。

[37]分別可見《思想與運動》，頁119。《存在與虛無》（L'etre et le néant），Gallimard，頁648。

夢境時常超乎人
類的已知世界。

個熟人。這不是比克曼嗎？笛卡爾想向他轉過身去，但是辦不到。狂風猛地將他推向教堂。這時另外一個人說有東西給他。什麼東西？巴耶根據笛卡爾本人的說法寫道，那禮物是……是一個甜瓜。風停了。但是笛卡爾仍彎腰弓背，步履蹣跚。就在這個時候，他醒了。他渾身疼痛，認為這是一個想迷惑他的惡魔之所為。他開始禱告，祈求上帝保佑他，不要讓夢的凶兆應驗。笛卡爾相信，這個夢是一個徵兆，是在向他預示他將因傷風敗俗而受到懲罰。

兩個小時以後，笛卡爾重新入睡。忽然聽到一聲驚雷而被震醒。他看到無數的火星滿屋飛舞。據他說，他以前有過類似的經驗，所以並沒有感到特別驚奇，他很快又入睡了。

最後，第三個夢又來騷擾他。據笛卡爾傳記的作者說，那是一個甜蜜而令人愉悅的夢。笛卡爾看到書桌上有一部字典和一冊拉丁文詩集，便打開詩集，讀到奧索納[38]的詩句：「我人生的道路將何去何從？」接著往下讀，這位波爾多詩人的一首田園詩裡，有一句似有玄機的隱語：「是和否。」然後，笛卡爾看到一個雕刻家雕刻的幾幅凹版肖像畫在他眼前魚貫而過。這時，他又夢見自己與一個人聊天，一會兒這個人便和詩集一起消失了，但這並未驚醒笛卡爾。他一邊睡，一邊想這是一個夢，然後開始了釋夢。

笛卡爾開了佛洛伊德釋夢的先河。他試圖在夢的對象和可理解的等價物之間建立一種具有象徵性、有意義的關係。這是精神分析中凝聚（condensation）和替換（replacement）的最初武器……在他的第一個夢裡出現了一個甜瓜，需要搞清楚的是，這個果實會與什麼相應呢？笛卡爾選擇了「孤獨的魅力，但其表現的是純粹對人的誘惑」。換言之，他選擇了折磨著肉體的欲望——甜瓜總是先於理性，還有什麼比這

---

[38]奧索納（Decimus Magnus Ausonius, 310—385），拉丁詩人。譯註

〈雅各的夢境〉（繪於
十七世紀）。

說得更清楚呢？夢中呼嘯的狂風代表魔鬼。這個魔鬼極力想用暴力將他投向一個他原本就有意要去的地方。「正因如此，」笛卡爾說，「上帝不允許他被上帝並未派遣的魔鬼捲走，即使是捲到一個聖地。」第二個夢中的驚雷是「真理之神下凡附上他身體的信號」。最後，還是按照笛卡爾的說法，第三個夢中的辭典相當於所有科學的總和，詩集則代表與睿智相連的哲學。談到「詩」，笛卡爾做出結論：詩比睿智更優越，這是由於「熱情具有神性，想像具有力量，詩甚至遠比任何哲學家的理性所能做的，更能輕易而出色地剝離出睿智的種子（這些種子在所有人的思想裡，就像火星在石頭裡）」。笛卡爾繼續試著解釋他的夢，他在關於「何去何從」的疑問中，看到倫理神學所提出的問題的本質。從畢達哥拉斯[39]那裡藉用的「是與否」與世俗認知中的真理和謬誤相對應。最後，雕刻肖像畫可以看成是預兆，至少笛卡爾是這樣認為的，因為他第二天便拜訪了一位畫家。至於出現在第一個夢裡的那個熟人，也就是狂風，亦即惡魔，阻撓他與之相見乃至相認的那個人，自然沒有任何解釋。

1929年，馬克沁·勒魯瓦（Maxime Leroy）想為笛卡爾寫一部評論性的傳記，為此與佛洛伊德進行了接觸，就這三個夢的問題請教了他。這位精神分析法的創立者在一封回信中說道，有些東西是可以假設的，有些則否。困難在於無法向夢者本人提問，而只有笛卡爾本人才能夠提供讓人瞭解夢中那位神秘人物的細節。我們知道，按照佛洛伊德的說法，認不出、忘卻或被禁止認出某些人物，恰恰表明這些人物在無意識結構中是很重要的。當然我們不能排除那個人影就是比克曼的假設。儘管有方法上的困難，佛洛伊德對笛卡爾的夢還是盡可能作了一些明確的說明：「您那位哲學家的夢是人們所說的『自天而降的夢』，也就是說，是無論在睡眠狀態還是清醒狀態，都可以創造出來的概念所形成的，這些概念只有某些部分是從相當沉靜的情緒中汲取養分的。因此這些夢經常表現出具有抽象形式、詩歌形式或象徵形式的內容。」[40]佛洛伊德也只能限於一般性的說明，他沒有說出任何東西可以幫助我們理解那些夢的象徵體系。

在瞭解笛卡爾本人的解釋之後，佛洛伊德提出他自己的解讀假設：「我們可以肯定笛卡爾的解釋，那些阻止他自由行動的障礙完全是我們所熟知的：這是夢對內心衝突的表達。左側代表邪惡和罪惡，狂風代表『惡鬼』。夢中的人物、甜瓜和雕像則很難判定。」不過佛洛伊德還是大膽地對那個甜瓜插了一句話：「這可能是一個與他的罪惡感相關的聯想，象徵著性衝動。性衝動一直佔據著孤獨年輕人的想像。」[41]整個夜晚都處在被性衝動所支配的良心危機的影響之下，「這

---

[39]畢達哥拉斯（Pythagoras，580 B.C.—500 B.C.），古希臘數學家和哲學家。譯註。

[40]馬克沁·勒魯瓦編，（*Descartes，le philosophe au masque*），Rieder，tome I，頁89。註41、42，頁89—90。

〈雅各的夢境〉（繪於十二世紀）。

在笛卡爾的生活中是絕無僅有的時刻，後來他由於進行了適當的保健活動，而擺脫了這些討厭的夜間紛擾」。[42]這說得也太簡略了！

人們對一個事實三緘其口，就是這些夢輕而易舉地解決了一種衝突，解除了一種罪惡感。比如說，在其哲學的源頭與其所受的影響的問題上，笛卡爾是那麼的自尊與諱莫如深，他是無法承認其哲學的基礎是由比克曼奠定的；而這些夢使得這位思想家把對數學家比克曼所欠的債一筆勾銷了。為了不必承認這筆債，以及避免對自尊的傷害，笛卡爾┄┄┄笛卡爾的肉體┄┄┄轉移了根源和啟動力的問題。夢把比克曼徹底摧毀了。夢允許

這位哲學家有了他自己的發現。由於他的靈感來自上帝，經由夢的轉移，他便不再是一個受自尊或者說受虛榮所不容的人，也不再是為他人做嫁衣裳的人了。

為此，笛卡爾立即作出了堅決的反應。就是在做過這些夢之後，他重又轉向上天。巴耶說，笛卡爾「重又求助於上帝了，他向上帝祈禱，向上帝告白他的意願，請求上帝在他對真理的探索中給予啟示和指引。他甚至試圖讓聖母對他這個一生最為重要的事業發生興趣。」[43]他為此許願要去洛萊特聖母院朝聖。我們可以看到，在巴耶寫的這部傳記中，笛卡爾更願意將他對自己身體與其生的靈

---

[43] 阿德安‧巴耶，《笛卡爾先生的生平》。

感歸功於神的護佑，而不願意歸功於那位豬肉製品學徒的啟發，儘管那位學徒是傑出的大數學家。那條使他遠離比克曼的道路將他引向了洛萊特聖母院。

巴耶繼續寫道：「在那三個夢後沒幾天，熱情離開了他。但是，雖然他恢復了正常的精神狀態，又平靜如初，但他下定的決心卻沒有絲毫動搖。思想家的事業開始了。笛卡爾的所有著作都起源於青春時代的那個夜晚。然而，他的任何一部重要著作，包括那部經常地被說成是帶有自傳色彩的《方法論》，都隻字未提那個夜晚，那些夢……那個比克曼。」[44]

那個數學家朋友被抹殺了，笛卡爾的平衡也遭到破壞。他對事實的解釋將依據那次奇特的體驗。上帝是體系的啟示者，笛卡爾是這種絕對力量的媒介。他在給伊莉莎白的一封信中說到，他是如何感激上帝給予他靈感。在信中看到了哲學的祖師爺蘇格拉底，我們毫不覺得奇怪。讓我們看看笛卡爾是怎麼說的：「我有無數的體驗，加上蘇格拉底的權威，用來證實我的見解……人們通常所說的蘇格拉底的天賦也許不是別的什麼，而是習慣於遵循內心的傾向，就是相信，當他感到某種神秘的快樂時，他所做的事情的結果便會是圓滿的，反之，當他悲傷時，那結果便將是不幸……我覺得人們有極大的理由遵循自己的天賦所提出的這個忠告。」[45]這正如笛卡爾所說，內心的傾向是肉體的法則，是器官的邏輯。

在笛卡爾引起的各種評論中，最有見地且入木三分的，當屬梵樂希。首先，他將存在體驗與神秘和宗教的出神區別開來。梵樂希指明這一點是很重要的。其次，他描繪了這些獨特體驗的動力的特點：「我不知道有什麼比這種特殊的調製更富有詩意了。這樣的調製使一個人在幾個小時內經歷了他全部神經潛能和精神潛能從未達到的程度，從分析力、批判力和創造力的高度緊張，直到勝利的極度興奮和發現的無比驕傲。」[46]令梵樂希大惑不解的是，笛卡爾在經歷了這樣的時刻後，何以還會產生疑惑、期待，竟至於感到需要乞靈於上帝。這種求助於神的奇怪舉動給人這樣的印象：在哲學家笛卡爾的眼裡，人們無法讓真理從肉體中、從一個內在的地方產生，啟發的出現，必須有上天的幫助。這個問題從生理學範疇一下轉移到了神學範疇。

笛卡爾憎恨肉體，蔑視肉體，想把那產生思想的、神用來造人的黏土隱藏起來。他是徹頭徹尾的傳統哲學家，已到了對肉體毫不信任乃至深惡痛絕的程度。然而思想確實是肉體的產物，這個肉體忍受和記錄著存在的最微小的顫動；思想是從一種與力量的和解中產生出來的，這些力量為避免人體組織斷裂、損傷、瘋狂、失衡而賦之以動力。梵

---

[44]阿德安·巴耶，《笛卡爾先生的生平》。

[45]笛卡爾，《給伊莉莎白的信，1646年11月》，pléiade，頁1243—1256。

[46]梵樂希，《哲學研究》，頁816。

佛洛伊德的心理診療室。

笛卡爾《論人》中的插圖，說明大腦如何指揮視覺、帶動肌肉。

樂希精闢地分析了這種存在的動力和這種肉體的創作。他寫道：「一切體系都是精神對自己的侵犯。作品並不表現作者的存在，而是表現作者的表象意志，這種表象意志在選擇、整理、協調、掩飾、誇張。也就是說，一個特殊的意願在處理和加工構成真正思想活動內容的全部偶然、全部心理賭博以及意識的專注與持久所產生的全部結果。但是思想並不想現出自己的廬山真面目：它希望它那些意外事件和虛擬行為的混亂被忽略，它希望它的矛盾、它的誤解、它的清醒和感情的差別被消除。」[47] 在被阿波羅完全回收之前，戴奧尼索斯一直在蜿蜒中、在阿拉伯圖案式的曲線中、在巴洛克的渦形花樣中活動著──甜瓜先於理性。

梵樂希在對思想流動性的研究中提出了一個方法。這個方法之所以重要，是因為它使得思想能夠在其根源和特殊結構中受到檢查，它禁止人們這樣解讀作品：就好像這些作品完全獨立於使思想得以產生的條件，完全獨立於構成這些條件的人體、肉體、健康。概念應該在它出現的觀點中展現出來。這樣，傳記就可成為理解作品的主要源泉，雖然人們無法將一部完整的作品化為一個純粹的存在。生平只是為人們打開一個進攻的角度，使人們容易讀進去。梵樂希寫道：「根據對文章的研究來還原一個有思想的生物，會造出怪物的。由於所進行的研究是細微而嚴格的，由於必須兼顧作者思想中從未出現過的看法，由於必須解答他思想中的疑問，也由於必須解釋他那難以理解的、在他思想中引起特殊反響的詞語，由於以上種種，所以對作者生活的還原就更加不可能。」[48] 同樣為了提供一個不武斷與不簡化的解讀方法，柏格森明確指出，邏輯關係、系統和秩序都是由果而因逆向產生的，都產生於溢出、分枝、派生和毛細血管過濾之後，產生於原始直覺──一個被糾纏不清的肉體上的原始直覺出現之後。有時人們試圖用語言表達那些轉瞬即逝、幾乎是純潔而高尚的感覺。但是語言無

---

[47] 梵樂希，《哲學研究》，頁816—817。

[48] 梵樂希，《哲學研究》，頁816。

可救藥地註定會提出一種粗略的近似性，一種不恰當也不完整的印象。

笛卡爾是理性哲學家，是方法論的思想家，是清楚而明白的鼓吹者，是令人驚異的方法概念裝置的製作者。而他對自己體系的直覺則產生於他在離多瑙河不遠的小屋裡所做的三個夢。弔詭自有其令人啟發甚至愉快之處。在運用數學、方法規則和演繹形式之前，笛卡爾碰到了甜瓜、旋風、火星雨，以及正好翻到了精彩篇章的書籍。梵樂希在指出這種情景的奇特性時寫道：「看到他體內的普魯特斯[49]從僵硬過渡到狂熱，看到他祈求把自己的能量集中在理性建設的道路上，看到他祈求諸神在最可驕傲的事業中支持他，看到他試圖使過分隱晦的夢成為他清晰的思想體系的見證，還有什麼比這一切更令人震驚的呢？」[50]古斯道夫（Georges Gusdorf，1912—）也講了另一番話，對笛卡爾提出如此的批評：「純潔的現代理性主義概念上籠罩了一層巴洛克的幻影。」[51]

笛卡爾回復到嚴謹的寫作和精心的構思。他不斷排斥用詩的方式來獲取確定，而更喜歡採用數學的方式。當他探討思想方向的準則時，他忘記了他的那些夢在其體系的構築中所產生的推動作用，他寫道：「在已知的科學中，唯有算術和幾何排除了謬誤和不確定，我們應該更加仔細地研究一下為什麼會這樣。在這方面，我們應該指出，我們是通過兩個途徑達到對事物的認識的，也就是通過經驗或演繹。」[52]我們可以把這兩個途徑解釋為：受到意識幫助的肉體或受到修辭技巧幫助的理性。笛卡爾寫道，當然，經驗往往會騙人，而即使是最差的推理能力也不會作出錯誤的演繹。為此，笛卡爾動用了一部笨重的機器，它將通過分析、分解、綜合、組合、代數、條理、方法、演繹，然後生產出所有其他科學都賴以存在的「通用數學」的幻影。他從直覺和激情出發，最終卻掩蓋了他的體系的基礎和起源。在同行們看來，這種起源是不光彩的，因為這是激情型的思想起源。只有形式和尺度堂而皇之地出現了，由此也產生了笛卡爾的遊戲，他調動真實、清楚和明白來證明上帝的正確，並寬容他的國王和乳母。笛卡爾從最令人鼓舞的力量出發，經過多少曲折又回到了他那個時代的老生常談。不過至少旅途不乏消遣，哲學滿足於遊戲的歷程……

如果一定要說笛卡爾有什麼令人失望之處的話，那麼與其說是他的因循守舊，不如說是他對友誼的不忠。因為是比克曼使哲學家笛卡爾產生了衝動，使他入了行。笛卡爾是從比克曼那裡獲得了原初的動力，這可非同小可。人們可以想像，夢中對比克曼的回憶變得極具重要性，比克曼偽裝成掩飾

---

[49]普魯特斯（Proteus），希臘神話中海神的牧羊神。譯註。

[50]、[51]古斯道夫，《自己—生平—傳記》（*Auto—bio—graphie*），Odile Jacob，頁440。

[52]笛卡爾，《思想的原則》（*Régles pour la direction de l'esprit*），II，頁41。

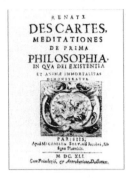

笛卡爾《方法論》
（1641）的書封。

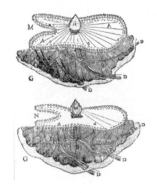

笛卡爾《論人》中
的插圖，說明人類
大腦的活動。

之物，先以罪惡感的發電機，繼之又變成純粹的昇華，對笛卡爾的肉體產生了強烈的作用。比克曼一直是笛卡爾暗中的思想動力。笛卡爾的肉體像三棱鏡一樣與現實玩著遊戲，將光源分解衍射了出去，使得原始的外觀變形，令人再也認不出最初的秩序。哲學家的肉體消失在作品之後──所有的作品不都是作者的墳墓嗎？同樣，在作品的後面，友誼的激情和熱情也煙消雲散。一切都是為了作品，作品不斷的重複，好像是為了顯示一個相反的東西，就好像是為了極力顯示人們只認識那些來自並屬於理性、思想、智慧、理解等行動範疇的東西。其實，當理性機器開始運轉時，一切都已經完成，肉體已經表白了一切，它已經以蘇格拉底的聲音，奧古斯丁形上學的皈依，或笛卡爾的夢表達出生理學的必然。思想產生肉體的平衡，而沒有這種平衡，肉體就只能遭遇混亂──從窘迫，經由瘋狂，而至死亡。

高尚的病人──帕斯卡

　　關於主體在其肉體上所產生的極限體驗，或者是關於肉體在服從瀕臨崩潰的身體的法則時所經受的極限體驗，帕斯卡提供了極富啟示的實例。這位哲學家的神秘情結，他對肉體的排斥，對生命的憎惡，在只有疾病和痛苦的日常生活中度日如年，這些都導致他撰寫《回憶錄》（Memorial）的那一夜，被戴奧尼索斯式狂熱的哲學所激奮。1654年11月23日，晚上十點半到十二點半之間，帕斯卡經歷了異常亢奮的狀態，他奮筆疾書，在一張紙上記下了在如此高度緊張的時刻他所產生的感覺、衝動和情感。在題為《火》的文章中，帕斯卡以短促、斷續的節奏，用不講究句法的文筆，記錄下他那些暫時的確定性，也就是，真理不在理性和哲學之神的一方，而在信仰、啟示和福音的一方。在這歡欣鼓舞的狀態中，他融入神秘主義之中：他說他已把凡不是上帝的都統統拋到九霄雲外了，隨後他寫道：「正義的聖

波塞頓（Poseidon），希臘神話中的海神，普魯特斯是他的牧羊人，具有變化莫測的能力。

父啊，世界還根本不認識你，但我已認識了你。」接著就是那些著名的詞句：「歡樂，歡樂，喜極而泣的歡樂。」他懇求與上帝永遠結合，傾訴與上帝分離之苦，承認已選擇了徹底而平和的禁欲。第二天，他又補充說：「完全順從耶穌—基督和我的導師。世間做一日神功，便永遠快樂。」[53]他的文章完全是一些字詞的羅列，讓人覺得呼吸急促，氣喘吁吁。火對覺醒的比喻，以及重複、擔憂與歡欣，隨後的真福，這一切使帕斯卡在這一夜經歷了一場真正的生理大震盪，他徹底的脫胎換骨了。關於圓錐曲線或算術三角形，旋轉線或曲線，真空或空氣重量等科學論著的作者，在這一夜死去了，取而代之的是著有《沈思錄》（Pensées）和《致鄉間友人書》（Provinciales）的哲學家。「就在啟示出現之後，帕斯卡以其固有的敏銳，一下子便看到了這光明侵襲的所有結果，他將這些結果與某些一直沒有答案的疑問聯繫了起來。」[54]肉體獨立於意識而單獨地解決了問題。人體組織貯存了衝突，給衝突以空間，當適當的時刻來臨時，它便會感到一種不可阻擋的需要，需要以一種突然的、自發的、

急劇的以及完全生理的方式使這些衝突得到解決。由此而產生了不安、出神和陷入深淵的感覺。

在思想史上，這種獨特的時刻出現前的緊張，曾經成為研究的對象，其中馬克思則把帕斯卡的精神狀態視為戰場，這個戰場產生於強大的精神傾向與具體的、物質的，以及不可抗拒的需要之間的強烈對抗。呂西安·戈德曼[55]進而提出以下的假說：「直至那天，在帕斯卡的生活中存在著一個明顯的矛盾，那就是理論上承認的宗教至上和世俗生活中實際的客觀現實之間的矛盾，這個矛盾在11月23日那一夜的前幾年即已開始加劇，這些年一直在醞釀著這一夜的出現。在這個期間，有圍繞著他妹妹嫁妝上的衝突，有他反對任命伊諾桑10世（Innocent X，Giambattista Pamphili，1574—1655）為第234任羅馬教皇，以及召開主教會議的提議，有他寫給瑞典女王克莉絲蒂娜的信，信中十分強調精神的優越，卻對恩寵隻字未提。」[56]馬克思主義的解說很簡明，這位哲學家在意識和實際生活之間，虔誠和世俗之間，左右為難。一方面是召喚修行生活的神秘主義，是神學理論的爭論；另一方

（左）帕斯卡發明能做加法自動進位的計算器（1644）；（右）帕斯卡（Pascal Blaise，1623—1662），法國數學家，物理學家，哲學家。

面則是受繼承權、金錢和家庭困擾的世俗的現實主義。帕斯卡夾在兩者之間，處於行將顛仆的不平衡狀態。總之，這種自相矛盾的處境讓他產生了煩惱。

如果應該重視這些歷史的批判資料，那就應該進而發現，客觀現實只有在這種情況下才會產生那些大家都知道的效果，也就是，客觀現實遇到一種特殊的感覺，一種氣質，一種特質，也就是：一具肉體。帕斯卡的肉體異常脆弱，對情感或情緒的變化極端敏感。他也像在米蘭花園裡的奧古斯丁一樣，擁有一個真正震儀式的肉體。

瑪格麗特‧佩里埃（Marguerite Perier）述說的帕斯卡的童年軼事應該是真的。她為佛洛伊德主義者所繪製的帕斯卡無意識的畫像，提供了豐富的線索。童年的帕斯卡毫無疑問有神經衰弱。據他的外甥女證實，他在很小的時候便患有怪異的神經衰弱的恐懼症。比如，「他一看到水便狂怒」[57]。他還不能忍受與父母的接觸，「他們一走過來，他就大喊大叫，拼命掙扎。這一切持續了一年多，情況越來越嚴重，他看上去簡直就像要死了一樣」[58]。為了找出產生這種怪得令人心驚膽戰的現象的原因，家裡揪出一個當女巫的女人，說一定是她搞的鬼。這個可憐的替罪羊的可疑之處，也無非是定期向帕斯卡的祖父母討些施捨而已。不知他家裡是怎麼讓這個女人招供的，反正她招了供，並供出使這孩子得到解脫的秘方：只要讓病轉移就行了，比如轉移到動物身上。祖父拿出一匹馬讓女巫作法，但女巫只用了一隻貓，將它處死後，就說小帕斯卡從此便得救了。這位顯示聖跡的神人在這樣做的同時，還順便給孩子用了一種野草糊劑，讓他復活。這一天算得上是舉行顯示奧義之儀式的黃道吉日。帕斯卡的起步還算很不錯⋯⋯

[53]帕斯卡，回憶錄（*Mémorial*），Pléiade，頁554。

[54]阿貝爾‧貝甘（Albert Beguin），《帕斯卡自畫像》（*Pascal par lui même*），Seuil，Microcosme，頁26。

[55]呂西安‧戈德曼（Lucien Goldman，1913—1970），法國社會學家，西方馬克思主義的代表人物之一。譯註。

[56]戈德曼，《隱匿的上帝》（*Le Dieu caché*），Tel，Gallimard，頁203。

[57]、[58]瑪格麗特‧佩里埃，《帕斯卡先生生活回憶錄》（*Mémoire sur la vie de Monsieur Pascal*），in Oeuvres，Pléiade，頁35。

萊布尼茲（Gottfried Wilhelm Leibniz 1646-1716，德國數學家，哲學家）發明的計算器（1674），能運算乘除法。

　　偉人們的童年常常鮮為人知。從孩提時代到青春期的帕斯卡，人們一無所知。有關帕斯卡生平的著述說，他1642年第一次得病，這一年他十九歲。這時他已經開始研究計算器了，並為此付出了巨大的心血。他一連兩年患有厭世的憂鬱症，此後再難恢復健康。另據瑪格麗特所說，「幾年來的疲憊和虛弱使他的肉體陷入痛苦，這種痛苦再也沒有離開過他。為此，他幾次對我們說，他從十八歲開始便無一日不感到痛苦。他的痛苦強度不一，然而一旦得到片刻休息而感到好些之後，他的思想便立即開始探索新的事物了」[59]。他當時在研究真空，設計輪旋曲線，進行關於冉森[60]教派教義的爭論。他的身體狀況一直不見好轉：除了小口抿咽雜燴熱湯之外，吃不進任何食物。「此外，他頭疼得幾乎無法忍受，內臟有燒灼感，還患有許多其他疾病。」[61]為了醫病，他必須每兩天服一次瀉藥。空腹吃藥同樣困難而痛苦。他周圍的人甚至不忍目睹他療病的場景。這時，他又患了癱瘓症，不得不採用一種輔助療法。「他的雙足變得像大理石一樣冰冷，人們不得不每天給他穿上浸泡著烈酒的布製便鞋，試圖讓他的腳暖和起來。」[62]這些浸濕的夏朗德（Charentaises）拖鞋派上了新的用場……

　　面對這些考驗，帕斯卡保持著微笑，甚至感到高興，因為疾病是上帝來考驗他信念的信號，首先應該接受，其次應該歡喜。而他更進一步，選擇了禁欲，能使他感到快感的一切都立即被戒除了。食品只被看作營養，食量經過精心計算。他甚至記不得自己剛剛吃了什麼，因為他的味覺已經完全麻木。他妹妹證實，他是如何高高興興地讓他的感官壞死，又是如何高高興興地吸吮著那些難喝的苦澀藥水。

　　有一段時間，他曾忘情於談話的歡樂之

---

[59]瑪格麗特‧佩里埃，《帕斯卡先生生活回憶錄》，頁7。

[60]冉森（Jansenius，1585—1638）派教義，實質上是宗教改革中加爾文派的一個變種，代表著資本原始積累的要求。一切神學理論都不外是世俗利益的一種偽裝；只要把神學還原為世俗，就不難發見掩蓋在神學外衣之下的思想實質。

[61]瑪格麗特‧佩里埃，《帕斯卡先生生活回憶錄》，頁10。註62，頁37。

中，但他很快便擯棄了這種歡樂，拒絕一切來訪，即使來訪者是前來敘說某種啟示也一樣。也許對這位哲學家來說，不見客更好，因為來訪有時會給他造成極大的機能紊亂。比如有一天，在同幾個朋友討論教會的事情時，他便出現了僵直性昏厥[63]。據在場的幾個朋友說，這是因為他們與帕斯卡的意見分歧太大。帕斯卡醒來後承認，他激動的完全無法控制自己，只能聽任由巨大的痛苦擺佈……

一個感覺如此敏銳的肉體怎麼能不讓帕斯卡很快便對它產生憎惡之情呢？可能的快感剛一露頭，包括可能產生快感的談話在內，帕斯卡便除之務盡。他有一個帶釘子的腰帶，一聽有客來訪，便把它貼著肉繫在身上。談話中只要他稍有快感，便用手肘壓迫皮帶，讓釘子扎進肉裡，提醒自己不要忘了禁欲的決心。「他就像把這個任性的敵人插入肉體，讓這個敵人針砭他的肉體，不斷激勵他把思想集中在虔誠上，並由此而賦予他必勝的手段。」[64]除了這些苦行之外，帕斯卡將絕大部分的時間都用來祈禱和閱讀福音書。

閱讀聖書和清心寡欲於病無補，疼痛繼續加劇。牙痛又使他徹夜難眠。在這些不眠之夜，關於輪旋曲線的各種直覺蜂擁而至。亢奮足以使他一時忘記肉體的痛苦。此間，

他寫了關於輪旋線的著作，「但是他的身體再也支持不住了，他的健康遭到徹底的摧殘，他處於我們所說的那種生不如死的痛苦狀態，這時他已不能吞咽食物」[65]。他感謝上帝對他的考驗。他甚至以一種神秘主義的虔誠寫下了《祈求上帝利用疾病》一文，他在文中懇請上帝耗盡他的力量以使他早日得救，加劇他的痛苦以使一切世俗的快樂變得不可能存在。

帕斯卡希望懲罰肉體，因為肉體對抗精神，阻撓一切與上帝的真正對話。能使人依戀這個世界的一切都遭到蔑視、鄙夷和嘲笑。這裡自然包括愛情，但也包括友誼，甚至包括一切會使受益者變得殷勤、亦即變得討厭的仁慈。在他對虛無的渴望中，在他對虛無主義病態的迎合中，他甚至要求消滅個性、消滅主觀。他妹妹說：「大家知道，他希望一個誠實的人避免稱呼自己，甚至不要使用『我』這個字眼。」[66]他唯一允許自己享受的快樂就是瞻仰教堂裡的聖骨盒。說他受到死亡的吸引，是否更恰當呢？

這位哲學家出於慈悲收留了一家人。這家人的一個孩子患了天花。帕斯卡拒絕與病人隔離開來，因此也被傳染。他腹痛，頭痛，嘔吐，痙攣，生命危在旦夕。但是他一直慶幸自己患此絕症，他渴望在這個

---

[63] Catalepsy在醫學上指的是「僵直性昏厥」，全身僵硬，昏迷不醒，有類似死亡的現象。在神秘學上則被解釋為靈魂出竅。譯註。

[64] 瑪格麗特‧佩里埃，《帕斯卡先生生活回憶錄》，頁13—14。註65，頁40。

[66] 帕斯卡，《祈求上帝正確運用疾病》，（*Priére pour demanderà Dieu le bon usage des maladies*），頁29。

一個受疾病所苦
的將死之人。繪
於十五世紀。

不治之症中找到歸宿。帕斯卡的人生之旅至此走到了盡頭。後來尼采寫道，是基督教毀了帕斯卡，他被自己理性的自我滅亡所困擾，他被自己的墮落和典範所糾纏。這位德國哲學家稱他為「高尚的病兒」（l'avorton sublime）。

在帕斯卡逝世之後，人們在他上衣的夾層裡發現了記錄1654年11月那個夜晚印象的《回憶錄》手稿。8年當中，他將衣服的襯裡縫了又拆，拆了又縫，為的是隨時隨地把手稿帶在身上，就好像他必須把這些表述出神、表述由此而產生的決心，以及對生存真福的記憶話語鐫刻在第二層皮膚上。手稿

成為「肉體表層上超乎肉體的回憶錄」[67]。這是一層新的皮膚：一層脫胎換骨充滿神秘主義信念的新生之人的皮膚。

當然，就像戈德曼相信的那樣，他妹妹嫁妝的問題和伊諾桑10世的陰謀可能折磨著他，使他的心理變得極端脆弱敏感。但是我們也應該注意到，這種啟示是出現在怎麼樣的肉體之上，出現在如何多病羸弱的肉體中啊！這個生理組織完全被纏繞在苦行中，被纏繞在已達狂熱的禁欲之中，被纏繞在已變成自己對抗自己的死亡衝動之中。由於沒有其他異教的真福，肉體便將神秘的經驗作為享樂加以容納。這裡，上帝又一次充當了

---

[67]古斯道夫，《生命線：關於我的著作》（*Lignes de vie*，*I. Les écritures du Moi*），Odile Jacob，頁287。

希波克拉底（Hippocrate，約
460B.C.—377B.C.），古希臘醫
生，西方醫學的鼻祖。

具體愉悅的藉口。因上帝而產生的狂喜與肉體和內在所產生的狂喜造成同樣的效果，有著相同的症狀。這樣，這位虔誠的教徒便逃避了矛盾，至少他相信如此。當他在宣佈肉體的死亡時，他是在證實肉體的存在；當他在希望肉體的死亡時，他是在展示肉體的巨大生命力；當他在渴望禁欲時，他是在強烈地體驗著生命的分分秒秒。這只不過是對象的錯誤。當這位哲學家相信他是在消滅戴奧尼索斯時，他卻是在以一種神秘主義的出神發現了一個絕佳的妥協之道來肯定戴奧尼索斯。肉體正在飛馳歸來，快驅走它吧……

人們甚至可以用悖論的形式肯定，在這樣的時刻，對於這種獨特的生存體驗，肉體比任何時候都更成其為肉體。事實上，在這種超越的狀態，在這種熱情與瘋狂中，肉體受到最大程度的刺激，達到絕對狂喜的狀態，神經系統處在其承受力的頂峰。而這一切的發生都需要一具與眾不同的肉體，一種特殊的敏感和獨特的性格。正是這些條件使得具備這些條件的人，高於那些生活在排除一切生命緊張的鬆弛之中的人。柏格森看到了能夠進行這種直覺認識的肉體的卓越，喬治·巴達耶[68]將這種認識的直覺稱為「內在體驗」（l'expérience intérieure）。柏格森說：「毫無疑問，有些人對神秘的體驗完全是閉塞的，什麼也體驗不出，什麼也想像不出。但是我們也常遇到一些這樣的人：音樂對他們只是聲音而已，但是他們有人會用與音樂家相同的憤怒、相同的怨恨來表達自我。」

---

[68] 喬治·巴達耶（George Bataille，1900—1962）法國哲學家。譯註。

（左）蒸汽機器人；
（右）以齒輪轉動的
木製機器人。

[69]柏格森把可能是宗教的神秘體驗與可能是非宗教的、內在的音樂所造成的體驗相提並論，良有以也。對音樂的入迷可以免除對宗教的求助。尼采之所以痛惜帕斯卡被基督教所扼殺，正是因為帕斯卡的超敏銳感覺只用來服務於一種消極的事業：死亡、疾病、痛苦、禁欲、總之是禁欲的理想。帕斯卡的肉體具有無限的潛能，只要他當初選中基督教以外的另一個目標……

機器先生拉美特里

在拉美特里的身上，人們不會看到一個致力於禁欲理想的人生。這位醫生哲學家最早提出了清醒意識，雖然人們總是將這個概念歸於出自外科醫生傳統或希波克拉底傳統的唯物主義者。即使在今天，神經科醫生的倫理比康德學者的倫理是有更多可取之處；

動物行為學者和科學家的倫理比那些到處宣揚舊基督年代，俗化的假聖人的倫理有更多可取之處。作為性病學者的拉美特里比孔多塞[70]之流的人物少說了許多蠢話。

拉美特里是一個快樂的唯物主義者——這是藉用伊莉莎白・德・豐特內（Elisabeth de Fontennay）對狄德羅[71]的絕妙稱呼。他在改名換姓為「機器先生」之後，在一篇諷刺性的自傳體短文中對自己進行了一番描述。他寫道：「機器先生（就像巴黎的沃康松母鴨一樣）沒有靈魂，沒有思想，沒有理智，沒有道德，沒有判斷，沒有趣味，沒有禮貌，沒有德行；一切都是肉體，一切都是物質。純粹的機器是植物人，是機器人，是比機器更機器的人。他渴望與追求的是頭銜，頭銜讓他臉上有光。」[72]

他在搖籃裡便習慣了挑釁——他是在

---

[69]柏格森，《道德與宗教的兩個根源》，頁26。

[70]孔多塞（Jean Antoine Condorcet，1743—1794），法國數學家，哲學家，政治家。譯註。

[71]狄德羅（Denis Diderot，1713—1784），法國啟蒙思想家，哲學家，文學家，無神論者。譯註。

[72]拉美特里，《哲學作品集》：《致A.C.P.小姐的書簡》。（*Épétre Mademoiselle A.C.P. in Oeuvres philosophiques*），Fayard，Corpus，Tome II，頁216。

赫 克 力 斯
（Hercules），
古希臘神話中的
英雄，以力大無
窮和功勳卓著而
著稱，據說就是
在12月25日出
生的。

1709年的12月25日出生的。後來他毫不猶豫地以現代赫克力斯自居。他直言不諱地用第三人稱敘述自己的過去：「他自我吹噓，說他在當醫生之前花天酒地，不惜一擲千金。他靠尋歡作樂剩下的錢維持自己醫生的頭銜，給自己臉上增光。」[73]這位迪阿弗瓦[74]又貪財又腐敗，但是他的直率，他的唯物主義使他無須贖罪。

拉美特里翻譯了他的老師機械醫學派波爾哈威（Boerhave）的七部著作，此後寫了一篇《暈眩論》（*Traité du vertige*），極其精彩地描述了暈眩時肉體出現的昏迷和相關症狀。1742年，這位徹底的唯物主義者在一次獨特的體驗中領悟到他哲學體系的基本原理——一元論。當時他是格拉蒙（Grammont）公爵麾下法國近衛隊的軍醫，在弗萊堡攻城戰中染上了熱病。疾病打垮了他，使他幾乎喪命。普魯士王腓特烈二世（Frederic II le grand，1712—1786）對此事曾有記載——拉美特里的晚年是在這位普魯士王的宮廷裡度過的。他寫道：「在弗萊堡戰役中，拉美特里先生患了熱病。疾病對哲學家來說是一所瞭解肉體的學校。他相信自己的發現：思維能力僅是機器結構組織產生的一個結果，動力故障對被形上學者稱為靈魂的這個部分影響極大。在恢復期間，他念念不忘這些想法，並勇敢地高擎起體驗的火炬，照亮形上學的黑暗。他力圖通過解剖學解釋知性的巧妙結構，他在別人認為那個高於物質的本質之處，只看到了機械的結構。」[75]昏厥的體驗，失去知覺的體驗，肉體經歷的昏迷，這一切都讓他產生了轉變，他成了哲學家，一

[73]拉美特里，《哲學作品集》，頁213。

[74]迪阿弗瓦（Diafoirus），莫里哀喜劇《沒病找病》中的人物，一個不學無術的醫生。譯註。

[75]菲德烈 II 世為拉美特里的《人是機器》寫的前言，Denöel，頁19—20。

普魯托（Pluto）
希臘神話中的
冥王。

卡龍（Caron）
但丁《神曲》中
的惡魔，冥河的
擺渡者。

個享樂主義的唯物論者。他的思想使唯物主義版本的啟蒙時代得到靈感也感到震驚。大家都讀他的書——這是當前輩的好處，大家都利用他的思想，卻很少有人提到他，除了薩德[76]之外，沒有人承認拉美特里是自己師法的前輩。

拉美特里除了被動接受暈眩的體驗外，還採取服用鴉片的方法再次找到一元論哲學的真諦。據他說，「鴉片是使機器達到極樂和幸福的真正手段」[77]。拉美特里一再強調吸鴉片者所經歷的那種狀態的極樂性，那種幸福，甜蜜，與平靜，還有人人都想延綿持久的至福。他後來說，那是「溫柔的神秘」。拉美特里在講述他自己的體驗時，將它比作死亡，比作完全處於鬆弛狀態的肉體的死亡，緊張和平常貫穿體內的能量蕩然無存。這種離奇的經歷將他帶往古怪之鄉，他遇到了卡龍和普魯托，更可怕的是，他還見到自己為了醫生頭銜而買通的那位醫生，他至今還欠那個醫生的錢。他與醫生發生了激烈的爭吵，繼而大打出手，搏鬥中他一命嗚呼，變為風笛……人們不能指望從這位享樂主義哲學家那裡得到更嚴肅的東西了。這是徹底表現物質的故事，我們從中可以看到一元論的論點，鴉片這種物質對肉體這種物質發生影響，決定行為，甚至決定著行為的混亂。肉體是遵從某些法則的機器，但有些物質可以破壞這些法則，這些物質被喚來產生混亂，或者更確切地說，被喚來產生另一種秩序。享樂主義的唯物論要旨是：只有肉體，而肉體完全是物質的，是原子構成的東西，是已知元素構成的組織。

這些實例在這位哲學家的所有著作中俯拾皆是，強調肉體對思維與思考的全面參與。拉美特里的原理很簡單：「人是機器，宇宙中只有變化多端的物質。」[78]千姿百態

---

[76]薩德（Donatien Alphonse Francois Maquis de Sade，1740—1814），法國作家，思想家。譯註。

[77]拉美特里，《人是機器》，頁215。註78，頁151。

吸食鴉片時各種迷
醉的樣態與姿勢。
繪於1870年。

的實在是由萬變不離其宗的變化和差異所構
成的複合體,所有這些變化和差異皆源於物
質,源於相同的物質。

　　他的一部著作非常準確地描寫了一些
可稱之為深淵體驗的現象,例如出神,昏昏
然、飄飄然的暈眩。也許從來沒有人這麼強
調熱情與戴奧尼索斯迷醉的純肉體現象。首
先,我們擺脫了空間中重力與平衡的束縛:
「覺得好像從天上掉到地上或海裡,又從地
上或海裡扶搖直上,直入雲端,在天空像旋
風一樣旋轉,隨後和整個宇宙一起跌進無底的
深淵。」[79]其次,視覺會錯亂,出現幻覺,
看到迷幻的光彩,物體的影像重疊交錯,色
彩光怪陸離。其他的感官也都會錯亂,產生
迷幻:「人們覺得好像時而聽到令人毛骨悚
然的蛇的呼哨聲,時而聽到大海的波濤聲,時
而聽到呼嘯而過的風聲,時而聽到滂沱的大雨

聲,時而聽到冰雹的落地聲,時而聽到小溪潺
潺的流水聲,時而聽到悠揚的長笛聲,時而聽
到音樂會的和諧樂聲,還有其他千萬種虛幻的
聲音。」[80]嗅覺、味覺和觸覺也都變了形。
順便一提,所有吸毒者大概都有同感,那就
是,各種感覺能力和感官體驗都融為一體,
這就是聯覺,統覺[81],綜觀(synopsis)。

　　身體的每一部分都被觸及了:肌肉鬆
弛,膝蓋發抖,四肢打顫,精疲力竭,心慌
氣喘,懊惱沮喪,體力不支,癱軟虛脫。拉
美特里提到,一位大化學家甚至認為自己看
見了引起迷走神經紊亂的劇性毒液。有時接
踵而來的是噁心,嘔吐或昏厥。所有人對自
己來說都變得陌生,都成了一個謎。拉美特
里繼續描述道:「聽到什麼喊聲,眼皮略略
抬起,但很快便又垂了下來。這種動作很輕
微,隨即便是昏厥。有時出現狂躁,痙攣,戰

<hr />

[79]拉美特里,《論暈眩》,頁15。註80,頁15。

[81]聯覺(synesthesia)一稱通感,科學家認為人的感官是互相聯繫、互相作用的整體,任何一種感官受到刺激後,都會誘發其
他感覺系統的反應,這種伴隨性感覺被稱為「通感」,比如說人在聽到聲音的時候還能看到圖案或品嘗那種味道。簡言之,
統覺(apperception)是將各種零碎單一的感覺統合在一起,成為整體。譯註。

（左）兩個正在吸食鴉片的人（1860）；（右）製造鴉片的原料：罌粟花。

慄，氣喘吁吁，呼吸困難，全身盜汗。他們常常口吐白沫，倒頭便睡，然後像睡了一夜好覺的聖人一樣平靜地醒來。」[82]肉體受到驚人的摧殘和大量的勞動。它像極其敏銳的儀器一樣記錄下這些真正的震撼所產生的效應。

在病原學方面，拉美特里提出了一系列可能的病因：「過度的嬉戲或鑽研，強烈而不幸的愛情，吸了一些鼻煙或煙草，發火，憤怒，中暑，過熱，天花……誤食有毒的茴香葉水芹或許許多多使血液變稀、造成暈眩的其他毒液。」[83]他把生理的原因與心理的因果關係糾纏在一起，把奇異的肉體與肉體的吸收，衝動與衝動的結果相提並論。拉美特里運用的邏輯仍是希波克拉底的，這種邏輯建基於物質的平衡和流動的和諧。血液過多或缺少都會造成不適。拉美特里特別詳細談到體內血液過多的問題。他寫道，由於恢復和諧的淨化程度不同，所以婦女會出現月經不調，還會發現血液從手指溢出，總而言之，當流動無法由自然的途徑來完成時，便轉由想像的出口來實現。拉美特里特意列了一個表，上面羅列了從老癭管到新潰瘍的所有失血方式。

為了避免出現類似的災難——我們應該承認這一點似乎被忽視了——人們完全可以吸吮健康成年乳母的乳汁，或食用恰當的食物，用催瀉飲食療法。這些都完全是通過過剩或不足成分的減增來恢復體內的和諧。此外，要穿緊身衣，適量飲酒，實行自動排空法。拉美特里解釋了這種排空法的理論根據：「由於從口到肛門的通道是一路暢通的，胃脹氣、放屁、腹鳴，所有稀薄的氣體不

[82]拉美特里，《論暈眩》，頁15。註83，頁44。註84，頁67。

[85]《法蘭西信使》，1671年創刊，是18世紀歐洲最大的文學週刊。譯註。

是從這兒就是從那兒排出了」[84]，然後這樣我們就能避免更糟的狀況了。

量眩、狂喜，就是集中排除過剩物，就是把對平衡極為危險的致死能量釋放出來。拉美特里從極端唯物主義的角度提出的原理，也正是佛洛伊德用精神分析法研究精神因素心理病變和昇華的原理，那就是：解除緊張，解開阻礙血流循環的結，使能量通道得到調節，使力量在肉體解放的角度上得到平衡。思想淨化肉體，將肉體還給肉體本身，並使組織安定。一切創造都是這些脫離出來的渣滓的具體化，這些渣滓是從它們阻礙協調的地方脫離出來的。肉體是用剩餘物煉丹的聖地，人們用這些剩餘物製造感覺、秩序、尺度這類阿波羅式的幻想。因為只有戴奧尼索斯在統治，其餘的都是裝飾性的假像。

孤獨的散步者——盧梭

再沒有什麼比這更不自然的了：我們又找到了這位活躍於啟蒙時代鼎盛時期的權威人物，就好像我們要進一步證明理性的第二性，理性的反作用一樣。正是這位盧梭身不由己表現了肉體與認知、皮膚與知識的結合。他在那之間體驗到了那種後來滋養他思考的一切。他所經歷的獨特的生存體驗給了他啟示與直覺，他畢生都在通過卷帙浩繁的著作，盡情地揮灑他的這些直覺。

1749年10月一個下午，兩點，盧梭走在巴黎郊區萬塞納（Vincennes）的路上，前去探望獄中的狄德羅。驕陽似火，熱氣逼人。哲學家不時停下來歇腳。他躺到一棵樹下，一邊納涼，一邊流覽一期《法蘭西信使》[85]週刊。他無意中看到第戎（Dijon）學院為1750年度公開徵文出的一道題。這道題是這樣寫的：科學與藝術的進步是助長了腐敗還是淨化了風氣？盧梭為之一驚，靈光一閃，體內霎時產生了震撼，他對這種震撼有詳細的描寫。

這段情景自然被極為準確地記載於《懺悔錄》中：「看到這道題，我看到另一個世界，變成另一個人。雖然我對當時的那種印象記憶猶新，但是自從我在致馬勒澤布先生的四封信之一裡寫下種種細節之後，這些細節便淡忘了。」[86]在提到的這封信裡，盧梭敘述了散步的細節之後，明確指出：「如果有什麼東西像是一種頓悟的話，那就是在我讀到它時，我身上所產生的那種震撼了。突然之間，我覺得思想被千萬道亮光照得通明，無數活躍的想法如脫韁野馬蜂擁而至。紛雜將我投入難以描述的混亂之中；我覺得頭像醉酒一樣昏昏沉沉。一陣心悸使我感到胸悶，透不過氣來，再也無法邊走邊呼吸。我癱倒在路旁的一棵樹下，如此激動地度過了半小時，以至當我起來時，我看到衣服的前襟竟在不知不覺中被淚水濕透了。」[87]迷狂持續了一刻鐘。為了說明

---

[86] 盧梭，《懺悔錄》，Tome I，頁351。

[87] 盧梭，《致德馬勒戴爾伯先生的信》，頁1135。

讓-雅克·盧梭（Jean-Jacques Rousseau，1712—1778），法國啟蒙思想家，哲學家，教育學家，文學家。

散步休息中的盧梭。

這種迷狂，盧梭用光作了比喻。其實，他所描述的那些症狀本身即已勝過千言萬語：昏迷與醉酒，心悸與胸悶，淚水與激動，眩暈與虛脫。

這位思想家通過這個經驗體驗到肉體中的哲學：這種哲學寄居在他的肉體中，困擾他，使他錯亂，向他揭示他所承受的一切。肉體在語言之外，將正在成形的思想的顫抖，記錄在純粹的激動之中。斯達羅賓斯基[88]在解釋這種肉體所經歷的震撼時寫道：「下跪，擁抱，抽泣已說明一切，無須再用隻言片語。並不是言語從不介入，而是語言只作額外的介入，它的作用不是將語言之外的入侵解釋清楚。一切都已被情緒本身所說明，言語只是情緒模糊的回聲。正因如此，言語被拆得七零八落，變成感歎，變得不合句法，變得互不關聯。這種言語無須再組織成句，因為它

已不再有中介的作用，它已不是溝通所必不可少的手段。」[89]這裡提出了語言的極限，也顯示出理性形式的缺陷。語言在肉體前消失了，人們甚至可以說肉體將變為語言。肉體在說話，肉體通過對其活力結果的拆解在說話：汗水與淚水，高速注入肌肉和器官的血液，因失調的神經衝動而產生的戰慄，由呼吸障礙而引發的窒息，肉體通過這一切在講話。斯達羅賓斯基強調，這位通常對激動、興奮及其結果保持高度戒備的哲學家，不同尋常地服從了肉體的法則。斯達羅賓斯基稱此為「情感的龍捲風」。經過這次體驗後，戴奧尼索斯式的衝動在盧梭的知識體系中佔了一席之地，由此也改變了它的面貌。由於這次體驗，他認識了「通過肉體徹底感受世界的方式」[90]。

當盧梭重新上路探訪狄德羅時，仍處

---

[88]讓·斯達羅賓斯基（Jean Starobinski，1920—），專研文學與精神分析，也是盧梭研究專家。譯註。

[89]斯達羅賓斯基，《透明與障礙》（La Transparence et l'óbstacle），Tel Gallimard，頁166。註90，頁167。

於激動的狀態。他說這種狀態與瘋狂相近。當然啦，他將這番經歷告訴了狄德羅，還請教他對第戎學院提出的那個問題有何看法。之後，盧梭撰文回答第戎學院的這個問題，以眾人皆知的那場大論戰開始了他的文人生涯。據這位思想家本人說，他所有的麻煩也就從此開始了……

這次頓悟之後，照盧梭自己的說法，他經歷了延續四、五年極端多產的「沸騰期」。但這一切都是以肉體為代價的，徹夜沈思伴隨著的是失眠，焦慮，和各種煩惱。他常常從產生想法到走進書房的這段時間裡，就遺忘了許多直覺得到的想法。他欠缺記憶力，但不乏謙虛：盧梭總是用第三人稱談論自己。他看到自己成績斐然：「從我靈魂產生的亢奮中閃出天才的火花，人們看到這些火花，在他極度興奮和狂熱的十年間所寫的著作中，熠熠生輝。」[91]

為了解釋何以這個啟示是可能的，盧梭對他在頓悟時的精神狀態提出了幾個假設：「我所感受到與目睹的不公正，讓我非常痛苦，而事物的懲戒和力量把我捲入其中的混亂，常常使我備受折磨，我鄙夷這個時代與這個時代的人，覺得自己在這些人中間根本找不到能讓我心安理得的位置，我慢慢將這個時代與人類社會脫離開來，在想像中構築了另一個時代。由於我可以輕易而毫無風險地維持這種想像，可以覺得它可靠而恰當，

所以這種想像對我就更有魅力。」[92]盧梭看到了他譴責現實世界的理由，那就是：對他那個時代和他那個時代的人的憎惡，對那個社會和構成那個社會的人的鄙夷。同時，他承認他隨心所欲地對想像世界和現實世界傾注了極大的熱情。正因如此，盧梭產生了當時他對自己人格的心理反省，這種反省不利於他所抨擊的整個文明，反而有利於神秘、理想，以及幻想的創造，亦即萬物的屬性產生之前的狀態。盧梭接著談到他這種對世界憤恨的本質，他明確指出：「在度過四十年對自己和別人不滿的生活之後，我試圖斷絕這些聯繫但徒勞無功，是它們將我束縛在我如此輕蔑的這個社會上，是它們將我捆綁在我最不喜歡的這些工作上！我原以為從事這些工作是出於自然的需要，其實這只不過是出於輿論的需要而已。」萬塞納路上發生的那個情景位於盧梭與現實世界幾乎決裂的那一點上：「突然，幸運之神不期而至，為我指點迷津，指明我應該為自己做些什麼，我應該怎麼思考我同代的人。對於這些同時代的人，我的心和我的思想總是處於矛盾之中，我有那麼多理由憎恨他們，可我覺得自己還是不由自主地要去愛他們。」[93]盧梭的內省已寫得一清二楚，足以使人充分瞭解這種獨特體驗的機制：首先是作為背景的痛苦、折磨和不滿，然後是心與思想之間、感情與智慧之間、衝動與理性之間的撕裂，最後是對昇華與想像的解脫所傾

---

[91]盧梭，《盧梭評介讓．雅克》（*Rousseatt juge de Jean Jacques*），頁289。

[92]拉美特里，《論暈眩》，頁67。註93，頁1137。

尼采。

尼采《查拉圖士特拉如是說》（1891）封面。

注的極大熱情。對盧梭進行精神病理學解讀的胚芽就在這些篇章裡。

　　直到產生頓悟的那一天為止，在盧梭的生平中實際上只有失敗的記載，至少看不到能有哪個計畫成功。他童年時獨自一人，四處流浪；後來當各種學徒，備受虐待；在給維爾塞利夫人當僕人時飽嘗痛苦；在阿納西遣使會教音樂課時窮困潦倒；就是當翻譯也受騙，那時雇用他的是藉修聖墓聚斂錢財的假修道院院長。那時他還不到二十歲。人們發現他既在地籍管理部門當過職員，又在實驗室裡搞過化學，還曾努力裝成一個英國雅各教會會員。他差點兒發明了一套記譜的新方法，後來成了駐維也納大使館的秘書，再以後，他成為一個沒文化的洗衣婦的男伴，她給他生了兩個孩子，但是這些孩子很快便成了失嬰招領處的棄嬰。那時盧梭三十七歲……

　　這是一個尋找自我主體的生活路線。因

為沒有做出任何使自己滿意或自豪的事而產生的怨恨，寄居在這個主體上。從這個角度出發，古斯道夫寫道，在萬塞納的路上，盧梭是在與自己約會：「一種無意識的成熟正在籌畫著唯一真理的迸發，讓這位日內瓦公民可能會為之貢獻一生的真理。但是這種在與啟示不可分割的統一性中，所發現的感覺之內在統一，這種他後來在接二連三的著作中，所探索的感覺之內在統一，可能再也沒有被重新發現過了。他沒能抓住他所承載的真理的全部。」[94]頓悟將長期醞釀解決衝突的積極現象，集中在肉體裡，在他早期的生命中，世界對他所意味著的排斥，重又對他發生了作用，他好像有一種曾經選擇過、要求過的印象。這種建築在無能為力和憤世嫉俗之上的行動所展開的地點，便是肉體。有一天，盧梭看到一個僕人給一個笨得不能獨自上馬的主人當上馬石。這個場景深深刺傷了他，銘刻在他的肉體裡。銘刻在肉體裡的屈辱是永

----

[94]古斯道夫，《自己—生平—傳記》，頁439。

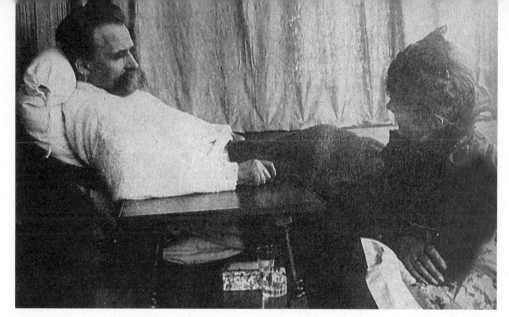

病中的尼采。

遠不會消逝的，它必會在若干年後，以昇華的報復形式重現。在這個漫長的階段中，肉體管理著緊張、疼痛、痛苦，它被投槍和箭鏃刺穿，這些投槍和箭鏃在編織著奇特。能量在凝聚，在轉移，在變化。它是動力，它開鑿出道路。一個生存的獨特體驗就這樣被肉體孕育，成熟，製造出來，隨即在人們可以察覺到的熱情中顯現出來。

盧梭在談到他的老師們時說：「我是那種很令他們不安的人物。他們很清楚我是不安分守己的。」[95]隨著萬塞納的頓悟，哲學家找到了自己的位置，並且就位。他打開了他將前往的遠景。如果說長期寄居在他身上的力量曾長期摧殘著他，那麼隨這些力量的解放，它們找到了一個具有明顯積極性的新系數：怨恨化為一種世界觀。藥物從創傷中產生。消極成為替罪羊。文明被鄙夷、被喝倒彩、被輕蔑。盧梭試圖與自己和解，試圖恢復心與理性之間、感情與智慧之間的平衡關係。肉體已在努力製造出一種健康，健康的價值之所在，就是十月的那一天所出現的力量的分配。語言可以隨之而來，書亦如此。

肉體與思維永恆的緊張——尼采

也許從來也沒有哪個哲學家像尼采那樣相信戴奧尼索斯。從最初被列為還很阿波羅式的著作，到他最後的作品，在他全部的作品中，甚至在他信裡所寫的那些神志清醒

---

[95]盧梭，《懺悔錄》，頁83。

孟克（Edvard Munch，1863—1944）筆下的尼采。孟克線條誇張、情緒強烈的繪畫風格深受尼采思想的影響

的遺言中，他都毫不諱言他對同情共感的好感，並坦言自己認為唯有酒神可以替代禁欲理想之神。不僅如此，人們還認為，尼采提出了最準確的思想：哲學本質上是肉體的告白。在一篇分析靈感的精闢文章裡，尼采寫道：「是肉體產生了激情，讓我們把『靈魂』置於一切之外吧。」[96]

這個思想從《快樂的科學》（Fröhliche Wissenschaft）開始，貫穿了他的全部作品。從他給彼得・加斯特（Peter Gast）或其他通信者的信件中，可以看到尼采是如何撰寫他的著作。比如，他用了多少時間寫《查拉圖士特拉如是說》（Sprach Zarathustra），他是在如何亢奮的狀態下，只用了十天就寫了第一部分的二十四章。整本書只花了他一個半月。他後來在談到寫《瞧！這個人》的那幾個星期時，描述了當時的寫作情況，說他就像個有幻覺的人：「如果說啟示的概念就是：突然之間，某種事物以難以描述的準確和精巧，變得看得見，聽得到，變成某種震撼你內心最深處的東西，某種令你感動的東西，那麼這個概念只是描述了事物的狀態而已。你只管聽，不必去尋找；你只管擷取，無須詢問是誰給予的；一個思想像一道閃電，以一種強制的力量，絲毫不拘形式地——我還從未必須選擇形式——將你照亮。這是狂喜，它那巨大的張力有時被如注的淚水所吸納，此時的腳步無意識地一會兒加速，一會兒減慢；這是一種『無法自制』的興奮，

此時你極清楚地意識到無數細微的戰慄一直流到趾尖；這是一種無限的幸福，此時極度的痛苦和蒙昧已經不是這種幸福的反面，而似乎正是幸福所要求與引發的，似乎正是這種幸福的流光溢彩中一種必要的色彩：這是一種節奏關係的本能，它覆蓋了形式巨大的廣延性——持續、對有力道的節奏的需要，這幾乎就是靈感的潛能的標準，這種標準在某種程度上補償了靈感的潛能使人遭受的壓力和緊張……一切都是在沒有任何刻意追求的意志的情況下進行的，一切都像是在自由、不確定、潛能和神性的感情旋渦中進行的。」[97]尼采特別強調這些力量的強制性：這些「力量」的強迫性與強制性，使人們無法迴避它們所激起的衝動與強加於人的要求。肉體是戴奧尼索斯發酵的地方：這裡我們只能採用化學上的比喻，例如結晶、沉澱、昇華。肉體在製造一種擺脫粗糙而臻於穩定和高明的形式。在這些活動和嬗變中出現了精確、嚴格、明朗和清晰。由內而生的直覺驅使印象瘋狂旋轉，然後，動態的力量遵從了結構。於是，心象和概念的產生，在當下恰當的時機合而為一，隨之而來的便是構成可能條件的震撼。在尼采眼裡，這種生機勃勃的「滿溢」之所以可以想像，其原因只有「力量過剩」。這種活動發端於過度的活力，與過剩的精力。但人們也可以證明，疾病、不適、痛苦通過它們所引發的過度能量，也同樣是佛洛伊德意義上昇華的根源。

---

[96] 尼采，《瞧！這個人》，J.C. Hémery譯。頁113。註97，頁110—111。

尼采在其肉體中經歷了這些激情的時刻，從中產生了他的知識體系中的直覺。在其散逸的筆記裡，哲學家講述了他在產生某種思想時是處於怎樣的「昇華狀態」。尼采在山間長途的行走中，常常隨手記下點什麼，比如，一行字，兩個詞，三個句子等等，力圖抓住靈感的精髓，抓住能夠使直覺固定下來而不被遺忘的線索，以便以後再將這種精髓、這種線索重新提起，加以利用發揮，加以深化。在《瞧！這個人》中有幾頁描述了他寫《查拉圖士特拉如是說》的情景，揭示了「永恆回歸」的啟示的奇特性。那是在瑞士的希瓦普拉納（Silvaplana），一個依山傍水的美麗地方，湖水幽深，碧空如洗。尼采像往常一樣去散步，走了幾公里。山路崎嶇，走起來很困難，特別是當時他的雙眼已幾近失明。在一個像金字塔一樣矗立在湖畔的山岩旁邊，尼采被一個突發的直覺攫獲了。這時剛過年中：1881年8月。他將他的發現清清楚楚的寫在紙片上：「六千隻腳在人和時間之上。」[98]他的肉體激動得顫抖。後來他對加斯特直抒胸臆，談到這次震撼：「我的眼前樹立起了一些概念，那是一些怎樣的概念啊！我以前從未有過任何這樣的想法。姑且不說這些，我想在自己身上保持一種無可撼動的平靜。可是啊，朋友，預感閃過我的腦子。我覺得自己正過著非常危險的生活，因為我這件機器是那種會『爆炸』

的機器。」隨後，他詳細地描述了自己當時的狀態：「散步時，我流了過多的眼淚，不是傷感而是歡樂的眼淚，我唱啊，說著蠢話，一個新的思想充斥著我，我必須將它介紹給人們。」[99]這便是查拉圖士特拉，這位先知先覺的先驅，這位大哲學家尼采將用來體現超人，體現永恆回歸，體現重新評價的人物。尼采在《瞧！這個人》中用了許多篇幅描述這一刻，他摘引了一些自己通信與詩作的片段。其中一首詩這樣寫道：「我枯坐等待／無所待地等待／在善與惡之彼岸享受著／時而享受著光明，時而享受著黑暗／我被拋棄給時日、湖泊、正午、無目的的光陰／於是，朋友啊，突然一變成二／查拉圖士特拉驀然出現。」[100]關於啟示的細節，尼采很少談到，對他來說，進行分析似乎是不可能的。他對此採取了一種狡黠的沈默，至少是一種迴避，使人相信在此刻必須躲進全然的沈默之中。

在非比尋常的狂喜之後，尼采經歷了一段消沉和抑鬱的痛苦。在以後的兩個月裡，他曾三次企圖自殺。即使在幾年之後，每當他詳細講述在希勒瓦普拉納的體驗時，他都然談虎變色，惶恐不安。密友奧弗比克（Franz Overbeck，1837—1905）曾談到尼采在甚麼狀況下向他訴說了那次啟示的體驗：「臥床不起，虛弱不堪，淒淒慘慘地喃喃低語，就像在道出一個恐怖的秘密。」[101]莎

---

[98] 尼采，《致彼得・加斯通的信》，3 IX-1883，C. Bourgois編，L. Servicien 譯。註99，14 VIII 1881。

[100] 尼采，《快樂的科學》，P. Klossowski 譯，附錄。

[101]、[102] 引自克羅索斯基（Pierre Klossowski）《尼采與惡性循環》（Nietzsche er le cercle vicieux），頁309。

樂美（Lou Adreas-Salome，1861—1937）也寫道：「他只是低語，驚恐萬狀。」[102]這位後來給里爾克和佛洛伊德帶來靈感的啟示者，在這次獨特的生存體驗中看到的是一個張開的大口。1889年1月3日，尼采跌入了這個洞開的大口之中。然而瘋狂是過於美好的意外收穫，以致於「永恆回歸」的啟示無法具有預備教育的功能。

有些人在尼采「同一的永恆重現」之中，看到了對他精神造成的巨大創傷，這種創傷後來只能求治於瘋狂，因為尼采面對永恆的回歸，卻無法接受其結果，也就是說，無法接受他痛苦生存的無限重複，甚至無法接受一個簡單的事實所造成的長期精神痛苦：他必須永久地生活在他與母親和姐姐的衝突關係之中。事實是否真像這些人所假設的那樣，已無法證實，雖然在《瞧！這個人》中，有關於那兩個女人的論述。不過，我們要確定這一點倒大可不必太費周折：家庭、環境、制度和健康狀況帶給尼采的種種變化，他的肉體不會只是麻木不仁的。所有這些災難與日常生活結合在一個感受性強，敏感度高的肉體裡，只能產生緊張和痛苦，肉體就像我們所能看到的那樣，對這些緊張和痛苦作了處理。

尼采的整個生活都是處於這種與肉體的妥協之中。他從最初青少年時期的痛苦，到經神錯亂後的心力交瘁，經歷了肉體所有的變化，這些變化包括產生、形成和展開思想。肉體的任性產生了那些影響性格、表層的直覺，並產生了那些構成人們對世界的看法的要素。要解決的衝突有時緊張到這種程度，好像機器就要分崩離析了。尼采的肉體異常脆弱，對體驗的一切直接資料都極端敏感。神經貯存著大量的能量，最靈敏的機械裝置與這些能量一起投入到自我毀滅的一方。由此產生了這種思想：「人們必須有其個人的哲學。」[103]《快樂的科學》的精彩篇章，論證了肉體與思維是相關的，並提到，由於肉體複雜而羸弱，或者說，由於肉體被病態的敏感所糾纏，所以肉體更能成為思想的產地。沒有過於敏銳的感覺，便沒有可能存在思維。尼采在《快樂的科學》中寫道：「我問過自己，說到底，時至今日的哲學是否就是對肉體的詮釋和對肉體的誤解。迄今為止的思想史中，最高價值判斷的背後，便隱藏著關於肉體構成的誤解。」[104]思維是肉體存在的象徵，思想是肉體存在的證明。尼采究其一生都在進行思考。這個他稱之為「直接之物」的東西——當然也就是肉體，卻是那具體形態的肉體，吃喝的肉體，曬太陽的肉體，知冷知熱的肉體，行走和呼吸的肉體，思維和講話的肉體。由此而不斷產生諸如此類的疑問：生命的潛能，潛能意志的主宰，

---

[103]、[104]尼采，《快樂的科學》，§2。

克林姆（Gustav. Klimt，1862—1918）亦受到尼采的影響，畫作＜吻＞（1907）展現尼采思想裡對肉體與情感的解放。

肉體的無能為力——疾病、疲憊、衰竭、不健康，還有許許多多借自熱力學的隱喻。

這個承載著查拉圖士特拉，並將孕育出超人，且具有高瞻遠矚的肉體是怎麼樣的肉體呢？讀一下哲學家的全部通信，我們就可以知道細節了。尼采將自己的著作置於他那躲躲閃閃，並只能用疾病術語來表述的肉體，與他那想獲得健康的意志、以及永恆的祈求之間。他常講，那些殺不死他的東西使他變得強健：他的全部作品都表現出這一點。當他精疲力竭和虛弱不堪的時候，他仍然在，而且永遠在，發掘著謀求潛能、渴求意志的力量。

尼采的生活可以從疾病的角度來解讀。這是一連串令人震驚的病癥：持續十二小時左右的嘔吐，接連幾天的偏頭痛，反覆出現的嚴重失眠，劇烈的痔痛，一再發作的胃炎和腸炎，不間斷的眼疾。尼采在給加斯特的信中寫道：「發燒，發抖，夜裡盜汗，劇烈的偏頭痛，疲憊不堪，食欲不振和不思飲食，這就是臨床病狀。」[105]他還說，他每十天只有一天感到舒服一些。後來除了染有使他得了脊髓癆的梅毒之外，他還患有一大堆病：幻覺（1868年）、白喉（1870年）、帶狀皰疹（1872年）、消化不良（1879年）、面部紅斑（1880年）、傷寒（1883年）、痢疾（1888年），更不必說擦傷、癤疽、扭傷、各種各樣的磕磕碰碰和頭疼腦熱，從來就沒有間斷過。揚茨（C.P. Janz）驚人準確地指出，在尼采的生活中，疾病一直在幫助他擺脫那些壓在身上的重任：他與阿道夫‧華格納[106]斷絕了來往，離開了教育界，他逃避糊口的工作，避免表現出自己的無能為力，因為尼采無法達到一個確定的目

---

[105]尼采，《致彼得‧加斯通的信》，7Ⅲ，1883。

[106]阿道夫‧華格納（Adolphe Wagner，1835—1917），德國經濟學家和財政學家，新歷史學派與講壇社會主義的主要代表之一。譯註。

「酒神（戴奧尼索斯）精神」為尼采哲學思想主題。〈少年酒神〉，卡拉瓦喬（Caravaggio，1571—1610）繪於1596—1596年。

標。在尼采身上，在肉體與意識之間，以不間斷的循環往復，從事著力學的工作：情緒產生肉體，肉體反過來產生情緒，其餘的則由語言來裝扮。尼采曾對奧托・艾澤（Otto Eiser）醫生說過他是怎樣充分利用病痛的。他說疾病使他得以在「智慧和精神的領域中進行最有益的試驗和體驗」[107]。命運給了他最後的一擊。尼采在瘋狂中耗了十多年後，死於盛夏染上的肺炎，那一天是8月25日——新世紀過去了八個月。

喬治・巴達耶的名言「求知若渴」[108]完全適用於這位哲學家的一生，他畢生都被戴奧尼索斯的狂熱型問題魂牽夢縈。這裡，我們又看到柏格森和他正確而有力的思想了。我們又一次看到，哲學家從來都只是具有單一理念的人，他對這單一理念百般進行修正，就像一個現實世界中的音樂家不斷圍繞同一主題進行各種變奏。柏格森排除了起源的問題，也排除了將思想家定位於哪個對其發生影響的時代的問題，他只是想在一種思想中，看到那種表述唯一事物的企圖，那種表述的方式包括了啟示、直覺、迷狂、與轉化。哲學就是想要訴說肉體在要求什麼的企圖。「一切都聚集在唯一的一點上，我們感到自己能夠離它越來越近，儘管我們對達到這個點不可抱有任何希望。」[109]然而人們用盡一生都不足以企及這一點。顯現的事物和你想要說出的，這兩者之間橫阻著一道不可逾越的鴻溝。你只能眼睜睜地看著顯現的事物躲進無法描述和難以言喻之中。每本書都顯示了這條鴻溝。柏格森補充說：「在這個點上，是某種簡單的、無限簡單的、出奇簡單的事物，簡單得讓哲學家從沒有說清楚過。這也就是為什麼哲學家畢生都在談論此事。」[110]全部著作都是在論述，確定，肯定，改正，補充，一說再說，一寫再寫。由此而產生了作者對這種能動員一切能量的熱情——對寫作的驚人崇拜。柏格森企圖以最大的近似性還原他原始直覺的單純性。他那可以無限發展的學說的複雜性，就只是他的簡單直覺以及他表達這種簡單直覺的方法，這二者之間的不可化約。柏格森描述了他企圖抓住這種直覺時所遇到的困難：你必須同影子和遺忘、

---

[107]尼采〈1880年致奧圖・艾澤的信〉《通信集》。

[108]喬治・巴達耶，《全集》（*Oeuvres complétes*），卷12，Gallimard，頁181。

[109]柏格森，《思維與運動》，頁119。註110，頁119。註111，頁120。

儒爾・勒基埃
（Jules Lequier，
1814—1862），
法國哲學家，法
國新批判主義先
驅。

不準確和無常展開格鬥。關於影子，柏格森寫道：「讓我們仔細看一看這個影子吧：我們是在猜測投射這個影子的肉體處於何種姿態。」[111]當思想家柏格森試圖抓住他的直覺時，更準確地說，當他試圖抓住他對直覺的記憶時，渦旋是說明這種狀態最貼切的比喻了。渦旋的動力產生了戴奧尼索斯式的、野蠻和紊亂的血流，考驗著肉體，命令肉體用它所能掌握但並不適宜的手段——語言、修辭、語法等方式，說出它能從哲學家的身體在某一天所經歷的那一獨特時刻得出某種結論，此時哲學家的身體正是戴奧尼索斯和死亡的中介。

追尋絕對自由的勒基埃

儒爾・勒基埃沒有尼采出名，也更不為人所知。這個無足輕重的人物也步入了這類哲學家的行列：他們有過存在的獨特體驗，畢生都在追隨一個影子，為此不惜獻出心理健康，乃至生命。在評論這位《如何發現與尋找第一真理？》的作者時，雷諾維葉[112]一言以蔽之：「他以出奇的熱情，傾畢生之智，孜孜不倦地探索著唯一的問題：自由。」[113]勒基埃畢生闡述的直覺都與這一點有關。我們可以從讓・格勒尼埃（Jean Grenier）的著作中發現，要描述對勒基埃的這種原始印象有實質的困難。格勒尼埃感到奇怪的是，勒基埃很少將他的研究結果整理成文。「乍看之下似乎很奇怪，」卡繆的這位哲學老師寫道，「一個被同樣問題魂縈夢繞了四

[112]雷諾維葉（Charles Bernard Renouvier，1815—1903），法國哲學家，新康德主義在法國的主要代表人物。譯註。

[113]讓・瓦爾（Jean-Wahl），《儒爾・勒基埃》（Jules Lequier），1948，頁103。

十八年之久的人，卻從未出版過任何著作。」[114]不過確實如此，勒基埃留下了大量的草稿和手蹟、散逸的信件和筆記，卻從未出版過任何一本總結他的研究成果和結論的書。勒基埃清楚地表現出從迷狂向體系過渡的失敗，而他的自殺更證明了這種無能為力。

勒基埃很早就對自己的體系有一種直覺。那是童年時代在布列塔尼父親家的花園裡產生的。這位哲學家後來在一篇十二頁左右的短文中記述了他的體驗。在他多達五百頁內容豐富的手稿中，他認為只有這篇文章是定稿，所以抄錄了幾份，送給朋友們傳閱。在後來出版的全集中，這篇文章是開篇，顯然很有道理。我們實在有理由相信，他後來想要更準確地傳達那獨特的時刻的所有企圖，都是徒勞的。

背上了哲學和概念的行囊，勒基埃描述了當時的情景，試圖盡可能地貼近那獨特的一刻的衝動與感覺，以及保持在體內的情感記憶。他寫道：「有一天，在我父親的花園裡，正當我伸手去摘一片千金榆樹苗葉子那一刻，我突然奇妙地感到自己是這個舉動的絕對主人，雖然這個舉動是那麼的微不足道。做或者不做！這兩者是如此平等地擺在我的能力之內。我是兩者共同的起動原因，我就像個雙重人物，能夠在同一時刻造成兩種截然不同的結果！做或者不做，我都是某個永恆事物的完成者，因為無論我作出何種選擇，這都將成為永恆的事實：時間正在延續的某一點上，出現了我所鍾愛的事物。我對自己的發現驚詫不已，我來回踱步，我的心怦然跳動。」[115]如何才能更準確地表達，當我們面對選擇的可能在意識裡產生的那種自我之間的斷裂，那種破裂的、如陷深淵的感覺呢？他面對不同的可能給他造成的責任、迷醉和狂喜而感到不安，在他對這種不安的描述中，存在主義已經在生機勃勃地萌芽了。他繼續講這個故事：「我正要捏緊樹枝就此誠心誠意尚又不知不覺地創造出一種存在的方式時，我突然聽到樹葉中傳出一個輕微的聲音，我的手停住了，我抬起了頭。一隻驚恐的小鳥逃走了。飛起來，就是滅亡，空中飛來一隻老鷹將它抓走了。是我把小鳥投到鷹爪裡的。我傷心地想：任意性讓我觸摸了這個枝條，而不是那個枝條，從而造成小鳥的滅亡。隨後，我用我那個年齡的語言（我現在已記不起來的那種天真的語言）繼續想：這便是事物的鏈結。大家都稱之為無所謂的行為，是其意義未被人察覺的行為，人們只是由於無知無識才做到無憂無慮。有誰知道我將要做的一個動作會決定我未來的生活呢？」[116]這裡已超出了萌芽狀態的沙特術語：這是面對選擇的焦慮，是面對選擇結果的不安，是面對因果關係鏈中多種可能的顧忌乃至事實性，是存在，是責任，是真

---

[114]尚・葛尼耶（Jean Grenier）《儒爾・勒基埃的哲學》（La philosophiede），Calligrammes，頁9。

[115]勒基埃，《科學問題》、《如何發現、尋找第一真理？》，見《全集》，1952，頁14。

卡繆（Albert Camus，1913—1960），法國文學家，哲學家，存在主義的代表人物之一。

實。面對腳下張開的大口，勒基埃感到恐懼在對他發生作用：未來是什麼？我的生存將是正確的嗎？如何正確使用自由呢？面對這叢千金榆樹苗，這個孩童感覺到了他肉體中意志無法控制的生命的無端。

這個孩童在花園裡體驗到的那種狂喜，將這位長大後的哲學家引向了戴奧尼索斯型的泛神論：與自然和睦相處，與元素和啟動元素的生命力的物質融為一體。他還體悟到自己的存在是何等的脆弱，但這並不是因為存在的形而上的可能性壓迫著這位見習思想家。存在處於一系列的因果關係之中，這既意味著存在也意味著虛無，也由此產生了在清醒時體悟的暈眩。既然我們不能支配這種結果的邏輯，我們就只能體驗呈現出來的事

實了。

若干年後，在回憶他在千金榆樹苗前的那次體驗時，勒基埃明確指出：「如今我已長大，當我再次彙集對那次奇特震撼的回憶時，便又一次進行了體驗；我無法將成人的焦慮與兒童的焦慮區別開來；同一個可怕而不可抗拒的思想照亮了我的智慧，佔據了我思維的整個區域和所有通道。我無法描述這些衝動之間的衝突。」[117]勒基埃在事件的邏輯中領會到他那種嬰兒存在的偶然：為什麼會有這種存在而非烏有？為什麼我存在？就像他在探測過去以求明白他從何處而來一樣，他在探索未來以求知道他將往何處去，是什麼在等待著他。但是對此，他只能得出「此系必然」的結論。凡是發生了的，就不可能不以

---

[116]勒基埃：《科學問題》，《如何發現、尋找第一真理？》，《全集》，頁13—14。註117，頁15—16。

這種方式、這種形式發生，因為實在的世界不可能是別的樣子，而只能是這個樣子。

哲學家左右為難：一方面是將我們投入真實世界的自由、選擇、計畫，它們是以我們的意志為轉移的：另一方面是必然、對因果律的服從，它們是不以我們的意志為轉移的。不是人對世界的權利，就是真實世界對人的專橫。一個從童年起就被存在的體驗所解放了的生命體的奇特一生，就是位於這兩種可能之間。少年在千金榆樹苗前，拿著樹葉，評估著他的舉動所造成的不可逆轉的結果，他從千金榆樹苗上取下了使小鳥致死的東西。要不是他的妄動，老鷹便不會有獵物。勒基埃還記得自己在痛哭之前曾發出「一聲痛心的驚叫」[118]。

人們經常過於簡單地將勒基埃劃入法國批判主義的範疇，其實他遠不止於此，他是一個真正的存在主義哲學家。他的著作堪與那些最有真知灼見、最接近海德格[119]或沙特的存在真理的篇章媲美。但是，誰會相信，這位布列塔尼哲學家的全集竟然不為人所知，至少不為沙特所知呢？

當哲學首先在肉體裡被體驗時，哲學便成為真理的特殊承載物。這是因為，這時哲學非常接近存在；它產生於體驗，來自於人體所能感覺到的破解謎語的意志，這使得哲學成為一種明顯的真理。勒基埃的思想是在「冒險、危險和恐懼中產生的：千金榆葉子

的故事顯示了這些思想的誕生，他為必然進行辯護的激情證明了他是如何強烈地感覺到這些思想的誕生，而這種感覺的強烈程度使他發出絕望的喊聲，這個喊聲是對純粹自由的肯定，這個純粹的自由是肯定它的行為本身中的純粹自由。」[120]感覺，這是一個令純潔派震驚的詞，他們認為哲學家是在進行從無到有（ex nihilo）的創作，而其實存在的思考卻一直紮根於人體之中，一個能夠激動、感知、感覺的肉體。

毫無疑問，人們可以考慮通過具有哲學成果的獨特體驗來解決衝突，那條件之一——當然不是充分條件，就是擁有一個像高靈敏度地震儀一樣，可以記錄現實世界及其結果的身體。思想家的身體本質上是一具特別的肉體，他的皮膚是如此細嫩，可以從最細微的氣息中，從最細小的溫度變化中，感覺到皮下的肉體。勒基埃的身體便具備這種

---

[118]勒基埃，《科學問題》、《如何發現、尋找第一真理？》，《全集》，頁17。

[119]海德格（Martin Hedegger，1889—1976），德國哲學家，存在主義的創始人和主要代表人物。譯註。

[120]愛彌兒·卡洛，《論儒爾·勒基埃》，《自由的哲學》，《對其生活和思想的反思》。Emile Callot，Propos sur Jules Lequieé Philosophie de la liberté Ré flexions sur sa vie et sa pensée，Marcel Rivière編，1962，頁19。

敏感性。格勒尼埃甚至說他像是一個神經錯亂的人，性格暴烈，經常莫名其妙地衝動。倔強而孤獨的他時而厭世，時而狂熱，時而多情，時而消沉，時而尋釁，時而好鬥……有人說他曾因為與鄰居失和而挑起決鬥；有人看到他不顧眾人勸阻，固執地跨上一匹劣馬，結果從馬上跌下，摔得鼻青臉腫；有人親眼目睹他侮辱一個不幸未能同意頒發參謀學校畢業證書給他的將軍，勒基埃當場拂袖而去；有人兩次見他對簿公堂，第一次是因為與一個軍官發生糾紛，第二次是因為與一個主教發生衝突。

另外，神秘性是勒基埃個性的重要成分，他先是躲避在孤獨之中，後來又熱衷於流浪和朝聖——他曾餓著肚子步行五十多公里。有一次領聖體時，基督竟然紆尊降貴，親自前來對他說，從此他們的命運就連在一起了，誰離開誰都不能活。這種迷亂狀態，從1846年7月29日至8月20日，持續了很長一段時間，這給了勒基埃某種奇妙的機會，那就是與基督分享聖母瑪利亞的乳汁。格勒尼埃談到他時說：「他的心血來潮，或者說他的怪誕、過度驕傲，他對友誼的狂熱、永不滿足、揮霍無度，以及他的神秘衝動，使他成為一個即使不能說是病人，至少可以說是脫離常規的人，他一會兒在正常狀態的水平之上，一會兒又落到正常狀態之下。」[121]勒基埃的死亡完成了他的思想和哲學的企圖，因為他

的死亡就像他的整個存在一樣，表現出他要弄清自由這個問題的意志力。他寫道：「我說，我是自由的。我說的可能對也可能錯。如果我說對了，我就是自由的；如果我說錯了，這個必然的錯誤對我來說就是正確。如果一個正確的思想不是必然的，那它會是什麼呢？我相信自己是自由的，我如果把這點搞錯了，那麼我的錯誤仍在正確的範圍內。」[122]為了處於正確之中，勒基埃不惜冒著誤以為自己是自由的危險，他要激發必然性的呈現，這是自由意志的最後形式。勒基埃不惜為此付出生命的代價。1862年2月11日，在布列塔尼的海灘上，他脫光了身上的衣服，向海裡走去，隨後向海天交界的地方遊去。他相信，當他遊到深海的時候，上帝會攔住他，使他免於死亡，如果必然應該是這樣的話。這一天，上帝在別的地方有事要做，無暇顧及布列塔尼。勒基埃死了。

對此有許多詮釋：有的說，這是溫柔的瘋狂；有的說，這是在請求上帝代為祈禱——是為獲得上帝存在的證明而進行的神秘實驗；有的說，這是在用行動感受自由；有的說，這是在通過對肉體突發震動的服從來表示對必然的承認。在這裡也好，在別的地方也好，勒基埃會做出什麼樣的結論呢？他讓可能性敞著口，無論自由還是必然，都像巨大的黑洞，能夠同樣有效地吸進這位哲學家的肉體。

[121] 葛尼耶，《論儒爾‧勒基埃》，1962，註122，頁14 。

喬朗（E.M. Cioran，1911—），羅馬尼亞評論家，倫理學家。

喬朗——狂喜帶來的解脫

當人們有過如陷深淵的獨特體驗時，也往往會有自殺的企圖。喬朗多次描述了死亡的意志曾不止一次使他放棄活下去。我們懷著這樣的假設活著：當肉體似乎已經烏煙瘴氣的時候，我們可以立刻一了百了，然後得到解脫——就像斯多葛主義者所說的：讓肉體喘口氣。這些喘息的機會是必要的，因為肉體的蛻變應該習以為常。

喬朗談到他在1920年至1927年之間，因為生理處於緊張狀態，而伴隨著出神的經驗。那時候，他長時間的失眠，並經常感到疲憊不堪。他說那是他「恆感憂鬱的時期」。他還說：「我夜夜遊蕩，被一些陰森的想法所糾纏。在這些內心緊張的日子裡，我幾次有過出神的體驗。總之，我經歷了那些感到自己被拋到表象之外的時刻。一種瞬間的出神突如其來地攫住你。存在潛入一種奇異的完美之中，或者更確切地說，是潛入一種

戰勝一切的淨空之中。這是一種至為重要的體驗，這是一切皆空的直接啟示。這些啟迪使我開了竅，對神秘主義者所說的至高幸福有了認識。除了這種我們只是極其個別地，極其短暫地體驗到的至高幸福之外，一切都不是真正的存在，我們生活在影子的王國裡。不論怎樣，我們永遠也不會原封不動地從天堂或地獄中歸來。」[123]喬朗的全部著作都在不厭其煩地論述這種惡意的神惡作劇式的新發現：世界是虛空的，真實世界只是一個錯誤的神秘主義的假設。簡述、警句、妙語、短論，喬朗的著作無一不是在重複著否定、烏有、痛苦、疼痛與虛無主義。

喬朗用「解脫」來解釋「出神」。他說他曾有四次出神的體驗，就像普羅丁一樣，[124]並明確指出這些體驗是其哲學體系的特色。這位不可知論者乃至無神論者的喬朗希望將這些出神的體驗與基督教聖徒和神秘主義者出神的體驗區別開來。當這些

如陷深淵的體驗與以內在的方式被觸動的
主體相關時，這些體驗就又另當別論了。
無論在這裡還是在別的什麼地方，上帝都
只是一種權宜之計，是一種假說，是用來
不承認戴奧尼索斯的力量的。人們容忍這
些體驗，把它們看成是通向一個概念上的實
體（hypostasis），但卻疏離的地方──天
國。喬治·巴達耶道出了人們最終的理解：
「我說的內在體驗指的是：一般稱為神秘主
義體驗的那些出神、狂喜的狀態，或至少是思
考的衝動狀態。但是我指的不是人們至今都不
得不抓住不放的那種宗教的體驗，而是一種赤
裸的體驗，這種體驗甚至從根本上就擺脫了同
任何宗教信仰的關係。這就是為什麼我不喜歡
神秘主義這個詞。」[125]為了將這種體驗與狂
迷的基督徒的體驗區分開來，我們至少可以
探討一下宗教的神秘主義。毫無疑問，我們
在這個思想領域中將看到許多這樣的肉體：
它們受著戴奧尼索斯的作用，因內在的迷醉
而狂喜，畢生都在試圖將戴奧尼索斯化為形
式，化為假面具之神阿波羅所允許的和諧。

[123]喬朗，《與席爾薇·若德羅的談話》（Entretiens avec Sylvie Jaudreau），José Corti，頁13—14。

[124]見波菲爾《普羅丁的生平》，§23。

[125]喬治·巴達耶，《內在體驗》（l'expérience intérieure），Gallimard，頁13。

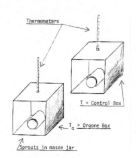

收集「奧根能量」的
理論圖解。

Thermomaters
T = Control Box
T₀ = Orgone Box
Sprouts in mason jar
T₀ - T Experiment

賴希發明能收集並儲存
「奧根能量」的機器。

神秘的生命能量

讓我們想像一下，「殺雞取卵」的農民從拉封丹寓言中走出來，在哲學家這台生產動詞、詞語、意義和思想的奇怪機器面前停下來。我敢保證，他一定會認為在哲學家的肉體裡藏有寶貝。於是他動用了手術刀，結果又是倒楣透頂。他把哲學家的肉體徹頭徹尾搜尋了一遍，只發現了一些普普通通的腸子和失去生命的器官。最主要的東西已經無影無蹤。生命的能量蕩然無存。這位客串的外科醫生毀滅了他的思想家，面對的是一具毫無用處的屍體。

讓我們從威廉·賴希[1]的身上認識一個現代的迪亞弗瓦律[2]吧。大家都知道，賴希在精神分析學的研究中極為重要，他極力將社會決定論納入研究範圍。在研究生涯的晚期，賴希屢有奇想，也對性高潮的功能進行了研究。對很早便令牧神潘（Pan）、酒神戴奧尼索斯和巴克科斯[3]的祭祀們感到不安的這種潛能進行探討，這項工作很有意義。但是這些關於性欲能量的研究還遠未達到二十世紀四十年代得出的結論。

賴希的神經症病原說完全可以用血流、緊張、釋放的機制模式來表示。一切性欲能量的抑制都被作為唯一的神經病症狀系統樹來加以理解。此外，這種血流的釋放都會產生一種平衡，使個人、他的肉體和貫穿其肉體的能量之間得到調和。

為了命名、界定和更瞭解這種能量，賴希提出了奧根能量[4]的概念。這是從生物電（bioelectric）現象轉借過來的一種生機論的概念，這種生物電現象是可以在橫膈區

---

[1] 賴希（Wilhem Reich，1897—1957），德國精神分析學家，哲學家。譯註。

[2] 迪亞弗瓦律（Diafoirus），莫里哀喜劇《沒病裝病》中的人物，一個庸醫。譯註。

[3] 巴克科斯（Bacchus），羅馬神話中的酒神。譯註。

[4] 奧根能量（orgone），賴希首創的概念，是生命和性所具有的可感覺、可測量、可應用的能量，是宇宙間的生命力。譯註。

狂歡中的酒神（居中頭戴葡萄藤冠）與牧神潘（右下頭上長有山羊角）。普桑繪於1631─1633年。

測定出來的。為了博得當時名人的支持，賴希給愛因斯坦寫了一封信。但他的請求石沉大海，杳無音訊。而這位精神分析學家有誇大狂，將自己劃入了先知或思想史上的名人之列。1942年，他同幾個追隨他的弟子一道在美國離加拿大邊界不遠的地方買下一塊土地，建起一個巨大的實驗室，設置了極端複雜的機器。其最終目的是截獲大氣中的奧根能量。賴希堅信，不論在空中，海裡，雲端，還是地上，隨處都可以找到奧根能量。北極光和旋渦星雲便被視為在巨大的宇宙性高潮中聚集而成的奧根能量流，萬有引力也被否定，一切都浸淫在奧根能量的海洋中……絕頂的瘋狂並非沒有危險，賴希買了一些鐳用來分析它們對奧根能量產生的作用，而他做到的只不過是使他的部分合作者受到嚴重的放射線污染。

賴希還突發奇想，創造了一台具有杜象[5]繪畫造型，供單人使用的機器，它能截獲並儲存奧根能量，然後用來醫治癌症和神經症。這是一些外面包著木板的六面形金屬小房間，不明就裡的人還以為那是惡作劇的道具。患者坐在這種大箱子裡就能實現治病的能量轉移。這的確是異想天開。但是信者卻大有人在，患者蜂擁而至，賴希大發橫財，成為資本家。這位理財高手將賺來的錢重又投入事業之中，以後又將業務擴大到歐洲、

美國甚至巴勒斯坦。這些奧根能量記憶體大受歡迎。人們發現了截取、保存、轉換、總之是控制生命能量的機器。

美國聯邦食品與藥物管理局的敏感和效率是舉世聞名的。經調查，結論明確無誤：這是欺詐。對大箱子進行了分析之後，裡面沒有發現任何奧根能量的影子，也沒有發現任何其他的東西。法庭要求從市場上撤出並銷毀這些詐欺性的商品。有關產品製造和使用的文字資料也必須全部焚毀。賴希拒不執行判決，結果被判了刑，並因蔑視法庭而罪加一等。他被判入獄，服刑八個月便與世長辭了。

如此重要的精神分析學家威廉·賴希的故事是殺雞取卵這個故事的精神病學版本，它的寓意就是：哲學家渴望理性地截獲這種困惑著西方理性，而又貫穿人體的能量。這種能量有各種不同的名稱：突發震動，衝動，生命之流[6]，生命意志[7]，潛能意志，力比多[8]，還有德勒茲的流（flux）。

人體是貫穿這些保持著神秘和不可知的動力的奇異之地。人

---

[5] 杜象（Marcel Duchamp，1887—1968），法國畫家。譯註。

[6] 生命之流，又稱「生命衝動」（élan vital），法國生命哲學家柏格森的哲學概念。譯註。

[7] 生命意志（vouloir-vivre），叔本華哲學中生存與種屬保存的本能。譯註。

[8] 力比多（libido），精神分析學概念，佛洛伊德最先提出，指生存本能的能量或力。譯註。

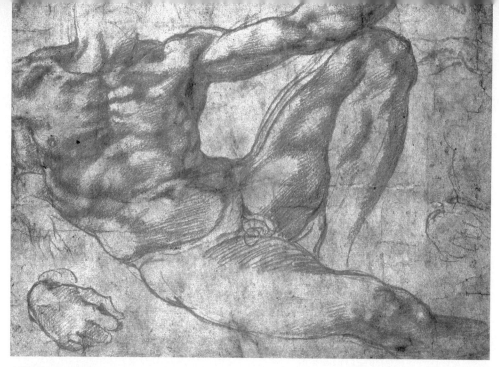

米開朗基羅的人體素描（1511）。

們只能看到它們的效果，指明它們的蹤跡，將它們的流記錄下來。但是無論在何種情況下，人們也無法想像將這種溢流截獲：它總是存在於人們沒有等待它的地方，而人們總是在它從來不在的地方等待它。

肉體是幽闇的需要

　　由於德勒茲的努力，哲學將提出關於生命原則最強大的理論。德勒茲長期研究了能量在形式變化多端的褶皺[9]中所進行的秘

密、靜默而神秘的工作。他的基本原理是「肉體隱瞞並藏匿了一種隱言」[10]。思想家的任務就是調查破解隱語的可能語法和可想像的語彙。人們可以說，展現隱語的所在、空間與物質就是一些架構、形式和符號，它們使人聯想到工廠、與製造廠。人體是一架機器，是機器的複合體：「它無所不在地運作著，有時連續不斷，有時斷斷續續。它呼吸，它產生熱量，它吃東西，它拉屎，它做愛。說它是一具人體，是何等的錯誤。它完

---

[9] 褶皺（pli），法國當代哲學家德勒茲提出的一個概念，指隱秘的深處。譯註。

[10] 德勒茲，《意義的邏輯》（Logique du sens），éditions de Minuit，頁325.。

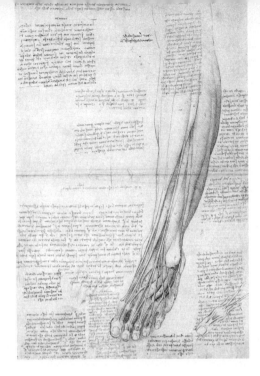

達文西（Leonardo da Vinci，1452—1519）對人體腿部肌肉的素描（1510）。

全是由機器組成的，這絕不是比喻，這就是機器組成的機器，是將機器耦合、連接在一起的機器。一個器官機器接在一個能源機器上，一個機器發出流，另一個機器截斷流。乳房是機器，它製造乳汁，嘴是與之耦合的機器。厭食症患者的嘴遊移於吃飯機器、肛門機器、說話機器、呼吸機器（哮喘病發作時）之間。正因為如此，大家都是機件修理工。每個人都有自己的小機器。一個器官機器對應一個能源機器，永遠是流出和截取。」[11]德勒茲在解釋這架機器的運轉時，使用了生產、消費、錄製、銷售、檢驗、損耗等概念。這架機械的、熱動力的、電力的欲望機器是能量流循環的場所，這些能量流時而被控制，時而被阻止，時而被鎖閉，時而被疏通。這也就是為什麼「身體某些部分會產生羊水囊、腎結石，會產生大腦流、唾液流、精液流、糞便流，會產生被其他部分截斷的流」[12]。事實上，這台機器是由各種機器組成的，它的原則就是生產，更具體地說就是生產產品。我們可以把哲學家的身體設想為這樣一個生產的地方：也就是，思維作為一種流，按照生產的方式生產著。思想家的肉體以思想、直覺的方式體驗到狂喜、啟發、衝擊、震撼和對紊亂的解除。思想來自肉體裡的流，就好像其他的調節活動在肉體與皮膚下進行是一

---

[11] 德勒茲，瓜達里（Félix Guattari），《反伊底帕斯》（L'Anti Oedipe. Capitalisme et schizophrénie），éditions de Minuit，頁7。註12，頁12。註13，頁14。

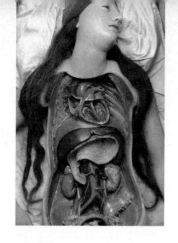

生命的器官就是
生產的機器。

樣的。大腦、神經系統、物質經歷了難以預
見的激昂，生產出思想的產品，這些都只是
各種產品的一部分。「生命的器官就是生產
的機器」[13]。

當初唯物主義必須與無知和科學的局
限性對抗。較之當初，唯物主義現在應該更
加靈活。真實，一切真實，都可以歸結到物
質，但並不是一切物質都是單一的。在涉及
神秘和奇異的模糊地帶時，哲學總是採用
詩意的隱喻，避而不談。褶皺使人領悟多重
性，使人理解在一個不受概念權威控制的範
疇裡的多樣性。要理解肉體，就要像維薩雷
斯或米開朗基羅這樣的解剖學家、法學家、
外科醫生或好奇者一樣，撥開褶皺。德勒茲
寫道：「我必須有一個肉體，這是精神的必
要，是精神的需要。我必須有一個肉體，首
先是因為在我們的自我中有黑暗。精神是黑暗
的，精神的深處是黑暗的，正是這種黑暗性解
[釋了肉體的存在也要仰賴的存在。讓我們將]

我們被動的潛力或我們活動的限制稱作原始物
質吧：我們說，我們的原始物質需要廣延性，
但也需要抗拒力和反類型，還需要每個個體有
一個屬於我們自己的肉體。正是因為有著無數
個體的游牧者，所以每個游牧者都必須有一個
個體的肉體，這個肉體是其他游牧者在這個游
牧者上面的影子。我們在自我中沒有黑暗，因
為我們有一個肉體；我們必須有一個肉體，因
為我們在自我中有黑暗。」[14]肉體像是幽闇的
需要，物質像是對被詛咒的部分的贊詞。

德勒茲是出色的巴洛克風格分析家，
他將探測光明的目光投向黑暗。沒有光明便
沒有黑暗。所以，肉體的周圍應該有個光明
的區域，[15]人們可以從光明的區域出發，將
整個肉體視為黑暗與光明之間的調和。在這
個混合體的邊緣，產生了一種動力的震動，
一種情緒的激昂，產生了一些細微的知覺，
一些引起幻覺的微觀知覺。德勒茲說，這些
知覺在每個肉體的深處，在每個游牧者的深

---

[14] Gilles Deleuze，《褶皺—萊布尼茲與巴洛克》（Le Pli，Leibniz et le baroque），éditions de Minuit，頁113。註15，頁115。

＜狂歡者的盛宴＞（1770）。羅蘭森（Thomas Rowlandson）繪。

充滿爆發力的肉體描繪。圖為Aristotele da Sangallo所摹的米開朗基羅〈卡辛那〉之戰（1504—1506）。

處，從不同的褶皺處，揭開了整體知覺的序幕，整體知覺產生了對肉體、亦即對世界的感覺。德勒茲寫道：「這是一種波動，一種雜訊，一種迷霧，一種飛塵。這是一種死亡或僵死的、沉睡或昏睡的狀態，一種昏迷麻木的狀態。」[16]肉體是形上學範疇與心理學範疇交替出現的所在——先是內射的作用，然後是相反的法則。在每一個這樣的過程中，能量都得到加強，轉化為力，轉化為活力。從《差異與重複》（1969）之後所提出的角度來看，德勒茲正在繼尼采之後進行著顛覆柏拉圖主義的行動。他的目標就是肉體的重新唯物主義化，就是肉體的復辟。他明確地說：「給我一具肉體吧，這是顛覆哲學的方法。肉體不再是將思想與思想本身隔絕開來的障礙，不再是只有戰勝它才能進行思想的障礙。恰恰相反，思想潛入而且必須潛入肉體才能達到思所未思的境界，也就是達到生命的境

界。並不是肉體在思想，而是它在固執地、堅持不懈地強迫思想去想那些逃避思想的東西——生命。人們將不再讓生命在思想的範疇裡聽審，而是將思想投入生命的範疇。生命的範疇就是肉體的姿態，肉體的狀況。而我們甚至不知道肉體在睡眠時、在迷醉時、在奮力和抵抗時，會是怎麼樣。思想，就是知道一個不思想的肉體會是什麼樣的，它有怎樣的能力，處於何種姿態或狀況。」[17]

享樂主義的欲望機器意味著肉體與意識的和解，而禁欲理想的機器則在生產著純潔的肉體，純潔的肉體的標誌便是排除了肉體的附屬器官——鼻子和男性生殖器。就好像一個平滑的、潔白的、沒有突出部位的、在男性生殖器與天使的戰鬥中獲勝的肉體，才是理想的肉體。

---

[16]、[17]德勒茲，《電影II：時間—影像》（Cinema II—L'image-Temps），Minuit，頁246。

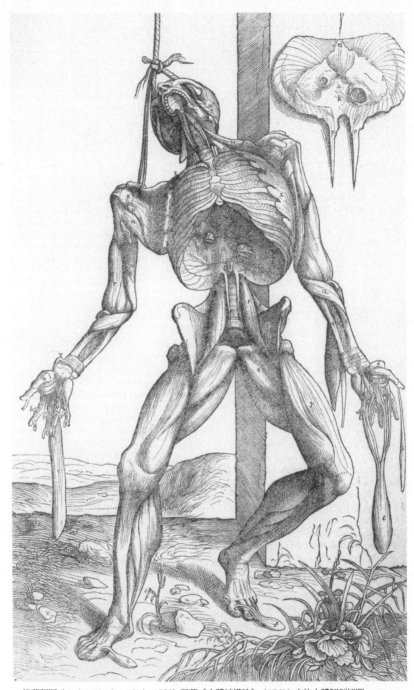

維薩留斯（Andreas Vesalius, 1514—1564）所著《人體結構論》（1543）中的人體解剖插圖。

「一切哲學體系，如果人體未能在其中扮演舉足輕重的角色，都是荒謬而拙劣的。」

梵樂希《雜文集》（1920—1921）

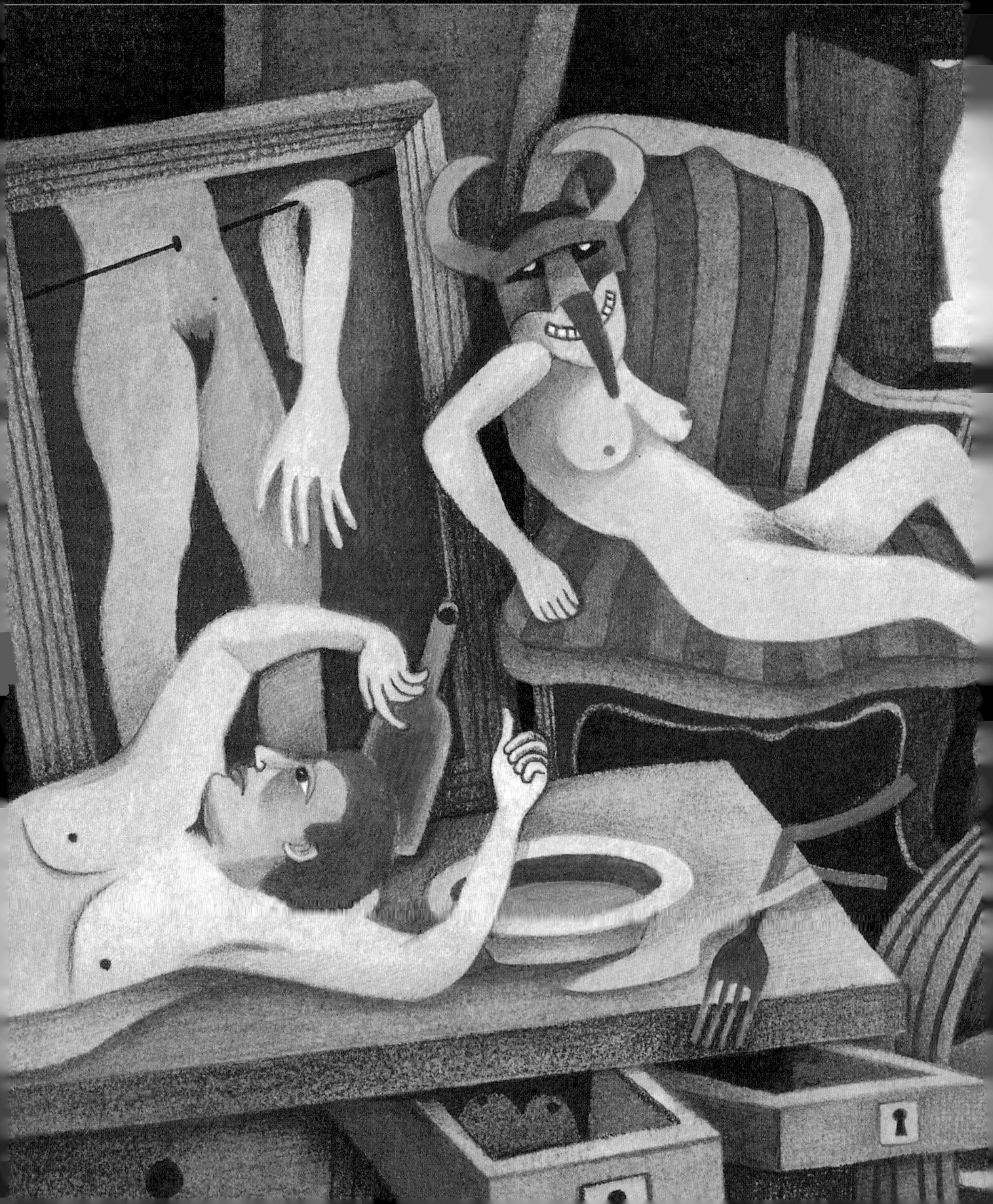

德謨克利圖斯（Democritus，460B.C.—370B.C.），古希臘唯物主義哲學家，實驗自然科學家，原子論者。第一個百科全書式的希臘學者。

巴曼尼底斯（Parmenides，西元前六—前五世紀），古希臘哲學家，愛利亞學派。

在混沌中等待的肉體

人體在成為如今這部大家熟知的美妙機器之前，是在滑稽中起步，在摸索中初露鋒芒的。德謨克利圖斯對此頗有見地，值得我們重視。他指出該如何將肉體的存在歸功於一種奇妙的鍊金術，這種鍊金術熔化了各種元素，煉出了一個像蠕蟲的形體，掙扎著從煉丹爐的熔液中脫身而出。不過，恩培多克勒斯[1]更值得我們重視。根據瓦隆（Varron）的記述，這位古希臘的哲學家認為「人像菠菜一樣是從地裡長出來的」[2]。那是混沌的時代，也是值得讚美的時代，因為那時人體還沒有狂妄自大的想強烈追求效率與效益的欲望。大自然的作品不斷在草稿中實驗與毀壞。那時，肉體完全可以等待，曠日持久地留在混沌之中。

後來終於有了結果。「最初是一些各自分離的肉體從可說是貧瘠的土地裡零零星星地冒出來。隨後這些分離的部分結合在一起，構成了人的實體，一種火與液體的混合物。」[3]更為奇特的是，恩培多克勒斯認為在真實世界出現之前，就已經有一種混沌的意識存在，這就是對那個可怕的時代所能有的看法。恩培多克勒斯說，從地裡「長出許多沒有脖子的腦袋，還有一些七零八落的裸露手臂，更有一些沒有固定在前額上的飄浮的眼睛」[4]。在世界之初充滿腐爛氣息和惡臭的恐怖荒原上，「一些因憎恨而脫離身體的孤獨部位在彷徨，在尋求著交換」[5]。隨之出現的便是雙面雙胸的怪獸，人面牛身的動物或牛頭娃娃，還有生殖器隱沒在濃密毛髮裡的雌雄同體生物。大自然在嘗試著冒險

---

[1] 恩培多克勒斯（Empedocles，493B.C.—433B.C.），古希臘唯物主義哲學家。譯註。

[2、3] 〈恩培多克勒斯文選〉《先蘇期文集》（*Empédocle in Les Présocratiques*），Gallimard，Pléiade，A.LXXII，頁356。註4，B.LVII，頁316。註5，B.LVIII，頁396。註6，B.LXI，頁398。

而混亂的各種模式，企圖找出一種足以持久延續的結構形式。這就是為什麼當牙齒與胃碰到一起時，當胃消化了牙齒咀嚼的東西時，當肝將消化物變為血液時，一種同謀的關係便建立起來了，這種關係將這些功能連在一起，使它們訂立了產生有機體的契約——這就是目的論的邏輯，一種似是而非的邏輯。它的結論是：「一切與其種類模式不相符合的都被消滅掉。」[6]

完美的雌雄同體

這種描述從那個時代流傳下來。幾個世紀後，人們在盧克萊修的著作中發現了同樣的描述。這位哲學家描述了人類的萌芽和文明的起步。在這個唯物主義詩人所描繪的圖像中，我們又看到了同樣耀眼的景象：先是個別的器官，接著是生成出來的軀體，再後來就變成如今這樣氣急敗壞的肉體。他在《物性論》中這麼說：「勤奮的大地正在努力創造出多少怪物啊，那些線條古怪而結構奇特的怪物！有的是雌雄同體，他們既像男性又像女性，既不屬於男性也不屬於女性，既非男性也非女性；還有一些生物，或無足無手，或無耳無嘴，或是沒有眼睛看不見東西，或四肢全都長在軀幹上，不能動，不能走，不能躲避危險，不能滿足需求。所有這些怪物，以及許多類似的怪物的創造，都白白

浪費了，大自然阻斷了它們的生長，它們無法達到渴望的青春，無法覓食，無法通過愛神維納斯的聯繫而結合在一起。」[7]這是人們在利用肉體得到寧靜之前的遊移不定。人們在比較了他們逃避的一些形式之後，由於沒有找到更佳的形式，便採用了現在的肉體形式。肉體在被永久固定下來而得到寧靜之前，是瘋狂的。盧克萊修為目的論的古典末世論做出了貢獻，他認為，人類目前的肉體可能是最佳的形式，因為大自然不會做出神學上的蠢事。

在器官尋求結合的舞蹈遊戲中，雌雄同體更受到重視。恩培多克勒斯描繪了他們的模樣：「首先，一些人破土而出，他們集兩性於一身，既有火又有水。火使他們出現，因為一些火想追趕上另外一些火。而這些人那時還絲毫沒有出現值得崇拜的器官的形式，也沒有男性的聲音和生殖器。」[8]

這是雌雄同體的完善模式，它集合了奇特的元素，調和了矛盾，又如此廣泛而出色地融合了差異，致使人們甚至無法將兩個不同的性別隔離開來。由於這個實體，「相同」與「他者」的論證停止了，只剩下唯一的同一性，這是哲人的夢想，賢人的幻想。在將男性與女性、火與水、夜與晝對立起來的二元邏輯中，恩培多克勒斯賦予原始人體無與倫比的完整性。雌

---

[7] 盧克萊修，《物性論》（*De la nature des choses*），V.839，H. Clouard譯，Garnier Flammarion，頁178。

[8] 〈恩培多克勒斯文選〉《先蘇期文集》，B.LXII，頁398。

十五世紀《馬可孛羅遊記》中的插圖。圖中描繪了同時具有男性與女性特徵的「雌雄同體人」。

雄同體是理想的、沒有割斷、沒有破裂，也沒有缺陷的人體。

　　神話是文獻中無所不往的大旅行家。在先蘇時期的斷簡殘篇裡，以及包括《會飲篇》在內的柏拉圖著名篇章中，都看得到神話的影子。真實的雌雄同體在此也綜合了對立的邏輯，將它們調和並且提供了男性和女性合一的肉體：「每個人有一個球狀的形體，背和腰呈弓形，長有四隻手和四條腿，兩個一般無二的面孔連在圓脖頸上；這兩個對立的面孔只有一個頭顱，卻有四隻耳朵；陰部是成雙的；身體其餘部分也盡可以據此想像。」（柏拉圖，《會飲篇》，189e）

　　大家知道，自巴曼尼底斯之後，球形或圓形在某個程度上成為象徵圓滿、有

限、充分的形狀：它表示沒有缺陷。在那個時代人體是球形的，這表明它具有完美的天性。這種完美後來以切割、斷裂、剝離、產生缺陷和疤痕而告終。人體深受切割之苦，感到欲望強制的命令性，受制於得不到滿足的專橫。由於這種墮落，肉體受到懲罰，陷入最簡化的物質性之中，完美落在它的後面——或者在它的前面。

　　墮落前古老的完美人體，在像贖罪一樣真實的彼世中，找到了它的對應物。為了隨時忘記自己現在的肉體，人們更喜歡祖先的雌雄同體的肉體，或者那種未來主義的突變肉體。在這樣兩種形體的感召下，人們忘記了自己現在肉體的形狀。

雌雄同體的神明形像。

肉體的未來憧憬

人們又發現了傅立葉[9]，這位偉大的未來歷史學家，睿智的明日哲學家。在文明世界出現很久之後，他又頌揚起和諧的人體，並賦予肉體理想的特質。在這位新社會秩序之父的假說中，和諧的革命使一切的進步都變為可能。按照這個邏輯，傅立葉預言道：「人類將通過自身獲得自己的身體可以接受的物質改善。」[10]根據這個原則，人們正被召喚離開地球到其他星球上生活，因為地球已變得過分狹小了。按照星相學的推算，人們有理由期待自己的肉體和體能發生徹底變化。為此，傅立葉描繪了地球人在新的星球上定居後所獲得的

「奇妙而實用的特性」。這些特性包括「兩棲、夜視、牙齒和頭髮的不斷更新、受創不痛、陽光漂白」[11]。傅立葉還加上了「等等」一詞。這些特性太有趣了，我們倒是更希望傅立葉不要說「等等」，而是將它們明明白白一一列出。

但是，最歎為觀止的，當屬人們胸前可以自由伸縮的一支超級手臂。這個人體的新附件具有以下特點：它是強大的武器，具有防止身體跌倒的功能；它是美麗的裝飾物，但也能夠產生巨大的力量；最後，它精巧無比，可以幫助和支持人體做所有的動作，使身體變得靈活和敏捷。傅立葉的理論招致了排山倒海般的批評。

---

[9]傅立葉（Charles Fourrier，1772—1837），法國空想社會主義思想家。譯註。

[10]·[11]傅立葉著，Anthropos編，《全集》（*Oeuvres complètes*），第8冊，頁441。

在回擊這些批評的一篇文章裡，他寫道：「太陽系、銀河系和像土星這樣帶光環的星體上的居民是兩棲的。這是因為心臟隔膜被打開。此外，他們無論男女都有第五肢。我解釋過這第五肢的功用。人們有了它就可以無所畏懼，可以用它一下子就殺死最兇殘的動物，就是最可怕的巨獅也不在話下。我還談到這一肢的其他功能，它可以充當在空中盤旋的降落傘，添加翼的發動機，繩梯，使人快速遊動的鰭；它還可以在陸上和水中派上千萬種用場。我解釋了何以我們這個星球上的居民沒有這第五肢，以及在何種情況下後代人將擁有這一肢。」[12]傅立葉總結說，人們有了這支超級手臂，便可以使生產力大增，並使人體達到最高的完美境界。它「將成為人體的飾物和捍衛者。沒有這個肢體，人體就只是一個真正的早產兒」[13]。有些人讀了這些關於超級手臂和變形人體的文章，便匆匆得出結論，認為傅立葉的設想是虛妄的。其實，用傅立葉的著作《工業和社會新世界》的語言來說，這超級手臂和變形人體可以稱為和諧的人體。那些匆匆得出的結論並未考慮到傅立葉自己提出的保留論點。他認為其實很難將假說、公設、可能，與未來會被證實的真理區分開來。還是讓我們滿足於這位思想家所賦予的這些充滿寓意的

形象吧，這些形象可以使我們再次幻想一個脫離當下時空和現實世界的人體——一個想像的人體。

提到傅立葉，便讓人想到孔多塞。他的想法雖然不那麼奇特，卻和傅立葉的想法具有異曲同工之妙。例如，在他的著作《人類理性進步的歷史概觀》的結尾，便提到了愚笨、愚蠢與虛偽會消失這種不大可能發生的事，孔多塞還提到了更不可能發生的事：新人體的出現。他認為，隨著技術、科學和醫學的進步，人體有可能更新。這位哲學家還將死亡當成是特殊情況下的假設，亦即，死亡是意外，或者說死亡的可能性很低。孔多塞筆下大大延長了的壽命「將接近無限延長」[14]。這樣的遐想又在二十世紀七〇年代出現在一位思想家的筆下，他甚至變本加厲提出了一個離開本世紀的方法[15]。那是新的人體，有幾世紀

[12]、[13] 傅立葉，《里昂簡報》（*Bulletin de Lyon*），1804。見蜜雪兒‧納當（Michel Nathan）*Le Ciel des fouriéristes*，*Habitants des étoiles* 以及 *réincarnations de l'ame* 之引文，Presses Universitaires de Lyon，1981，頁35。

[14] 孔多塞，《人類理性進步的歷史概觀》（*Esquisse d'un tableau historique des progrès de l'esprit humain*），Vrin，頁236。

[15] 艾德加‧莫林（Edgar Morin）（*L'Homme et la mort*），Seuil，Point。特別參見第十章與1970年新增補的結論第十一章。

四隻手，四隻腳，兩個生殖器官的雌雄同體圖像（繪於十六世紀）。

長的壽命，不過當然也會有多幾倍的機會被罰入地獄……

　　設想出一個逃避自然法則、熵、死亡和一切會消耗殆盡的肉體，一個逃避所有這種邏輯的肉體，將會大有益處。然而這種設想不只是對拒絕接受存在的事實和現狀有助益。在肉體末世論中，基督教的末世說當然是最荒唐的。肉體的復活和選民重新找到一個享天福的聖身，這些說法其實造成了許多問題。人們猜想，這樣的身體必定配有耳朵，否則它又怎麼能聽到那呼喚它離開墳墓、穿上光明新裝的最後審判的號角聲呢？這個享天福之聖身的本質是「會令此世生命受苦的那些悲慘和缺陷被消除掉的形式」[16]。鎮定、敏銳、靈活、明晰，這些享天福的聖身所具有的品質，都歸功於上帝的賜福，或歸功於神的特殊作用。享天福的聖體是一具反物質、沒有肉身的肉體，一個邏輯項中的矛盾。

禁欲主義者對肉體的憎恨

　　各種對人體形式的想入非非，例如雌雄共體、雌雄同體、天使、突變體、靈媒等，都足以證明人不可能對人體或血肉之軀情有獨鍾。梵樂希將人體定義為「上演能量之悲劇的空間和時間」[17]；之後他又大嘆奇怪，「人體在已知的哲學中竟沒有扮演過重要的角色，或者說，只扮演過一個不起眼、羞羞答答、遮遮掩掩的角色」[18]。他的結論是：「生命對每個人來說都是肉體的活動。」隨後他又強調，人體是「唯一，真，永恆，完整，與不可逾越的關係體系」[19]。

　　不過確實如此，一般說來，在哲學傳統中，身體是絕無地位，極受蔑視的。東方和西方都陷入了對人體的譴責。只有個別特殊的人物離經叛道，提出人體的睿智，無意迴避肉體的哲學。

　　在《道德系譜學》中，尼采寫道：「從一個遙遠的星球上看，我們地球生存的外表可能會導致這樣的結論：地球是真正禁欲主義的星球，是一群怨天尤人、憤世嫉俗、可憎可惡的人居住的一隅。這些人無法擺脫對自己、對世界以及對一切生命的厭惡；他們競相作惡，為的是從中獲取快慰——這也許是他們唯一的樂趣了。」[20]反對自身肉體的暴力使這個星球變得陰森可怖。在這個可怕的星球上，人體正承擔著這種病態的自我憎恨的後果。禁欲理想的推銷者憎恨肉體，不喜歡肉體的附屬器官，包括了鼻子和男性生殖器……

---

[16] 布里庫（J.Bricout），《宗教知識實用詞典》（*Dictionnaire pratique des connaissances religieuses*），第五冊，頁1245。

[17] 梵樂希，《箚記》（*Cahiers*），Pléiade，Gallimard，1924—1925，Z.X.440，第一冊，頁1134。註18，1922，R.VIII.543.，頁1126。註19，頁1127。

[20] 尼采，《道德系譜學》（*La Généalogie de la morale*），第3章，§11，H. Albert 譯，Mercure de France。

III 鄙視鼻子的人們

「觸覺、嗅覺、味覺是唯物主義的，是肉體；視覺和聽覺是唯心主義的，是精神。但是眼睛和耳朵代表頭部，其他感官則代表腹部。」費爾巴哈[1]——《反肉體與靈魂、肉體與精神的二元論》

德謨克利圖斯——嗅覺大師

如果一定要選出一個代表狂熱崇拜鼻子的哲學家，那就非德謨克利圖斯莫屬了。迪歐根尼・拉爾提斯（Diogenes Laertius）[2]對這位哲人的這個器官鉅細靡遺的描述了一番。我們可以通過他記述的一些軼聞來判斷德謨克利圖斯。

這位哲學家的嗅覺異常靈敏，他只要一聞，就能辨出飄蕩在阿布德里街上的氣味。一天晚上，有位年輕女子陪希波克拉底路過那裡，德謨克利圖斯向她打招呼說：「小姐，你好！」第二天，他再見到她時便清清楚楚改口「夫人，你好」了。迪歐根尼說：「那一夜，那位年輕女子的確失去了童貞。」[3]這是何等敏銳的嗅覺啊！……

就像許多古代的故事一樣，這個故事有重要的教育意義，它讓人有了準確而清晰的認識。這是通過容易記住的軼事展示出一根阿莉阿德尼線[4]，順著這根線可以理出這位阿布德里人（Abdeitain）複雜的唯物主義的頭緒。德謨克利圖斯在他的哲學中教導人們，除原子與虛空之外，萬物皆無。按照這種思路，一位第一次認識某個男人並失去童貞的女子，只是在一個奇異的原子舞蹈中飛旋而已，這種原子舞蹈可定義為粒子的純粹位移。偶然被選中的女子在肉體內接受了具有特殊氣味的男性

---

[1]費爾巴哈（Ludwig Andreas Feuerbach，1804—1872），德國古典哲學唯物主義代表。譯註。

[2]迪歐根尼（Diogenes Laertius，約200—250），希臘哲學家，編著有《哲人言行錄》。譯註。

[3]〈德謨克利圖斯文選〉《先蘇期文集》（*Démocrite in Les Présocratiques*），J. P. Dumont編，Pléiade，頁749—750。

[4]希臘神話中阿莉阿德尼用小線團幫助德修斯逃出迷宮。譯註。

宴會上婦女們或頭戴花冠或手捧鮮花。圖繪於1616年。

體液。這個體液也在經歷物質的偶然，從精液一再變換形態，最終汽化，與空氣混在一起，再接下來就是德謨克利圖斯鼻子的事了。理解一個阿布德里人，就是強迫自己瞭解精液的偶然，從精液被私密地射出，到以微小的原子形式飄蕩在街頭，在大庭廣眾下傳播開來，這都是一系列的偶然。

德謨克利圖斯是嗅覺大師，鼻子專家。據史書記載，他在臨終之際還開了一個有關嗅覺的大玩笑。當時祭祀穀物女神狄米特（Demeter）的節日就要達到高潮，人們發現他隨時有死亡的可能，大

概堅持不到祭祀儀式結束。德謨克利圖斯確實已處於生命的終點。這位雖說是唯物主義者卻也十分虔誠的哲學家，答應將死亡推遲，並希望按傳統給他預備一些麵包或蜂蜜以維持體力。他妹妹負責料理這一切，一連三天給他送去他所要求的食物。在這段節日裡，他只是嗅著食物周圍形成的一團團水汽、粒子和原子。心滿意足的他隨後便離開了這些美味和香氣，與世長辭了。[5]

人們往往把他這種嗅覺延伸到阿布德里人身上。德謨克利圖斯有一個弟子叫安

---

[5] 〈德謨克利圖斯文選〉《先蘇期文集》，頁749-750。

婦女們焚燒香料，
讓室內充滿香氣。
圖繪於1858年。

納克薩格拉斯（Anaxagoras），此公要求他的廚師做麵包揉麵時戴上手套和口罩。這樣可以避免「他手上的汗和口中的氣味污染麵包」[6]。這個防範措施的怪癖，只因為想到麵包師傅的手和口是排泄原子的媒介，阻隔這些媒體是出於衛生的考慮，是為了防止腐敗的物質與新鮮的物質交換。

這個阿布德里人的原子論至今還是很有幫助的。雖然在形式上有點可笑，但是在直覺上卻仍是無法超越的，事實上，德謨克利圖斯及其弟子提出了一種物質的概念。倘若康德接受了這種概念，他本來可以提出另一種氣味論，這另一種氣味論絕不會像他的著作《實用人類學》（*Anthropologie in Pragmatischer*）中的那種氣味理論那麼落後了。

德謨克利圖斯是從能量、動力和氣味擴散等方面來理解物質的。粒子是在運動中的，物質被視為不斷活動的粒子所構成的不穩定整體，某些粒子從產生它們的物體中擺脫出來，但仍構成其一部分──雖然這些粒子變換成了另一種物質。所有的唯物主義者都會記住這一課，它使世界簡化為物質的成分，將這個巨大整體的各個組成部分變為單純的產物。感覺，就是在不尋常卻根本的形態中理解世界。唯心主義者只能有一個殘缺的鼻子。不論如何，他都只能反常地使用自己的鼻子……

古人喜歡香氣。宴會上，要給賓客獻上散發著各種芬芳氣息的花環，香爐裡則燃燒著香氣撲鼻的松香。在馬戲場裡，繃在舞臺上的布幕撒滿了香精，縷縷香氣從篷頂撒向觀眾。有時，在盛大的葬禮上，有錢的死者在名貴香木堆成的火堆上被焚化。

---

[6] 〈德謨克利圖斯文選〉《先蘇期文集》，頁954。

在哲學家當中，芳香聲名狼籍，它與奢侈、荒淫、墮落聯繫在一起。所以，只能從享樂主義的專家、犬儒學派的亞里斯提卜[7]那裡找到對香氣明確而公然的愛好，[8]而蘇格拉底和柏拉圖則把愛好香氣看成是同性戀者的明顯特徵。無怪乎《理想國》的哲學家在斯巴達人當中有同路人，他們把對香氣的愛好視為腐敗和沒落的表現，而大加撻伐。只有好享樂者才會喜歡香氣。對此，格勒尼埃明確指出：「亞洲對氣味的奢侈……一直受到傳統古希臘文化的質疑。」[9]

嗅覺遭到厭惡肉體的人詆毀。任何厭惡都有其根源，「關於感官的使用，感官的實際層級，說來話長；在這方面，沒有任何東西是理所當然的；什麼也不能證明專家們的蔑視是合理的」[10]。對肉體的憎恨伴隨著對嗅覺根深蒂固的憎恨。鼻子像是一個啟示者，它集中了憎惡和酷愛。

當我們發現所有那些主張唯靈論、唯心論和有宗教信仰的人都在貶低嗅覺之列時，其實並不會覺得奇怪。對香味的不信任程度表現了哲學家對自己肉體不敬重的程度，他們對氣味的蔑視與對他們肉體的憎惡成正比。

在最嚴肅的哲學家之中，有幾位運用了自己的嗅覺、鼻孔和鼻子。他們完全是不知不覺地選中了五大感覺之一，而他們使用這個官能只是為了表示他們的厭惡，某位哲學家分析了黑人的氣味，企圖搞明白他們為什麼會有這麼臭的氣味（！）；另一位哲學家自稱能識別猶太人的臭味；第三位則自鳴得意地描述了窮人的氣味……這些思想家將那些大不同於的他們的肉體與他們自己最主觀的鼻腔聯繫到了一起。很現象的肉體——用康德的話來說——被嗅覺玷污了。在所有的形體之中，人們最喜歡的還是奇妙甜美的神聖氣味，亦即得道的聖人和聖女已享天福之聖身的氣味。在蔑視血肉之軀的的背後——人們更願意將這些肉體說成是「他人的」肉體，隱隱顯露出對本體的、概念的、以及既無物質也無氣味的身體的鍾情與渴望。濃烈的臭味落到黑人、猶太人和窮人的身上，

---

[7]亞里斯提卜（Aristippos，約435B.C.—360B.C.），古希臘哲學家，犬儒學派（Cynic）。譯註。

[8]迪歐根尼告訴我們，犬儒學派以享受肉體的快樂為目的，他還說：「對他們來說，肉體的快樂似乎高於精神的快樂。」Diogène Laertius，Vies，*opinions et sentences des philosophes illustres*，第一冊，頁127—140。

[9]讓‧葛尼耶（Jean Grenier），〈香水〉收於*La Vie quotidienne*，Gallimard，頁209。

[10]亨利‧科爾班（Henri Corbin），《疫氣與黃水仙》（*Le Miasme et la jonquille：L'odorat et l'imaginaire social*），XVIII—XIXe siècles，Aubier Montaigne，頁II。

埃及人喜愛在各種宗
教儀式與喪禮中使用
芳香物，圖為正在焚
香的法老王。

就好像是為了離這種受到如此蔑視的臭皮
囊更遠一些。憎恨總是落到人們不瞭解的
對象上，因此也就落到人們不願接受的對
象上。

康德——貶低嗅覺的哲學家

　　放棄鼻子，就是禁止自己去理解世界
上的物體發出的氣團、香氣和氣味，也就
是以一種追求癱瘓、孤立、與真實隔絕的
熱情去殘害與切割自己的官能。神經末稍
直達鼻孔，使得大腦能夠與體外相通。遍
佈鼻腔內壁的神經元是感覺的主體與被感
覺的真實之間的聯絡點。拒絕嗅覺，詆毀
嗅覺，而將視覺選為高尚的官能，這在某
種程度上就是寧願死亡。

　　康德在《實用人類學》中非常推崇視
覺，而將嗅覺說成是五種感覺中最低級的
一種。感覺被分成了兩部分，一部分是以
精神為仲介、屬於機械活動的感覺，一部
分則表現了康德所說的「物理事物」、屬
於化學活動的感覺。觸覺、聽覺和視覺被
認為是客觀的。因為，「作為經驗直覺，它
們帶來比較多對外界客體的認識，而不是使
感官意識運動」。味覺和嗅覺則被說成是主
觀的。因為，「它們產生較多愉悅的表現，
而不是產生對外界對象認識的表現」[11]。這
樣看來，康德是認為，通過聽、看、摸，
比通過嗅甚至嚐，更能認識他所熟悉的鱈
魚佳餚。那麼康德在說對外界對象的認識
時，指的是哪些對象呢？在這位哲學家的
思想裡，有些對象似乎是不能登大雅之堂
的，也不能進入可分析的範疇之內。康德

---

[11] 康德，《實用人類學》（*Anthropologie d'un point de vue pragmatique*），M. Foucault 譯，II §15。

捻聞花香的蘇丹。

把所有可能屬於氣味和味道的事物從美學研究中排除出去。在康德的著作中，沒有烹飪，沒有香氣的藝術。這位毫不猶豫提出《判斷力批判》的哲學家沒有提出任何「飲食理性的批判」，沒有提出任何「嗅覺理性的批判」。但是，如果不能領略布里亞一薩瓦蘭的美味和艾德蒙·盧德尼斯卡的香水，那又判斷什麼呢？[12]

如果相信這位哲學家，相信用客觀感官比用主觀感官更能進行認識，那麼是否應該猜想康德不知道有所謂的錯覺，不知道浸入液體中的木棒會變形，而令學哲學的學生大為高興呢？是否應該相信康德不知道蘇格拉底之前的某個哲學家因為相信客觀和高貴的視覺而認為太陽像巴掌一般大小呢？柏拉圖已經費盡唇舌證明了遠離眼睛的物體並不比近在眼前的物體小。在有關視錯覺、其他感官的錯覺，以及因高貴感官的主觀性而造成近似性的等等問

題，屈光學和幻覺的論述都提供了大量的細節。結論是，不僅視覺具有主觀性，其他四種感覺也都具有同樣的主觀性。

說嗅覺比視覺的確定性係數低，這純屬假設性的設準（postulate）。康德是那麼喜歡「設準」，而這個設準肯定沒有經過應有的分析。鼻子與眼睛以同等的潛力提供信息，並在各自的領域裡提供同樣範圍的錯誤或正確性。所有的感官都有相同的極限，超過極限便陷入不確定之中：任何一種感官都不會比另一個感官提供更多有助於認識真實的訊息。嗅覺的名譽掃地是另有原因的。

康德以同樣的偏見進行

---

[12]艾德蒙·魯德尼茨卡（Edmond Roudnitska），香水的創造者，著有《質疑美學》（l'Esthétique en question），他在此作品中從氣味和香氣的觀點敘述了康德美學的局限性。P.U.F.，1977，頁264。

康德。

著他的分析，並仍以設準的形式提出：知性指揮，感性服從——彷彿知性主要並不是服務於感性的……隨後他又宣稱，「觸覺是唯一直接感覺外界的感官」[13]。人們發現，康德的物質概念是何等的精神主義，而假若康德熟知德謨克利圖斯，他本來會變得更加睿智和敏銳。康德的想法是，物體的整體比各個構成部分更加真實，形式的真實，就是直接從這種形式中表現出來的。他在這裡忘記了，從物質動力學的角度而非靜力學的角度上看，物體的形狀在持續狀態下是真實的，而形狀的分解狀態也是真實的；在形狀的周圍，形成了粒子的舞蹈，就物體而言，這種粒子的舞蹈與在完整狀態下的物體本身同樣真實。

香氣是一種物質。古代原子論者已經看到這一點。因此，氣味和形狀、色彩一樣，被理解為物體不可忽視的一面。按照這種思想，氣味是由產生此氣味的物體飄散和揮發出來的元素所組成的，所以它意味著與它所構成的物體的某些部分直接與即時的接觸。沙巴里斯（Jacques de Chabannes，1470—1525）曾說，康乃馨散發出康乃馨的氣味……而且只有康乃馨的氣味。如果需要，這就是散發物在空氣中自由活動的物質碎片的證據。

難道一定要對最簡單的化學一竅不通，才會無視於這些證明嗎？其實，只需要像盧克萊修那樣關注詩意的化學，就足以知道從物質中散發出來的粒子保持著規律性，並像其他一切化學成分一樣，排列在門得列夫（Dmitri Ivanovich Mendeleyev，1834—1907）的元素週期表裡。木瓜的氣味

---

[13] 康德，《實用人類學》，§17。

布里亞－薩瓦蘭
（Anthelme Brillat-
Savarin，1755－
1826），法國大法官，
作家，美食家，著有
《味覺心理學》。

也是木瓜的一部分……

　　近一個半世紀之後，布雷當巴赫
（Joseph Bretenbach）在實驗室裡拍出了
一系列底片，顯示出香氣的運動，顯示它
的渦旋形擴展方式和它與空氣的交融。他
使用了一種極薄的特殊結構的感覺基質，
用這種技術使得氣味的粒子以可見的散
發形式顯現出來。感光基質將動力學的特
性記錄了下來，使香味成形，將擴散中的
繚繞紋路固定，使充滿活力的香氣在它的
某個顫動之中被捕捉到。人們可以由此看
出，物質並不限定在那些似乎包容著它的
形狀之內，物質也是由那些穿越其可見表
面的氣罩和能量所構成的。布雷當巴赫在
照片上固定了從花蕊中噴發和投射出的一
股細微的珠束，一種婀娜的芭蕾舞姿，一
種優美的羽飾曲線。

　　物質並非侷限在人們所看見的形式之
內。盧克萊修以及在他之前的阿布德里哲
學派原子論者通過想像，對物質的認識比
康德的認識更深刻。但是唯物主義變令人

討厭的，它將全部的實在都簡化為一些化
合物，這些化合物使得那些激勵唯心主義
者的妄想和幻想有立錐之地，而唯心主義
者卻也已經習慣不顧現實地進行虛構。

　　在此自相矛盾的是，康德的知性在脫
離感官而直接認知的地方便走到了極限。
康德本來可以好好地感覺，至少人們可以
這麼期待他，但是他的感覺過於短暫，過
於偏限，無法成為進行確實分析的對象。
這位哲學家需要的是一種順從的、惰性
的、由最簡單的物質——表象——所限定
的對象。在靜態的形式之外，康德就不知
所措了。他在音樂方面所表現的不準確正
是出於這個原因。他無法掌握口味、氣味
或聲音的美學。在布里亞－薩瓦蘭式的龍
涎香巧克力，還有普魯斯特式的香檸調味
汁，以及舒伯特式的弦樂三重奏面前，批
判主義便傾覆了。

　　原子論者更有洞察力，也更有趣。他
們歸納出原子有圓的、鉤狀的、頂端彎曲
的、球狀的、鉤比刺多的、多角的、粗糙

的、球體的等等，以此解釋何以人們能嘗出酸、甜、苦、辣的味道，嗅出刺激、新鮮、甜蜜、微妙的氣味，聽出柔美、嘈雜、尖銳、低沉的聲音。盧克萊修說，「因為，所有那些令我們的器官愉悅而安寧的，都是由光滑的、球狀的原子組成的，那些令我們的器官感到刺激、不安的，都是由粗糙的、不那麼圓滑的原子構成的。」他繼續說：「有些原子既不絕對光滑，也不完全彎曲，而是佈滿了小刺，它們較少劃破器官，而多是使之發癢。」[14]

在涉及音樂、光或氣味時，康德堅持他的唯心主義分析，拒不接受任何基本的化學理論，所以他只能提出一些確定性低於德謨克利圖斯或伊壁鳩魯的理論。在這種內在於康德思想體系的困境中，康德又加入了一些主觀範疇的思考，對各種感官品質的高低貴賤進行判斷與制定，或者說是武斷地提出了一個能夠將感覺現象考慮在內的優劣等級。他說：「不能說視覺就比聽覺更不可缺，但是視覺確實比聽覺更為高尚，因為在所有的感官中，它離觸

覺最遠，而觸覺是感覺最小的限制條件；視覺不僅覆蓋了感覺的最大領域，而且視覺是最少受到影響的；它比其他感官更接近純粹的直覺（亦即更接近特定對象的直接表現，而不攙雜人們可能產生的印象）。」[15]與對象越靠近，哲學家的反感就越大。遠離世界是獻身禁欲理想的明顯徵兆。觀看，是在隔離並遠離實在。碰觸，是在接近並歸結到具體。康德未經任何推論，就把與世界相距最遠的感官定為高尚的。現實世界是容易被弄髒的。不管怎麼說，康德與他的追隨者都比較偏愛本體與理性。因為它們的優點是不會被玷污，可是它們並不存在啊⋯⋯

康德經過研究，對三種外在感覺進行排名。他讚揚視覺，容忍聽覺，詆毀觸覺。隨後他又研究了味覺和嗅覺。正如我們所見，這兩種被稱為主觀的感覺排在了觸覺之後，更不受尊重。由於外在感覺被設定是與外部表面交接的感覺，所以它們無可挽回註定要表現為「愉悅」[16]的感覺，在世界表層的呈現中去觸及世界，理解世界。然而正因如

[14]盧克萊修，《自然論》（De la Nature），II，頁422—425.

[15]康德，《實用人類學》，§19。註16，§21。

人的五種感官：花表嗅覺、
鏡子表視覺、老鷹表觸覺。酒杯表味覺、
樂器表聽覺（順時針方向）。
圖皆繪於1610年。

盛開鮮花的香氣。

此,這些感覺更逼近世界,更能呈現世界。

按照《實用人類學》的說法,「嗅」就是「吸取可以從遠離器官的物體中散發出來,混在空氣中的怪異氣味」[17]。康德關於氣味的理論參考了:凝固或是揮發的鹽,會在空氣中被分解。用分解和怪異來說明氣味,就反映了康德腦子裡關於空氣的唯心主義概念:空氣是純淨的介質,只有構成它的化學成分,沒有雜質,沒有污染,沒有腐爛,沒有敗壞。好像空氣從不曾是一個永遠混雜而複合的介質⋯⋯康德似乎一心想生活在本體的氣氛中,或空氣的理念中。

此外,康德不喜歡氣味的專橫,認為嗅覺官能「與自由背道而馳」[18],與其他感官比較起來,嗅覺的社會性格低於個體性格。為了進一步分析嗅覺的後果,康德對臭氣進行了分析,並對污垢大發議論。他將兩個被稱為內在的感官作了比較,明確指出,「嗅覺感官(在肺裡)所吸入的,比從口腔和喉腔所吸入的更內在」[19]。這種看法能得使嗅覺只能排在五種感覺的最後一位。康德一直堅持這種傳統的分類原則,將視覺列為最高尚的感覺,而嗅覺反之。

可憐的康德!他在談論氣味時,列舉了臭氣、腐敗的氣體或惡臭的氣味。他似乎沒有覺察到,甚至在他的比喻和舉例中,他都在譴責一種呈現世界的主要模式。誰能想像喜歡每天長距離徒步行走的康德會對大自然的氣息、對田野的芬芳無動於衷呢?人們知道,在他眾多怪癖之中,有一個怪癖就是時常練習只用鼻子呼吸。

康德把這看成是預防傷風感冒和其他類似小恙的方法,還常常熱心地推薦給別

---

[17] 康德,《實用人類學》,§20。註18、19,§21。

人。他的一位傳記作者寫道：「他只想用鼻子呼吸，以便空氣在進入肺部之前走更長的距離，不至於在未變熱之前就鑽進肺葉。」[20]午飯後的散步就是他作這種養生練習的機會。這也是為什麼他不同別人一起散步的原因。這件事可是非同小可，康德毫不猶豫地在《學院之爭》中作了長篇記述。康德承認，在剛開始進行這種練習時，總避免不了產生輕微的耳鳴。但是百折不撓的決心使他戰勝了這個困難。康德還詳細敘述了當他在口渴難當時，是怎麼抵禦住離開睡榻的誘惑，如何拼命地想「反覆用力地深呼吸，就有點像用鼻子喝進空氣一樣」[21]，最終戰勝了來得不是時候的欲望。

他的論著中有個註釋對此有完整的論述，可以作為一條準則提出來：「由於嘴唇緊閉，大氣中的空氣通過耳咽管流通，蜿蜒曲折，在經過大腦附近時留下氧氣。難道空氣不會由於這個原因而使活力器官強化並產生良好感覺嗎？——這就好像是在喝空氣，這些空氣儘管無味，卻增強了嗅覺神經及其相鄰吸管的作用。但是這種強身的快感並不是在任何時候都可以產生的，只有散步時的那種只用鼻子的深呼吸才能產生真正的愉悅，那是張開口呼吸所不能給予的。」[22]接著，康德又明確指出，無論在何種情況下，都絕對有必要遵守「這條最重要的營養準則」[23]：在睡眠時，或是在上下坡的路上散步時，甚至在長篇大論時，皆應遵守此道。康德還詳細論述了鼻子的意義，並鄭重地引用了一位奧地利宮廷樞密顧問官的話……

在這一切之後，這位哲學家仍然在輕視鼻孔的道路上走了下去。他之所以如此，是因為他把所有這些準則都拋諸腦後。可是他並非朝三暮四的人！康德是那麼相信這些準則，以致他鄭重其事地將它們傳授給了弟子。康德輕視鼻孔，想必是因為他失去了嗅覺。那柯尼斯堡（Konigsberg）的氣味，他經常漫步的御花園中花草樹木的氣味，大自然的氣味，秋日落葉和濕潤泥土的氣味，夏日驕陽烤灼下的城市和石頭的氣味，鮮花怒放、萬木萌芽的氣味，對所有這一切，康德都無動於衷。這種排斥和沈默並非無緣無故。存在主義的心理分析發現，當運用一種感官的能力缺乏時，比如不能感覺音樂或美食、香味或節奏時，就會有一種不肯全面接受肉體的固執態度。康德不僅嗅覺差，聽覺也一樣不行。他的音樂趣味與他的嗅覺感受力同樣不高。他對嗅覺的定論是：「它所能找到的令人嫌惡的對象比令人愉悅的對象多；就是在後一種情況下，它也只能給予

[20]瓦西安斯基（E. A. Wasianski），《晚年康德》（*Emmanuel Kant dans ses derniéres années*），Grasset，頁68。
[21]康德，《學院之爭》（*Conflit des facultés*），Vrin，Gibelin譯，頁132—133。註22、23，頁130。
[24、25]康德，《實用人類學》，§22。

伊壁鳩魯（Epicurus，342B.C.—270B.C.），古希臘科學家，哲學家，唯物論者，繼承和發展了德謨克利圖斯的原子論。

佛洛伊德。

短暫的、瞬息的愉快。」[24]為了言之有物，康德還列舉了一些很有意義的例子：「煙窗飄散出來的氣味，沼澤和死屍的臭味」[25]，還有腐敗食物的臭味。康德將他的分析推向極端，支持這種典型的禁欲思想：思想者不感覺，故感覺者不思想。

佛洛伊德——氣味與慾望

哲學家不喜歡氣味，很可能是因為氣味與人體最曖昧的地方和最古老的記憶相關。鼻孔通向原始的大腦，並將氣味與性欲緊密地聯繫在一起。對嗅覺大加撻伐，同時也就是對處於最不可抗拒的欲望之中的肉體大加排斥。

生物學家曾用刺激性欲的物質與由芬芳分子構成的取代物進行對比實驗。實驗顯示，對於某些動物而言，嗅球的破壞如何導致了性行為的完全消失[26]。對靈長目動物的進一步研究顯示，它們的性欲雖未被完全抑制，但性功能已被改變。總而言之，無可辯駁的事實是，性欲與氣味有著緊密的關係。就羅蜜歐與茱麗葉之間的關係來說，值得特別關注的是，凱普萊特和蒙太古兩個家族的成員身上所散發出的微妙氣味，很可能扮演了甚麼重要的角色。讓-迪迪耶·文森就覺得奇怪：何以這兩位主角如此強烈地相互吸引呢？因為從人類學的角度上分析更為便捷而較少牽扯，他分析了種豬的行為。他看到分泌在吸引過程中的支配地位：愛是由非常沒有詩意的動物包皮腺分子引起的。只需要一點化學氣味，母豬便四足僵立，被情欲所制服。有人反對說，人與豬之間的親緣關係太小了。對此，《情欲生物學》在敘述了種豬的行為之後，一再強調說：「人的包皮分泌物發出一種檀香木的氣味，對女人會有一種吸引力，男人反而會產生反感。可以明確指出，如果說某些氣味具有吸引力，甚至具有刺激性

[26、27]讓-迪迪耶·文森（Jean Didier Vincent），《情慾生物學》（*Biologie des passions*），Odile Jacob，頁266。

米雷（John Everett Millais 1829－1896）所繪的＜盲女＞（1856）。盲女坐在田野裡，
眼睛雖然看不見，但仍能體驗到大自然的氣味、小女孩頭髮的質感以及手風琴的樂音。

讓-迪迪埃·文森認為羅密歐與茱麗葉是為彼此的氣味所吸引。布朗（Ford Madox Brown 1821－1893）的＜羅密歐與茱麗葉＞（1870）。

欲的力量，那麼另一些氣味則使人產生反感，是令人厭惡的信號。」[27]無論怎麼說，氣味的傳播有助於溝通，讓我們決定接近或逃離，促發靈犀相通或相互反感。為了驅散人們在讀這部著作時，腦內仍殘存最後一絲幻想，這位有點幸災樂禍的生物學家很高興地告訴大家，從母豬身上分離出來的物質與在人尿中和人體不同皺褶中所發現的物質是相同的。卡薩諾瓦引誘人的本事全是靠睪酮分子[28]⋯⋯唉，這可是得講清楚的！

在這同一種思想理路內，研究者證明了懷胎過程中氣味對胎兒的作用。母親的分泌腺具有散發氣味的能力，在生命開端時就與美好的記憶結合在一起，而這些美好的記憶反覆出現，因為人們總喜歡在令人不安的新玩意兒裡找到一些自己熟悉的東西。在這個時期所嗅到的氣味鑲嵌在

了想像之中，以至於將喜歡、不喜歡、愉快、不愉快、偏愛、嫌惡構成了一個巨幅的心理圖誌。存在主義精神分析研究也許可以揭開某些與胎兒的鼻子聯繫在一起的奧秘。生物學家在詩意之外，讓一些老鼠沉浸在檸檬香精或香菫香精的氣氛之中，結果發現動物對這些具有訓練意味的分子強烈的眷戀，由此而得出了懷胎的理論。

嗅覺是最能反映人與動物親緣關係的感官，這似乎已不再是什麼秘密。但是必須運用佛洛伊德的分析才能理解這種平等關係的系譜和隨之而生的成見。在《文明及其不滿》一書中有幾句話提出了權威性的解釋。這幾句話說明了：按照這位精神分析之父的想法，在我們提到「人」時，可以寫成「我們這些動物的兄弟們」[29]⋯⋯

嗅覺是一切哺乳動物都具有的，但是唯有人對它表現出先天的嫌惡，就好像只

---

[28]讓-迪迪耶·文森，《卡薩諾瓦或快樂的感染》（*Casanova ou la contagion du plaisir*），Odile Jacob。

[29]佛洛伊德，《文明及其不滿》（*Malaise dans la civilisation*），Ch. J. Odile譯，P.U.F.，頁79。

要貶低嗅覺就足以增加一點人性似的。由此，具有快感、色情和性欲性質的氣味被帶上了與快感、色情和性欲相同的等級指數。結果是，人們將知性作為顛頂而提出，知性能夠在概念上做出最瘋狂的壯舉；這也就是為什麼嗅覺遭到貶低，嗅覺是不能夠產生抽象概念並對純粹概念的認識有貢獻的。最後，還有一點是人們避而不談的，那就是這個第五感官個人主義的包袱，這個感官增加了形上學孤獨的特性，因為它「無力從主觀的唯我論中走出來」[30]。

開始時，嗅覺與混沌和激情蕩漾幾乎是同時代出現的。在這文明胚胎時期，外表上還像個野獸的人仍是演變著的四足動物。當時鼻子具有極高的重要性，它能調節性行為，可以嗅到需求，可以敏銳而精確地識別性伴侶。後來族群為了欲望以及這個迷路似的問題帶來了經常性的規律，也就是為了解決缺乏性關係的問題，氏族建立起了規範。隨著社會等級的出現，鼻子失去了部分的感覺。

為了描繪出這種嗅覺衰減的系譜，佛洛伊德寫道：「氣味刺激力的消退本身似乎是由此引起的：人從地上站了起來，執意直立行走，這使得一直處於隱秘處的生殖器官暴露出來，它要求加以保護，並因此孕育出羞恥心。人的直立或『垂直化』可能是文明不可避免的過程。正是從此發生了一系列變化，從嗅覺的貶值和月經期婦女的隔離，走向了視覺的優先、生殖器官的可視，隨後是性刺激的延續、家庭的建立和人類文明的開端。」[31]佛洛伊德是將這個分析作為假說而提出的，但是他深信這個假說值得嚴加驗證，因為它太確定了。

佛洛伊德將羞恥心、衛生的需要和嗅覺的社會化定位在直立的這個過程之後，定位在人站立的這個奇觀的邏輯結果之中。這時嗅覺正變得能夠分辨香與臭。由野獸養大的兒童的例子證實了佛洛伊德的論點：當兒童離開大自然的環境，離開森林、樹林或原野時，他無法分辨出令人厭惡或愉快的氣味。他將鼻子一視同仁地伸向糞便和花卉，卻沒有表現出喜歡或厭惡。[32]之後

[30]《另者》期刊（*num ro de la revue Autrement*）：《氣味》（*Odeurs*），阿妮克·勒吉雷（Annick Le Guérer），《哲學家有鼻子嗎？》（*Les Philosophes ont ils un nez？*），頁49。

[31]佛洛伊德，《文明及其不滿》，頁50—51。

[32]呂西安·馬爾松（Lucien Malson），《野孩子》（*Les Enfants sauvages*），10/18，頁144、149。

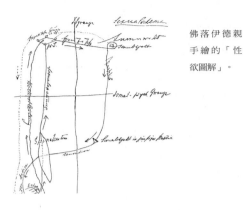

佛落伊德親手繪的「性欲圖解」。

佛洛伊德《夢的解析》扉頁。

他一旦融入文明之中，意識到文明傳遞的符碼，便將某些氣味與正面的參考聯繫起來，而將另一些氣味與負面的參考聯繫起來。這樣，月經與糞便便成為敬而遠之的討厭氣味了。

人被其動物的起源及其原始的眷戀烙上了深深的印記，因此他的行為就像一個受大自然的必要性所左右的客體，他將自己散發出的氣味與別人散發出的氣味分別開來。儘管他受過教育，在他的深處，與接受別人的動物性比較起來，他更容易接受自己的動物性，因此「他自己糞便的氣味幾乎不會使他感到刺鼻。只有別人的糞便才使他感到刺鼻」[33]。無論人的直立會使器官產生怎麼樣的等級次序，人的身上都明顯地反映出一個事實：嗅覺受到最大的壓力而成為動物性的感覺。對這個「官能的抑制」[34]意味著對其他感官的頌揚，人們頌揚的是視覺和那些建立形象和聲音的感官，它們被看作是與世界建立聯繫唯一堂而皇之的方式。凡令人想到人與自然渾然一體的一切，都被處心積慮地抹殺了。

擁護嗅覺與反對禁欲

這樣，我們就明白了為什麼嗅覺的維護者總是站在禁欲的攻擊者這一方，比如說自由思想者（libertine）、感覺主義者、唯物主義者或無拘無束的自由人。卡薩諾瓦便是這樣的一個人。他並不僅僅是為了敘述那些引誘者的膽大妄為而寫作的，卡薩諾瓦在《回憶錄》中時不時就發表一些哲學或理論的議論。在他的代表作的引言中卡薩諾瓦強調，對他來說，存在是與感覺世界不可分割的。他寫道：「我知道我存在了，因為我感覺了，是知覺使我產生了這樣的認識；我也知道，當我停止感覺的時候，

---

[33]、[34]佛洛伊德，《文明及其不滿》，頁50—51。

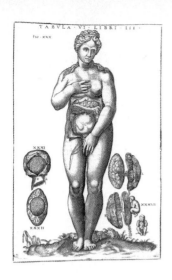

（左）胎兒與母體的關
聯圖解，繪於1589年；
（右）胎兒與母體。繪
於1626年。

我也就不復存在了。」[35]這個論斷會顯得太
基本、太扼要。但是對於所有提出各種心
靈的人，論證靈魂不死或假設純粹實用理
性的人，這個論斷並不是理所當然的。將
實際存在簡化為可感覺的表現形式，這是
一門不可能擁有信徒的哲學。

　　卡薩諾瓦也是樂師，是威尼斯聖薩穆
埃爾劇院的小提琴手。可以想見，他必
然感受到無數觸覺的歡樂。但是他並未因
此而拋棄味覺和嗅覺這兩種最被貶低的感
覺。他在總結自己享樂主義者的一生時，
是這樣描述自己的：「我喜歡美味佳餚：拿
波里廚師烹製的義大利通心粉、西班牙人的餡
餅、黏糊糊的紐芬蘭鱈魚、肉汁野味、有小生
物在表面上剛剛露頭的乳酪等等。至於女人，

我覺得我所愛的女人的氣味芳香無比。」[36]雅
克・德沃拉金[37]後來在他的《聖徒傳記集》
中講述眾多聖人的生平時，也用了芳香來
形容因成為神聖而不腐，得以享受天福的
屍身。而卡薩諾瓦則有幸在上帝的女選民
死亡之前撫摸她們芳香的肉體……

　　塞恩加騎士同時代人薩德侯爵也喜歡
氣味，這與伊凡・貝拉瓦爾所說的相反。
貝拉瓦爾說：「薩德沒有……味覺或嗅覺。
他的人物從不被皮膚、汗水、精液的氣味或
味道所吸引。」[38]當然，在薩德展示的各種
性癖中很少提到康德所說的這兩種主觀感
覺，而是提到更多其他的感覺，特別是視
覺。但是這並不意味著這位自由思想的哲
學家筆下的人物就沒有非常頻繁地運用他

[35] 卡薩諾瓦，《回憶錄》（*Mémoires*），La Pléiade，Gallimard，第一冊，頁4。註36，頁7。

[37] 雅克・德沃拉金（Iacopo da Varazze，1228／1230—1298），義大利多明我會修士，著有《聖徒傳記集》（*La Légende dorée*），此書是中世紀最著名的聖徒傳記集。譯註。

[38] 博拉瓦爾（Belaval），《閨房裡的哲學》（*La Philosophie dans le boudoir*）前言，Folio，頁15。

繪於1498年的＜愛
情魔術師＞，畫中
少女以各種香料及
藥物調製能激起愛
欲的氣味與藥水。

們的鼻孔。例如，在《新潔斯汀》中，韋
納伊（Verneuil）便研究了糞便，並反覆聞
著糞便，最後還將糞便吞了下去。那嗅聞
糞便的情景就像一個淫蕩的人在狂熱地嗅
聞潔斯汀：「他聞著她的腋窩，彷彿那是淫
穢中最銷魂的一刻。」[39]

　　除了自由思想者之外，有些思想家在
知識體系的和諧結構中給予了嗅覺應有的
一席之地。感覺論者孔狄亞克教士便是其
中的一位。他在著作《論感覺》中研究了
人們如何只通過這被貶低的感覺來理解世
界，他得出結論說，用五種感覺中的一種
就可以充分地認識客觀真實。他認為，感
覺包容了精神的所有能力。他寫道：「如
果我們認為回憶、比較、判斷、辨別、想像、
驚奇、產生抽象概念、產生數目和延續的概

念、認識一般和特殊的真理，所有這些都只不
過是精神集中的不同方式的表現，如果我們認
為產生激情、喜愛、憎恨、希望、恐懼和渴望
都只不過是欲望的不同方式的表現，最後，如
果我們認為精神集中和欲望從根源上講都只不
過是感覺，那麼我們便可以得出這樣的結論：
感覺包容了精神的所有能力。」[40]這位感覺論
的教士的全部著作都在闡明，一切認知均
來源於感覺，一個不是來自感覺的訊息的
知性是不可能憑空發生作用的。因此，在
認知的範疇內，判斷、思考、分析、概念
化、理解等都是感覺的方式，也同樣都是
可能的行動。一切人都是由五種感覺構成
的，這些感覺提供了形象、聲音、氣味、
味道，而思索則只侷限於管理這種覺醒的
活力。

　　孔狄亞克的著作在他的那個世紀裡產

---

[39]薩德，《新潔斯汀》（*La Nouvelle Justine*），10/18，第一冊，頁646、381。

[40]孔狄亞克，《論感覺》（*Traité des sensations*），Fayard，Corpus，頁57—58。

卡薩諾瓦《回憶錄》封面。

薩德手稿。

生了巨大的迴響。唯物論者並不是不瞭解感覺論者的研究成果。他們都以各自的方式關注著這些研究。其中包括了狄德羅。他極為明確地闡述了他對感覺、特別是對嗅覺的唯物主義的看法。他指出，感覺都是各種形式的觸覺。與理性主義和唯心主義傳統的哲學家相反，狄德羅沒有將感覺劃分成等級並將它們進一步對立起來。他反對把感覺割裂成五個碎塊，而是提出了感覺一元論，觸覺被視為感知世界唯一而根本的方式。一切其他感知都只是這個單一本源的各種變化。

狄德羅的類型學可以使人將感覺器官理解為大腦的前線，或者更具體地說是神經系統的前線。這樣說來，感覺便是個人與周圍世界接觸的原則。與環境不可分割的人就是因為屬於物質的特殊變化而與環境區別開來──這種特殊性決定了人之所以是人而不是植物或礦物。狄德羅研製出一種神經纖維的理論，或者用他的話來說，一種纖維股的理論。他寫道，只有一種「純粹的感覺，那就是觸覺。由於感官出自不同的纖維束，所以觸覺是多種多樣的。一束纖維形成了耳朵，這束纖維產生的觸覺，我們稱之為聲音或音響觸覺；另一纖維股形成頸，產生了第二種觸覺，我們稱之為味道觸覺；第三束形成鼻子，產生第三種觸覺，我們稱之為氣味觸覺；第四束形成眼睛，產生第四種觸覺，我們稱之為色彩觸覺。」[41]這樣的概念反映出一元論、唯物論，以及機械論的傳統，這個傳統在經過某些重要的階段之後便達到了讓-迪迪耶·文森或讓-皮耶·尚熱的理論階段。在《宿命論者雅克》裡有一個句子，作者狄德羅絕不會反駁。讓-皮耶·尚熱明確指出：「大腦的心理狀況與生理狀況或物理化學狀況的一致性是理應得到確

---

[41]狄德羅，見《作品集》之《達朗貝爾的幻想》（*Le Rêve de d'Alembert*），Pléiade，頁904。

薩德（marquis de Sade，1740—1814），法國作家，思想家。

薩德《新潔斯汀》內
頁插圖（1797）。

立的。」[42]

卡巴尼——嗅覺的復權

在十八世紀的感覺論者或唯物論者與二十世紀的神經心理學家之間，在法國大革命之後的世紀之初，出現了一個以「意識型態」[43]為主的重要時期。不可不提的是，布里亞－薩瓦蘭的《味覺心理學》在這座哲學大廈裡佔有重要地位。這位美食家與沃爾內（Constantin Francois de Chasseboeuf，comte de Volney，1757—1820），卡巴尼（Pierre Jean George Cabanis，1757—1808），愛爾維修夫人（Claude Adrien Helvetius，1715—1771），特拉西等人相知，並熟讀了洛克（John Locke，1632—1704）和孔狄亞克的著作，而薩瓦蘭的智力也不在他們之

下。他在自己的代表作中以大量的篇幅論述了感覺。他開宗明義地寫道：「在我為自己規定感覺的順序時，我不知不覺地便將嗅覺應有的權力歸還給了嗅覺，我承認它在品味中所給予我們的巨大貢獻。而在我手邊的著作中，我沒有發現一部是完全而充分地對待嗅覺的。」[44]布里亞-薩瓦蘭甚至提出，應該將味覺和嗅覺視為單一的、相同的感覺。但是由於這位老實人不希望與專家們打筆墨官司，所以他沒有在這方面深入論證。他寫這部著作是為了消遣，不希望得罪哲學家，他們是那麼敏感，那麼看重與維護他們的專屬獵區。如果有誰對感覺問題表現了強大勇氣的話，那就非卡巴尼莫屬了。他是比薩瓦蘭更著名的意識型態哲學家。布里亞-薩瓦蘭也相當瞭解他的著作《人的肉體與精神的關係》。卡巴尼早在撰寫這

---

[42]讓－皮耶・尚熱（Jean Pierre Changeux），《神經元的人》（*L'homme neuronal*），Livre de Poche，頁334。

[43]「意識型態」（ideology）一詞最早出現在法國十八世紀，由特拉西（Antoine Louis Claude，comte de Desttut de Tracy，1754—1836）提出，他們認為觀念可以指導與改變現實，是實踐與行動的「觀念體系」。譯註。

[44]布里亞－薩瓦蘭，《味覺生理學》（*Physiologie du got*），J. de Bonnot 編，頁43。

性與糞便。

部著作之前便已同蒙田（Michel Eyquem de Montaigne，1533—1592）、伏爾泰、盧梭、洛克和孔狄亞克一起出現在晚宴的沉思中。[45]

　　卡巴尼對人體與思想、思考的關係進行了前所未有而成績斐然的研究，特別是針對嗅覺。這位醫生的唯物論也許並不像啟蒙時代那些名人的唯物論那麼咄咄逼人，但是卻更加深藏不露，卓有成效，總之更具有說服力。由於這位哲學家受過醫生的訓練，他的話具體準確而清晰，沒有形上學的模棱兩可。他不被唯心論、唯靈論或任何超驗理論所困擾。他也不擔心會因此而樹敵。卡巴尼在一元論裡馳騁，只致力於對內在的理解。他認為內在是客觀實在唯一重要的部分。

　　卡巴尼是米拉博[46]的朋友，也是他的醫生。卡巴尼在他的代表作中採用了孔狄亞

克的方法，結果產生了一部令人驚異的現代性大作。書中，人體被當作處於世界之中的實體而加以研究，這個世界通過感覺對這個實體發生作用。關於嗅覺，卡巴尼寫道：「氣味對整個神經系統發生了強烈的作用，氣味帶來所有愉悅的感覺，向神經系統傳送那種似乎與氣味不可分割的輕度迷亂。而所有這一切，都是因為氣味對一些感官發生了特殊的作用，從這些感官中產生了使感覺最強烈的愉悅。」[47]鼻子與音樂的關係恢復了。人們發現了一種不帶任何成見的分析，這種分析大膽地指明了嗅覺感官與愉悅系統的緊密關係。卡巴尼沿著這個方向走了下去，他補充說，兒童和老人還不能或不再能聞出什麼了，這證明嗅覺是那些能夠感覺到大自然的萌動與愛情在自己身上產生影響的人所特有的能力。

　　對鼻子與性的研究古已有之，卡巴尼

[45]古埃里・布瓦塞爾（Thierry Boissel），《論布里亞－薩瓦蘭》（*Brillat Savarin*），Presses de la Renaissance，頁225。

[46]米拉博（Honoré Gabriel Riqueti，comte de Mirabeau，1749—1791），法國講演家，著名政治人物。譯註。

[47]卡巴尼，《人的身體與精神的關係》（*Rapports du physique et du moral de l'homme*），Firmin Didot編，第一冊，1828，頁218。

就引證了一些他所能查到的，用氣味來治療起因於生殖器官疾病的試驗。他指出：「大部分有效治療歇斯底里症的藥物，都是具有強烈氣味的物質。」[48]這個概念在操作上似乎變得很怪異，但是我們可以隨著每個時代的瘋狂醫學所瞭解的瘋症發展觀察出一些效果。有個略帶探索性的瘋症治療試驗簡直令人難以置信，那就是用好聞或難聞的東西醫治患者。

首先我們要設定子宮對玫瑰或臭鞋底所能產生的某種可靠和準確的反應。這一點確定之後，接下來的問題就是設計出一種介於俄式茶炊與蒸汽箱之間，而且能夠熬煮的器具。把一些玫瑰花瓣投入蒸汽器具的水箱裡，燒水沸騰，熬煮花瓣。這架醫療蒸餾器還須設有一個系統，能使氣味從出口流向接受治療婦女的陰部。這樣，陰部對準蒸汽出口，子宮便與發出的氣味直接接觸。接下來的機制就簡單了。對

玫瑰的香氣或舊鞋底的臭氣，子宮會做出相應的反應。子宮對好聞的氣味有一種引力，卻將難聞的氣味排斥推擠出去。運用這兩種動力的可能性，便可將婦女生殖器官調整，並將其放調回原來的位置。歇斯底里症由此消除。[49]

這件事的奇異之處，倒不是人們將精神病歸因於子宮，佛洛伊德的見解不是也與此同出一轍嗎？其實現在人們都知道精神受到內分泌腺某種程度的影響。而此事奇就奇在人們相信薰蒸和氣味對整個生理的功能。用芳香療法醫治精神病，用氣味治療歇斯底里症，這並不單純是野史戲言。相信這種藥物的效力，是屬於特殊醫學邏輯的範圍。卡巴尼在他的著作中對這種邏輯也偶有描述。

卡巴尼奉行一個信條：「年輕力壯的動物所散發的氣味是有益健康的。」[50]他提到，讓虛弱者與這種氣味直接接觸，這對他們

---

[48] 卡巴尼，《人的身體與精神的關係》，第一冊，頁218。

[49] 克洛德‧吉代爾（Claude Quétel），《瘋狂的醫學》（Les Médecines de la folie），Poche Plurie。

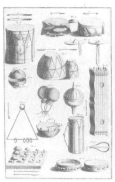

狄德羅編撰了世界
第一本百科全書，
圖為法文版《百科
全書》首版內頁。

的健康有益。氣味具有恢復元氣的功效。
他說：「那些收拾得乾乾淨淨的牛棚和馬廄
所散發出來的氣味很好聞，也有益健康。人們
甚至認為這種氣味可以當藥來使，用來治癒某
些疾病。這種看法不是完全沒有根據的。蒙田
曾說，他曾在一位老者的家中遇到一位圖魯茲
的醫生。老者體弱多病，而蒙田當時20歲剛出
頭。醫生強烈感到這位年輕人撲面而來的蓬勃
朝氣和青春活力，於是便鼓勵年邁的老者身邊
多些像他那樣的年輕人，這樣既有益於恢復他
的元氣，又會使他心情愉快。」[51]在強身壯體
和恢復元氣上，牛棚和馬廄的氣味與年輕
人的氣味或可具有同等功效。不論對此見
解有何評價，這個結論的理論核心就是：
香味、氣味對個人的生命平衡可以產生作
用。現在，精神分析學可以解釋氣味對一
個人的心理和生命力有著怎麼樣的決定性
影響。一個地方，一個季節，一個敵人，
一個兒童，都有各自的氣味，這些氣味都

具有強烈的情緒和情感作用。

卡巴尼極力從古代史的故紙堆裡挖掘
論證，舉出大量事例證明古羅馬人是多麼
懂得讓體弱多病的老人和未老先衰的年輕
人與那些散發出生命氣息的人接近，並運
用淫欲使他們恢復元氣。如果說古人的權
威性可能還不夠的話，卡巴尼又搬來了聖
經。他像伽利略一樣肯定地說，《舊約》
中的聖賢老者非常清楚從一個健康的、散
發著生命氣息的授乳婦女那對堅實豐乳中
所能得到的益處。

最後，為了說明自己立場的正確性，
在理論論證或引經據典之外，卡巴尼又講
述了一個更加不敬的故事。這是一個虛弱
不堪的義大利城市波倫亞青年的病例。為
了治癒嚴重的貧血症，他求助於一個胸脯
豐滿的女傭。女傭芳齡二十，散發著健康
的氣息。這劑藥立竿見影，「藥效如此之
快，以至於人們又害怕起這位康復了的青年和

[50]、[51]卡巴尼，《人的身體與精神的關係》，第二冊，頁342。

（左）狄德羅領
導的編撰團隊；
（右）狄德羅。

這位使他恢復體力的女子在一起會重新失去元氣」[52]。知道了這些之後，又有誰還會懷疑健康、青春和生命的氣味具有神奇的力量呢？

　　在氣味與性欲的關係上，卡巴尼看到，患有卵巢疾病的女子無法抵禦臭氣的引誘。「或是由於卵巢的收縮無力，或是由於卵巢不規則的痙攣活動而導致的萎黃病，年輕少女常常產生對難聞的食物和臭氣最強烈的渴望。」[53]奇怪的生殖器！它讓我們的生命變得十分艱難。我們到底要如何認定鼻子與性器官、鼻孔與卵巢、嗅覺與子宮的關係呢？

　　思想家的目光並未只停留在醫學上。當然，他不厭其詳地作了病理學上的論述，證明嗅覺在神經系統結構中的重要性，但是作為盧梭或塞南古（Etienne

Pivert de Senancour，1770—1846）的同代人，他也完全懂得從享樂主義的角度上思考嗅覺。這位醫生後來曾提供孔多塞毒藥，以使他逃避恐怖時代[54]的煩擾。在他的筆下，人們可以讀到他對氣味前浪漫主義的歌頌：「花的季節也同時是愛的歡樂季節；快感的概念與花園或芳菲的概念是聯在一起的；詩人用令人心醉神迷來描述芬芳，良有以也。」[55]氣味物理學可以被用於理解哲學家所說的「遠處的和精神的效果」。在卡巴尼的著作中，建立物質與行為、肉體與思想的關係時，嗅覺具有當代人所說的「在世存有」（being-in-the-world，德國者學家海德格語）的主要特徵。

尼采——對鼻子永恆的致意

　　在各色各樣的唯心論者、唯靈論者和

---

[52]、[53]卡巴尼，《人的身體與精神的關係》，第一冊，頁343、360。

[54]恐怖時代，指法國大革命1793年5月至1794年7月這段期間。譯註。

[55]卡巴尼，《人的身體與精神的關係》，第一冊，頁218。

新基督教主義者的夾擊下，敢站出來為遭到詆毀的第五感恢復名譽的哲學家為數不多。當然，在自由思想者、感覺論者、唯物論者和某些意識型態論者之後，人們又發現了一些孤軍奮戰的哲學家，比如提出芳香系統的傅立葉，提出新感覺主義的費爾巴哈，特別是尼采，他對生命的確認便是在最脆弱、最頂端的神經末梢上完成的。他經常頌揚嗅覺，這是他對鼻子功能的永恆致敬。

如果要找一份為這個被遺忘的器官申冤昭雪的聲明，那就應該在尼采《偶像的黃昏》中去尋找：「例如，從不曾有任何哲學家懷著敬意和感激之情談論鼻子，它即使在瞬息間也是我們所擁有的最靈敏的工具，這個工具能夠記錄下運動中最細微的差異，那種即使分光鏡也無法記錄下來的差異。」[56]這個名實相符的哲學家就具有這種驚人的嗅覺：他聞他嗅，找尋痕跡，發現小徑，把自己變成追蹤的動物。他的工作就是揭示錯綜複雜的網路、可行的通道和逃跑的路線。這樣，他便可以製作出準確的位置圖，可以理解，捕捉，可以將獵物死死咬住。那獵物就是我們文明中的包法利夫人性格[57]、幻想、欺騙、神話和陳詞濫調。感覺就是捕捉。

尼採用鼻子剖析他所發現的氣味。首先是基督經書的書頁中散發出那種難聞的氣味，這是聖奧古斯丁。隨後尼采捕捉到隱藏在這些屬於禁欲思想範疇的字眼中腐敗的氣味，這就是怨恨、憐憫、同情、罪惡，與懺悔，以及其他形式精神上的自我閹割。針對這些熏人的臭氣，他提出了他對純淨的絕對感覺。他將這種感覺看作是絕對不可能與他人溝通的徵象。在《瞧！這個人》中，他寫道：「我之所以與眾不同，是因為我具有一種令人困惑而且出於純淨本能的敏感性，這使得我憑肉體感知，或者說我是在嗅周圍，怎麼說呢？是在嗅心靈，嗅隱秘，嗅一切靈魂的五臟六腑。」[58]尼采的區分的層級很簡單：在底部，在那腐敗發臭的世界裡，是禁欲理想的方式。在頂部，是山脊清新凜冽的空氣，是一種清純的和瑞士萊茵河昂讓第納（Haute-Engadine）地區的芬芳……

尼采將嗅覺的隱喻轉化成了實際的活動與作用。他在其他著作中也是刻意這樣做的。對於查拉圖士特拉之父慣用的這種詩的修辭，阿妮克‧勒吉雷有著精妙的評論。她是這樣描寫這位哲學家的：「他對嗅覺價值的提高立即形成一種隱喻，因為嗅覺價值的提

---

[56]尼采，《偶像的黃昏》（*La Crépuscule des idoles*），Denöel，H. Albert 譯，頁29。

[57]指小說《包法利夫人》中女主人公的那種性格：對環境不滿，追求個人幸福等。譯註。

[58]尼采，《全集》《瞧！這個人》（*Ecce Homo*，*Oeuvres complétes*），頁255—256。

高與本能價值的提高融為一體，並擴展到直覺認識價值的提高。他用他的嗅覺對理性的蔑視來回應所有肉體輕視者對這最動物性的感覺的蔑視。思想敏銳和感應力的聯繫，使得這種感覺成為心理學家的感覺，心理學家是以本能的方式自我引導的，他們的全部技藝就在於『嗅』，而不在於推理。」[59]尼采之後，這一點與其他方面一樣，人們對真實世界有種激烈而嚴峻的看法，這種看法徹底改變了感知真實世界的條件。哲學家們的鼻子不是一個無辜的器官，他們對鼻子的使用方式，表明了他們曾如何將嗅覺與對他人的拒絕、以及對自己肉體的拒絕聯繫在一起。對鼻子的不信任是促成拒絕肉體的幫兇，思想家求助於嗅覺，反而凸顯了他們對嗅覺的反感。

啟蒙時代的蒙昧

當哲學家貶低嗅覺的作用時，他是在利用鼻子來指責他所不能感覺到的東西。如果他在哲學體系的結構中將氣味遺棄，或是因氣味的感覺太過庸俗而排斥它，他就不能阻止這個肉體的附屬品欺騙自己，就像精神分析者所樂於看到的那種性壓抑的偽裝。

喜歡討好人類的康德在他的歷史哲學著作中非常清楚地指出，人類逐漸脫離

氣味在天性中佔了絕對的優勢，這個過程的原因，也可以說是結果，就是人體的直立。他在論述靈長類以及伴隨著靈長類而來的革命時寫道：「絕對優勢不再屬於嗅覺，而是屬於視覺。」[60]人體的直立與手的使用，語言的發明以及對各種創造方式的掌握是緊密相關的，這都是一連串的連鎖反應。

就這樣，在人性上，人開始具備了倫理的、形上學的，以及宗教的潛能，人會說話了，站立起來了，有了羞恥感和理性。好像是為了進一步脫離感覺的世界，人編造出了虛構的本體，拋棄了過於不準確和過於不可靠的感覺，投身於彷彿獨立於物質，純然是乙太[61]，而且脫離肉體與思維的智慧之中。同樣的，人也構築了一個動物性的結構，裡面胡亂堆積著本能、情欲，與情緒。人是四足動物，發出哼叫聲，完全服從於偶然的必要。猶有甚者，人又聞又嗅，大口呼吸著變為氣味的實在物。為了更瞭解康德從這個方程式中求得的結果，我們可以參考他的一些分析。他在一些文章中分析，嗅覺角度是更為人性化的這個觀點。他在談論這個第五感時寫道，人們可以認為它「在第一對人的身上並不比現在更敏銳。因為這是一個已知的事實：在那些被感覺所佔據的人和那些被思維所佔

---

[59]勒吉雷，《哲學家有鼻子嗎？》，頁52。

[60]康德，《人類歷史的哲學》，選自德諾埃爾《歷史的哲學》（*Philosophie de l'histoire de l'humanité in Philosophie de l'histoire*），Denöel，Piobetta譯，頁62。

[61]乙太，éther的通譯，並譯為能媒，指傳導光、熱、電磁波等的假想媒介，被相對論否定。譯註。

布封《自然史》封面。

布封（George Louis Leclerc，comte de Buffon，1701—1788），法國博物學家和作家。

據並因此而繞開感覺的人中間，存在著感知力上的巨大差別」[62]。這也就是說，人喪失嗅覺的敏銳是由於人的文明化，是由於人進入了一個新的過程，這個過程標誌著對熟悉環境的脫離，標誌著人性的獲得。鼻子功能的遺失是演變和發展成功的條件，同時也是一個象徵。康德甚至從「對象避開感覺」[63]這個事實中看到「人化」程度的提高，他好像要進一步說明，人越是擺脫感覺和感性，就越成其為人。

康德在進行了這番縝密的論證之後，想必是徹底棄絕了對感官的求助，特別是對嗅覺的求助。然而，令人意想不到的是，人們發現這位批判主義之父也使用了他的鼻子……原來這位啟蒙時代的哲學家用了他的鼻子，做了對黑色人種的描述……

康德無疑對許多事物都很好奇。比如在人類學方面，他似乎很高興看到彩色人體解剖模型產生的效果，能讓我們得出一個不爭的結論：黑人的血是紅的，不是黑的。[64]至少血紅蛋白在這裡各個人種都是一致的。

在其他篇章中，康德探尋黑人為什麼有這麼強烈的氣味。他是否已經嗅到黑色人種的氣味？感性是否蒙蔽了他，而知性也並未揭穿假像？為了使他的論點具有更堅實的基礎，康德求助於他所認定的科學。他寫道：「黑種人身上那種無論怎樣都無法清洗掉的強烈氣味，可以使人這麼設定：他們的皮膚將血液中大量的燃素[65]排泄出去，在他們身上血液利用皮膚去燃素化的程度要比在我們身上高。」[66]康德的這番高論已是老

---

[62]、[63]康德，《人類歷史的哲學》，選自德諾埃爾《歷史的哲學》，頁112。註64，頁150。

[65]燃素（phlogiston）：氧氣被發現之前，人們認為存在可燃物內的一種物質。譯註。

[66]康德，《人種觀的定義》（*Définition du concept de race humaine*），頁105。

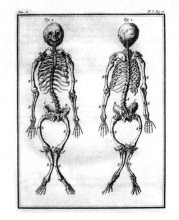

《自然史》
內頁圖片。

生常談，早在十年前的一篇論述中，他就闡明了自己的觀點：「在任何一種人類血液中均可發現鐵的粒子。就我們所研究的情況來看，鐵粒子的過剩是通過向網狀物質釋放磷酸（這使得所有的黑種人都散發出這種難聞的氣味）而被抵銷的。這便是皮膚呈透明黑色的原因。」[67]這也就是為什麼黑種人都具有強烈的氣味……

誰能說這是一派胡言呢？康德運用了當時所有的科學知識來解釋事物。他有權使用鐵粒子、磷酸、網狀物質、燃素，以及所有他喜歡使用的醫學術語，以便讓他這種相類似的研究具有普遍意義以及可靠的樣貌。康德的知性對於支持鼻子的主觀判斷是很有用的。當理性和科學的假根據從思想體系中被排除時，人們就會想到這一點。要知道，技術性的語彙會讓人對那些老掉牙的陳詞濫調產生敬意。

總而言之，黑種人散發出難聞的氣味。同樣，人們也可以使用這些已經被運用過的方法來解釋人種的差別。憑一些科學知識，幾個假設，人們便獲得了拿得出手，又有模有樣的真理。為什麼會有黑種人、黃種人、白種人之分？哲學家的回答是：「由於一切動物的血液都含有鐵，所以沒有任何東西阻止我們將人種膚色的不同歸於這個原因。皮膚排泄管裡的鹽酸、或磷酸、或氨水，使鐵粒子沉澱在紅色、黑色或黃色的網狀物裡。對於白種人來說，溶解在體液中的鐵根本不會沉澱；這同時也證明了，相對所有其他種族而言，白色種族的人的體液與精力融合得最為完美。」[68]大家儘管放心：黑色人種才會發出難聞的氣味，他們的膚色是由一種特定混合物的變質所造成的。而白色人種則發出好聞的氣味，他們是健壯而充滿活力的，他們那種乳豬般白裡透紅的膚色

---

[67]康德，《論人種差異》（*Des différentes races humaines*），頁19。註68，頁21。

人體與屍體混和出的惡臭。名為＜瘟疫＞的蠟像作品，Geatano Zumbo（1656—1701）作，現藏於 "La Specola" Museum of National History of the University of Florence。

是由構成物的完美配比所造成的……

康德又是從哪兒得到這些情況的呢？他從未離開過柯尼斯堡，人們也很難想像這位承認自己神經衰弱的人能佇立於四海飄泊的舟船之上。他何以獲得這些細節，並且毫不猶豫的當成了論證呢？

啟蒙時代並沒有像人們所說的那麼具有啟蒙性。只要翻閱一下那個時代的醫學文獻，便足以找到一些證據說明希波克拉底的子孫們尚在蒙昧中求索。一位文獻作者直言不諱地寫道，既然黑人、薩摩耶人。以及霍屯督人。屬於異常動物化的野蠻世界，「他們必定或多或少地會發出臭氣」[69]。作者這裡使用了表示想當然的「必定」一詞，似乎毫無顧忌，他從主觀的判斷出發，得出這麼一個有侮辱人的結論，認為這就是論證或科學的論斷。另有一些文獻作者談到了芬蘭人、愛斯基摩人、黑

[69] 布里厄德（Brieude），《論我們所散發的氣味；氣味是身體健康和疾病的信號》（*Mémoire sur les odeurs que nous exhalons ; considérées comme signes de la santé et de la maladie*），選自《皇家醫學會的歷史與回憶》（*Histoire et mémoires de la société royale de medecine*），卷X，1789，頁XLVIII，引自科爾班，《疫氣與黃水仙》。

魔鬼的基本特徵：角、爪、尾巴、毛髮、獸毛、黑顏色及擋不住的臭氣。圖繪於1760－1839。

人以及所有那些不屬於白種人的人所散發出無法忍受的體味，這種氣味酸臭異常，一般人簡直無法在他們身邊停留片刻。[70]另外，哥薩克人也是臭氣熏天……

想知道這些氣味的具體描述嗎？那就看看一位法國大革命時代默默無聞的作者所寫的吧：「西非某些地區的黑人，如若勞夫人，在激動時便散發出大蔥的氣味。」[71]他的著述倒是便於人們進行分析和掌握概念。

布封——氣味與人類學

既然那個時代很接近並且熱衷於這個主題，我們就可以從中循線找到一些康德必定有沿循的明確軌跡。因此我們應該將目光轉向布封以及他轟動整個德意志的宏篇巨著。康德非常熟悉這位自然主義哲學家的著作，他在論述地理、地質、動物種類、人種等前批判主義階段的著作中，曾大量引用布封的文章。

布封的著作旁徵博引，兼容並蓄，不厭其詳，充盈著形形色色的材料。他記載了大量的事實，作了詳盡的描述，並且不加批判地摘引了一些遊記片斷。有時候，倒也可以在他筆下讀到一些饒富趣味的奇聞軼事，如果有耐心，也會找到一些奇珍異寶。比如，暹羅人為了不要像牙齒閃亮的動物，而將自己的牙齒塗黑。還有

薩摩耶婦女的乳房又軟又長，能夠從肩膀上給小孩餵奶；再者，她們的乳頭還黑如煤炭。另外，有人在福爾摩沙發現一個男人，他「有條一尺多長的尾巴，上面長滿了灰毛，酷似牛尾」。只有霍屯督婦女具有堪與此相比的身體附屬物：「她們的恥骨上面長有一種衍生物，或者說是一種又硬又寬的皮，呈圍裙狀，一直垂到大腿中央。」猶有奇者，那就是別具一格的印第安人了：「他們的脖子極短，肩膀極高，以致於眼睛剛好在肩膀上，嘴卻在胸脯中央的位置。」總之，這裡有一些人形的生物，他們那些像尾巴的東西、長在恥骨上的東西、乃至頭部幾乎隱沒的情形，都和動物極為相像。布封將野獸與人的關係描繪成一條斷裂的鎖鍊，跑遍各大陸便會發現原來完整的鎖鍊留下的痕跡。

當布封不再論述人體的差異時，他便大談怪誕的文化與奇特的行為。比如在波斯，不孕婦女吞食「割下的包皮」醫治不孕症。又比如切爾克斯寡婦在頭上頂一個「使她們面貌大大走樣，吹得鼓鼓的牛尿脬」來宣告丈夫的死亡。凡此種種，不一而足。從未離開過歐洲一步的布封在任何材料面前都不卻步，有聞必錄，給讀者提供了洋洋大觀的文集薈萃，其中自然不乏有關氣味的內容。

---

[70]布維（Landre-Beauvais），《疾病的徵候與信號》（*Sémiotique ou traité des signes des maladies*），1815，頁423。引自科爾班，《瘴氣與黃水仙》。

[71]維爾里（Virey），《活動物散發的氣味》（*Des odeurs que répandent les animaux vivants*），選自《巴黎醫學會期刊選集》（*périodique de la société de médecine de Paris*），卷VIII，An VIII，頁248。引自科爾班，《瘴氣與黃水仙》。

十六世紀初一幅描繪地
獄與魔鬼的木刻版畫，
呈現了典型的魔鬼形象
與地獄裡屍體的臭味。

在布封的繪製圖裡，氣味是和有害的發散物，以及野性和原始聯在一起的。在這種思想之下，被說成是黑人中最黑的幾內亞人，被視為「異常醜陋」的人實是不足為奇。也因為他們醜，所以更理所當然地被認為有種「無法忍受的氣味」；而「索法拉和莫三比克人是漂亮的，所以也就沒有任何難聞的氣味」[72]。繼續漫步在黑人的國度裡，布封伯爵先是對馬達加斯加人和卡菲爾人、隨後又對塞內加爾人大加譴責，指責他們煙袋不離口，「在激動時皮膚不斷地散發出一種難聞的氣味，儘管塞內加爾黑人的難聞氣味比別的黑人要弱得多」[73]。

如果說布封對塞內加爾的黑人還算筆下留情，那他可沒放過安哥拉人。布封攻擊說，佛得角黑人「在激動時發出非常難聞的氣味，以致所到之處的空氣無不被熏臭，臭氣滯留長達一刻鐘之久。不過，佛得角黑人的氣味還不像安哥拉黑人那麼難聞」[74]。這位自然主義哲學家還從一個對莫諾莫塔帕人的描述中看出，他們的皮膚比起其他黑人不算太黑，輪廓不算太粗糙，面貌也不算太醜。故而，他們的身體沒有絲毫難聞的氣味[75]。

對科學充滿了好奇和喜歡刨根挖底的人，若想知道黑人的氣味究竟像什麼，只需一覽布封的著作便一清二楚。布封在記

---

[72]布封，《自然史：論人》（*De l'homme．Histoire naturelle*），Vialetay編，頁269。註73，頁273。註74，頁280。註75，頁287。

誘人犯罪的魔鬼（1835）。

述中寫道：「我注意到一件確實值得注意的
事，所有這些印第安人，無論男女，流出的汗
水都沒有臭味，而好望角兩邊的非洲黑人則在
激動時發出如此難聞的氣味，簡直無法靠近他
們，那氣味與大蔥一般無二。」[76]這是布封摘
錄他人的文字，他只管照抄不誤，用不著
實地印證某部族的人是否發出某種菜蔬的
氣味。後來康德步他後塵，如法炮製，有
些著作只滿足於抄錄一些遊記的片斷，簡
直就是不折不扣的抄襲。這些抄錄的遊記
的真實性就端看原作者的客觀性了。但這
不禁令人大為驚訝，何以這位德國哲學家

對此並未表現出更多的批判精神乃至懷疑
主義呢？

　　還是回過頭來談我們的布封吧。他是
這種論證方法的代表人物。這種論證方式
有其不得已之處，因為它產生於嗅覺被歧
視的過程。為了進一步弄懂某個部族比另
一個部族更適合被奴役的原因，這位博物
學家便求助於氣味，氣味使人區分出最粗
野的人，也就是最適宜接受獨裁者和殖民
者所制定的法規的人。例如，格陵蘭人就
是適宜受奴役的黑人的難兄難弟。因為正
如布封所寫的：「總的說來，他們非常髒，

---

[76]布封，《自然史：論人》，頁243。

人們只要一接近他們就會感到噁心；他們的身上發出臭魚的氣味。女人用尿水洗身，男人從不洗澡，所以惡臭更甚。」[77]啟蒙時代有時非常蒙昧……要為那個時代像他那樣為數眾多的哲學家開脫，恐怕非得有如簧之舌，有善於自圓其說的詮釋功夫不可[78]。不論如何，他們的鼻子經常在欺騙他們，並在不知不覺中揭示了他們內心最深處的好惡。他們聞不得黑人，或格陵蘭人，或任何有關的什麼人的氣味，於是導致了這個世紀那些悄悄發生的奇特變化。

戈比諾——人種不平等論

為了進一步瞭解這些變化，縱觀整個工業革命時代的風雲變化將會大有裨益。這個工業革命的世紀給上個世紀的蒙昧主義的嗅覺提供了新的方向，那就是增添偽實證主義。在這些他們引以為傲的白色鼻子的聚會地，我們遇到了隱藏在《人種不平等論》背後的戈比諾伯爵[79]。

白色的方法論與其他方法論別無二致：鼻子是用來聞齷齪、混雜、低級之物的。黑種人難聞的氣味由於他們特殊的嗅覺而變本加厲，嗅覺的發達則與理解遲鈍相合。人越善嗅，便越不善思考，反之亦然。灰色物質的匱乏通過極端靈敏的鼻子得到了補償。

在戈比諾繪製的圖表中，黑色人種最卑微，居於最低的層級。原因是，他們的骨盆所具有的形狀「從孕育他們的那一刻起」便決定了他們的命運。「他們永遠被禁錮在最狹小的智慧的桎梏中，不能脫身。」為了證明這個論點，這位東方學者以他們前額狹小為據，指出這樣的前額使一切思索的可能性都不復存在。然而，「如果說他們缺少乃至沒有思維能力，他們卻擁有了往往是可怕而強烈的欲望和意志。如果需要更有力的論證，只須指出他們的一些感覺異常敏銳，特別是味覺和嗅覺，其敏銳度絕非另外兩個人種所能相比」[80]。黑色人種隨處發揮著他們味覺的優勢，對不同味道的食物毫不挑剔：他們吃什麼都津津有味，不管食物處於何種狀態。有些食物已經腐爛，與污垢相差無幾，但他們仍然照吃不誤。「在氣味方面也是如此，他們的淫蕩不僅與最難聞的氣味相關聯，更與最噁心的氣味聯繫在一起。」[81]戈比諾將無法審慎運用這兩種感覺的現象視為人種低劣的明顯表現。為了使他的看法更具權威性，他援引了普呂納爾（Pruner）的德語原文論述。普呂納爾同

---

[77]布帥，《全集》（*Oeuvres complètes*），第III冊，頁343。

[78]參閱阿萊克西斯，費洛南科（Alexis Philonenko），《歐洲意識的群島》（*L'Archipel de la conscience européenne*），Grasset，頁23—30。並參見《康德的歷史理論》（*Thé orie de l'Histoire chez Kant*），Vrin，頁36。《康德的作品》（*L'Oeuvre de Kant*），Vrin，第II冊，頁65。

[79]戈比諾（Joseph Arthur，comte de Gobineau，1816—1882），法國外交家，作家。譯註。

[80、81]戈比諾，《論種族的不平等》（*Essai sur l'inégalité des races humaines*），Pléiade，Gallimard，頁339。

樣斬釘截鐵地寫道：「黑種人的味覺和嗅覺既靈敏又不完整。他們什麼都吃；對我們來說最難聞的氣味，對他們來說都是非常好聞的。」[82]有他這種想法的還大有人在，戈比諾的作品集裡，列舉了許多作此類攻擊性論述的人，如居維葉、斯皮克斯、奧肯和庫爾代[83]等人。論證其實自古有之，盧梭的筆下也有這樣的論證。他在《論人類不平等的起源》中寫道，野蠻人擁有更敏銳的感覺，他們能用肉眼分辨出文明人只能藉助鏡片看到的東西，他們能忍受強烈的辛香料並擁有不像我們那麼微妙的味覺，他們還能夠「像最出色的獵犬那樣，從走過的足跡中聞出西班牙人來」[84]。美洲的原始人就是這樣。如果說他們的氣味難聞，他們的嗅覺卻很敏銳。白種人就不是如此，他們發出好聞的氣味，卻只擁有能力有限的嗅覺。

戈比諾的白種人有智慧，有才能，有榮譽感，有思考力，有循規蹈矩的天性，也有過分追求自由的愛好。但是，榮耀是有代價的，「白種人在智慧的範疇內擁有強大的優勢，但他們在感覺上卻具明顯的劣勢，這兩者是有關的。在性關係上，白種人遠沒有黑種人或黃種人那麼有天分。他們也不那麼容易因肉體行為而激動或被吸引，雖然他們的體格要強健得多了」[85]。黑種人沒有歷史，如果他們想要有歷史，只須要用鼻孔換取一些大腦就行了。黑種人在嗅覺上的超感覺能力使得他們與審美無緣，也與美毫不相容。在此必須作出抉擇了：鼻子與大腦在競爭，而且此消彼長⋯⋯

猶太人的氣味

哲學家並沒有僅將嗅覺的意識型態侷限於黑種人。在備受憎惡並被指責為無能的人種之中，猶太人很早就被與一種特有的體臭（Foeter Judaicus）聯繫在一起。曾經，羅馬皇帝「奧里留斯（Marcus Aurelius）便稱讚他的匈牙利軍團不像猶太人那樣發出難聞的氣味」[86]。曾經，人們看到魔鬼的形象是如何被當作樣板來描繪猶太人的。人們見到具有魔鬼特徵的角、爪、尾巴、毛髮、獸毛、黑顏色，不要忘了，還有那擋不住的臭氣。萊昂・波利亞科夫曾讓人一目了然地看到仇視猶太人的景象是如何從對魔鬼形象的抄襲中產生的。

確切地說，猶太人體臭的說法由來已

---

[82]戈比諾，《論種族的不平等》，頁340。

[83]居維葉（Georges Cuvier，1769—1832），法國動物學家和古生物學家，比較解剖學的創立者。奧肯（Lorenze Ockenfuss Oken，1779—1851），德國博物學家，自然哲學派的創立者。譯註。

[84]盧梭，《論人類不平等的起源》（*Discours sur l' origine de l'inégalité parmi les hommes*），Pléiade，頁141。註85，頁342。

[86]吉多・塞羅內第（Guido Coronetti），《肉體的沈默》（*Le Silence du corps*），Albin Michel，André Maug 15—16。

（左）叔本華（Arthur Schopenhauer，1788—1860），德國哲學家，唯意志論者；（右）叔本華《作為意志和表象的世界》的手稿。

久。波利亞科夫寫道：「人們賦予他們的體臭是如此的強烈，以至於這些臭氣歷經幾個世紀而不散，並促使當代幾位德國的大學教授對猶太人體臭的性質和起源進行了調查研究。」[87]例如，漢斯·F·K·君特[88]教授便在他的著作中提出，這種所謂的臭氣是通過基因遺傳的，任何猶太人都無法逃避這種遺傳。他認為這是永遠能區分出猶太人的不可磨滅的印記。為了使他的詛咒具有科學的色彩，君特甚至聲稱已得出這種氣味的化學分子式。繼他之後，格拉登豪爾竟又提出將這種空想出來的氣體稱為焦油銨。

猶太人之所以發出臭氣，是為了彼此認出他們是上帝指定的選民。有人認為，這樣他們便可以凝聚在一起，相處在一起，而與世界隔離。另外有些人則提出這樣的見解：臭氣沾染了釘死耶穌的子民。臭氣是殺死耶穌的兇手們的氣味。

對於猶太人的身體組成，也常常加上同樣的荒唐描述：一眼大一眼小，目光如死魚，膚色黑青，鼻子又大又彎，嘴巴大得出奇。有些人雖然也反猶太人，但是覺得這類推論也太離譜了，難以令人置信，於是提出體臭是一種隱喻的說法。既然這樣可以經得住科學分析，那就再試試象徵符號好了。伍爾斯頓便是在這個觀點上對亞緬·馬塞林[89]的一段話進行評述。古歷史學家在談到「吵吵鬧鬧和臭氣熏天的猶太人」時提出了疑問：為什麼會有這種氣味，或者說，為什麼這種標誌卑劣的記號會印在他們身上？伍爾斯頓評述道：「這是因為他們體內散發出公認的難聞氣味呢，還

---

[87] 波里亞克夫（I on Poliakov），《反猶太主義史》（*Histoire de l'antisémitisme*），第I冊，Calmann Lévy，頁160。

[88] 君特（Hans F. K. Günther，1891—？），德國人種學家。譯註。

[89] 亞緬·馬塞林（Ammianus Marcellinus，約330—約400），生於希臘的拉丁歷史學家。譯註。

是因為其他的什麼原因？其實，這對於我們的預言及其預示並無多大關係，即使他們的身體不發出臭味，或從未發出過臭味，他們對基督的褻瀆、他們對基督教會的詛咒、他們對《聖經》的惡意詮釋，也足以使他們的名字變得令人作嘔。」[90]結論就是，即使他們沒有發出臭味，也仍然臭氣熏天。

人們也許會反駁說，在這些可恥的詛咒中，只是一些懵懂的小人物玷污了他們的名字而已。若果真如此，那真是萬幸。然而，事實卻是殘酷的，這些聞到猶太人體臭的鼻子之中，有一些是屬於哲學家的，其中有一位還是猶太人……

叔本華──堅定的反猶太人

那麼就讓我們看一看動物的捍衛者、悲天憫人的哲學家和涅槃的倫理學家叔本華的論證吧……我們得承認，這位才智超群的人也被仇視猶太人的迷霧給蒙蔽了。他東鱗西爪地留下的一些文字《作為意志和表象的世界》使他更加聞名於世。他在這些片斷中明白無誤地闡述了他對這個問題的看法：「上帝明智地預見到他所選中的人民將分散到世界各地，故而賦予他們所有人一種特殊的氣味，這使得他們無論在什麼地方都能相認和相聚，這種氣味就是猶太人的體臭。」[91]如此說來，臭氣就是一種集合的信號，一種密碼。

叔本華甚至能夠在斯賓諾莎的著作中嗅到疫氣。對於這位斯賓諾莎，叔本華既不喜歡他的泛神論，也不喜歡他的樂觀主義，更加不喜歡他對動物的態度。斯賓諾莎在《倫理學》中說，禁止用動物作犧牲，純粹出於迷信或婦人之仁。這是厭世主義的哲學家叔本華所無法接受的。要知道，叔本華曾將概括承受其遺產的法律權力授予自己的愛犬……叔本華對這個問題異常敏感。他對斯賓諾莎怒不可遏，用仇視猶太人的論證對他大加斥責。他寫道：「這裡，他就像個猶太人所能做的那樣信口雌黃……致使我們這些習慣於更正確、更嚴肅學說的人受到猶太人體臭的侵擾。他似乎對犬一無所知。」[92]叔本華做此結論時一定還不知道，斯賓諾莎「在想放鬆自己的精神時，

[90]波里亞克夫，《反猶太主義史》，第III冊，頁82。

[91]喬治·比爾多（Georges Burdeau），《叔本華的思想片斷》（*Pensées et fragments d'Arthur Schopenhauer*），Alcan，頁222。

[92]叔本華，《哲學史斷想》（*Parerga et paralipomena，Fragments sur l'histoire de la philosophie*），頁82。

斯賓諾莎。

斯賓諾莎《倫理學》封面。

便找來一些蜘蛛讓它們互鬥，或是找來一些蒼蠅將它們放在蜘蛛網上，然後興味十足地觀看這場大戰，有時還會哈哈大笑」[93]。多麼討人喜歡的動物之友啊⋯⋯

叔本華對動物的愛與他對猶太人的愛適成其反。他認為人與動物的親緣關係是最本質的。他全部的形上學都包括在這個思想裡：構成世界本質的意志同樣寓居在礦物、植物和人的身上。當然，程度有所不同，但實質都是一樣。在石英的原子與構成哲學家的東西之間，相近大於相離。他對那些不贊同他的綱領的人說：「只有真的被猶太人的體臭給嗆住了，或是只有被像氯仿一樣的猶太人體臭給熏昏了，才會不承認這個事實：最主要與根本的是，人與動物是相同的，區分兩者的，不是二者身上的第一元素，不是本原，不是生命之源，不是內在的本質，甚至不是兩個現象實在的實質，因為兩者的實質都是個體的意志。」[94]叔本華和他的捲毛狗，斯賓諾莎和他的蒼蠅，全都混合在同一意志的需要之中，全都服從於意志的法則與同一命令的力量。

這位德國哲學家，堅定的反猶太人，將惱恨與反對他體系的東西融為一體。凡不符合他的感覺、他的趣味和他的見解的，都是被猶太思想污染了的。在他基本道德思想結構中的憐憫、明智和禮貌，是用來識別那些將它們作為楷模而進行實踐的人的。他在成為思想史學家時看到，每當事關推行完美的道德時，這種貴族倫理便在世界各地廣為傳播。叔本華指出，即使是印第安人也將這些道德作為典範。他隨即補充說：「無論何時何地，人們都清楚地看到，人知道在何處汲取美德；人，歐洲人除外；那麼這個問題出在哪裡呢？如果不是出在這種無孔不入的猶太臭氣，那又會是什

---

[93]讓·科勒呂（Jean Colerus），《斯賓諾莎的生平》，選自Spinoza，*Oeuvres complétes*，Pléiade，Gallimard，頁1320。

[94]叔本華，《道德的基礎》（*Le Fondement de la morale*），Aubier，頁156。

麼呢？人需要服從一種不可或缺的義務，一種道德的法律，一種命令，總之，一種秩序和服從秩序的指揮……」[95]

人們看到，德國大地盛產嗅覺專家。在德國哲學中，除了氣味以外，人們還可以看到各式各樣的反猶太主義，反猶太主義最終成為舉世皆知的葬禮和凱旋的交響曲。

在對猶太人的大屠殺之後，當永遠不會再聞到奧斯維茲集中營刺鼻氣味的海德格[96]之流失去了嗅覺之後，關於猶太人體臭的陳詞濫調仍在不脛而走，一直傳到突尼斯。就在不久之前，洛朗‧迪斯波在突尼斯遇到一位人物，他說他僅憑氣味就能辨認出猶太人[97]。在這個世紀裡，以嗅覺形式表現出來的各式各樣的嫌惡可以列出一個長長的單子。這個單子肯定會包括愛德格‧貝里昂的名字。這個瘋人院監察官說，德國

人身上有一種臭味，致使一些飛行員在駕機飛越敵人盤踞的城市上空時，不得不爬高，以躲開「德國人種的那種臭汗症的沖天臭氣」[98]。人們也會看到已故的讓－瑪麗‧吉巴烏生前曾大叫「再也忍受不了白種人的氣味了」[99]，或是看到日本人給白種人起的一個雅號：「走味黃油」[100]……用氣味來隱喻自己對一些人的厭惡有很多方式。

窮人的氣味

應該將窮人介於黑種人與猶太人之間，他們也被加上了動物的、難聞的和原始的氣味。康德在他的《實用人類學》一書中已經指出人們在「人口密集區」[101]聞到的那些氣味的有害性。這位哲學家並未費心告訴我們那些有害的氣味究竟是些什麼氣味。參閱某些學者的註釋也可以略知

[95] 同註94，頁165。關於這一主題及其論述，可參閱羅傑－波爾‧德羅瓦（Roger-Pol Droit）主編《叔本華》中伊莉莎白‧德豐德內（Elisabeth de Fontenay）的出色文章《危險的憐憫》（*La Pitié dangereuse*），Grasset，頁83—96。

[96] 海德格（Martin Heidegger，1889—1976），德國哲學家，存在主義主要代表之一。譯註。

[97] 洛朗‧迪斯博（Laurent Dispot），《古老的宣言》（*Le Manifeste archaïque*），Grasset，頁246。註98、99，頁247。

[100] 布魯諾‧比羅里（Bruno Birolli），《在西方我們全是「黃油味」嗎？》（*À l'Ouest sommes nous tous des「pue le beurre」*？），選自期刊《另者》：《氣味》，頁150—154。

[101] 康德，《實用人類學》，頁40。

布魯格爾（Pieter Bruegel the Elder，約1525
－1569）所繪《荷蘭諺語》（1599）局部，
呈現十六世紀平民市井裡髒亂雜遝的生活景象。

（左）中世紀的貧民醫院一景；（右）奧斯維辛集中營裡被集體囚禁的猶太人。

一二，那是從山上母牛到奧弗涅人散發出來的多種氣味，而奧弗涅人的氣味簡直與「腐敗了的酸奶臭味」[102]一般無二，氣味的成分是很廣的。將窮人與臭味聯在一起，並非沒有目的，也並非沒有理由：「突出勞動階級的臭味，強調他們的氣味有傳染疾病的危險，有助於資產階級保持對他們的恐懼，資產階級願意有這種恐懼，這使得資產階級有了為自己辯護的托詞而不致產生內疚。」[103]那麼哲學家中有誰助長了這種對窮人的偏見呢？讓我們看一看兩位運用了鼻子的哲學家的言論吧……

執意將窮人與臭氣聯繫在一起的思想家，當首推丹納[104]。他在《藝術哲學》一書中對不同種族的優點、品質──以及氣味──進行了比較。這些說法看起來一點都不奇怪，日爾曼民族皮膚白皙，體格健美，這些特點越往北越明顯，北方人全都是金髮碧眼。日爾曼人的氣色白裡透紅，潤澤細嫩，光彩照人，年輕人尤為突出。「但是，總體上，」丹納接著寫道，「我發覺勞動階級的人和老年人的臉色暗淡無光，青如蘿蔔，而在荷蘭，這些人的臉色則如同乾乳酪一般，甚至可以說如同腐敗的乾乳酪一般。」[105]讀者諸君自可從這段描述中聞到一種氣味。丹納繼續寫道，窮人的身體是沉重笨拙而肥厚的。他們五官不正，且俗不可耐。丹納總結說，由於笨重、嗜酒和醜陋，這些人更接近原始之物：「與其他種人相較，在這種人中，人形動物更加不開化而且粗野。」[106]

在丹納的義大利旅行箚記中，描寫那

---

[102]、[103] 科爾班，《疫氣與黃水仙》引文，頁167—188。

[104] 丹納（Hippolyte Aldolph Taine，1828—1893），法國文藝理論家和史學家。譯註。

[105] 丹納，《藝術哲學》（*Philosophie de l'art*），Fayard，Corpus，頁172。註106，頁176。

十五世紀林柏兄弟（Limburg Brothers）所繪的＜地獄＞。

番紅花。曬乾之後的番紅花花心是十分珍貴的香料。

枯茗，原產於地中海地區的香料，其籽常用於烹調，也是用來提煉香水的高級香料。

不勒斯城裡的百姓時，他做出了同樣的反應：「這一切在移動，在吃，在喝，在發出難聞的氣味；這彷彿是一群關在捕鼠器中的老鼠。這裡是污濁的空氣，是倫敦小巷那種亂糟糟的生活。」[107] 這樣的城市對哲學家不乏魅力。我們要引證的第二位哲學家，在隨後一個世紀的1936年夏季，到過這座城市。這位哲學家就是沙特，一個後來對普羅大眾大唱頌歌的人。他對奧爾加講述了他這次在義大利旅行的印象。當時義大利正處在墨索里尼的鐵蹄蹂躪之下。但是對於法西斯主義，沙特似乎不很關心。

沙特津津樂道於那不勒斯貧民的氣味，那是一種因陰暗小巷的潮濕而變得愈加刺鼻的氣味：「一股混雜而強烈的氣味從每間屋子裡湧出，那是汗臭、水果、煎油、乳酪和劣酒混合而成的氣味。無論走到哪裡，我們都無法擺脫這種氣味，就算我們逃離了這種

氣味，也會立即被淹沒在另一種氣味之中，而這另一種氣味是由相同成分組成的，只是配比不同罷了。」[108] 為了使他的這幅圖畫更加完整，就像丹納藉助老鼠一樣，沙特詳細地描繪了跳蚤等寄生蟲。隨後他寫道：「這裡完全是動物性的，與周圍的一切非常協調，與這種如此偶然的、同消化共呼吸的肉體非常協調，也與蝨子和細菌在其間傳來傳去的所有這些肉體非常協調。」[109] 沙特繼續著他的旅行，記下了濕疹、疥癬、臉上紅色的痂蓋、禿頂光頭、殘疾、佝僂、矮人、蒼白無力的駝子、瞎子、蟲牙、巨疣、殘缺不全的肢體、性器官、令人想到漢堡動物園裡光屁股猴子的兒童、或群落在一個叉開雙腿的小姑娘陰戶上的蒼蠅……這難道不像是一個下九流的聚集地？一幅包希[110] 描繪的牧神狂歡？當然，這一切都沐浴在難以形容的臭氣之中……

[107] 丹納，《義大利遊記》（*Voyage en Italie*），Julliard，第 I 冊，頁42。

[108] 沙特，《致卡斯多的信》（*Lettres au Castor*），Gallimard，第 I 冊，頁78。註109，頁67。

[110] 波希（Hieronymus Bosch，約1450—1516），荷蘭畫家，風格神秘怪誕，被稱為超現實的鼻祖。譯註。

工人們正在採收胡椒。胡椒是日常料理中最常使用的香料，為目前世界上消費量最大的香料。

神聖的氣味

　　哲學家的鼻子並不是用來加強他們對感官世界的理解。他們所認定的鼻子太庸俗，太卑鄙。總而言之，鼻子不是被遺忘，被羞辱，被排斥，就是被用來讓它所選中的對象名譽掃地。因為嗅覺有損名譽，而且表現的像是動物一樣，所以嗅覺受到懲罰，它變成了排斥、蔑視和棄絕的感官。哲學家想忘掉嗅覺，然而當他們在不知不覺中運用嗅覺時，他們便暴露了自己，暴露出他們對人體、對肉體、對感官世界以及對多樣的客觀實在界的乖戾和蔑視。

　　當氣味成為現象時——用康德的話來說，人們便幻想起從完美人體中散發出的天體的芳香，本體的氣息。完美人體是哲學家幻想出來的，他們太喜歡不是肉體凡胎的肉身了。唯靈論者、唯心主義者以及其他古典哲學家只能在神聖的氣味周圍握手言歡，這種神聖的氣味是絕妙而完美的，就像黑種人、猶太人和窮人的氣味是低劣而卑下的一樣。在諸如黑種人的蔥臭、薩摩耶人的臊臭，以及猶太人的汗臭等，這些臭氣熏天、令人作嘔的魔鬼氣味相反的另一端，是各種受人信仰的聖人和聖女的馨香，發出這些馨香的聖體既享天福又極清新，既無肌肉也無淋巴，既無血紅蛋白也無神經，既無體液也無乳糜。這是理想的聖體，比空氣更加空靈飄渺，比屍體更加冷若冰霜、麻木不仁和缺少感覺。這是哲學家們情有獨鍾的典範，他們渴望著感性終結和理智萬能。

　　那些同樣狂熱推崇禁欲思想的人體研究者追求的全是將肉體昇華為靈光，基督的身體便是這樣一個昇華的典範。聖經新

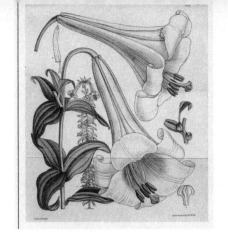

（左）百合花，在西方繪畫中常與聖母共同出現，是高雅聖潔的象徵；（右）生薑植株。

約《哥林多書》談到「基督的美妙氣味」[111]，此外，人們也知道耶穌基督曾用這種人稱「美妙的氣味」[112]做祭獻。這個氣味需要曠日持久潛移默化。而這種說法很快就使人堅信，挖掘陵墓、墓穴和堆屍處，便可發現紫羅蘭、茉莉、苜蓿草或玫瑰花的芳香。當人們受到聖寵，就不再發出臊臭、蔥臭或汗臭，也不會發出臭肉的氣味，人們就會使教堂和宗教聚會地彌漫著馥鬱芬芳。

十三世紀多明我會的修士雅克‧德沃拉金便提供了讚頌這些高雅氣味的錦繡文章。他在《聖徒傳》中詳盡描述了上帝選民的事蹟和行止。人們在這位聖徒傳記作者的筆下看到，一些被砍掉頭顱的聖徒站立不倒，將頭夾在腋下，凜然離去；人們也看到，在殉敵的烈士面前，那些最可怕的獅子和野獸也被軟化了；人們還可以看到，一具軀體就像一個忠實的朋友那樣默默地尋找著脫離它的肢體，最終在殘缺的肉體上復歸原位。有一次，一個掙錢不多卻異常賣力的施刑者割下一個聖徒的舌頭，聖徒將舌頭向施刑者的臉上吐去，弄瞎了他一隻眼。

德沃拉金講起話來總是煞有介事，由不得人不相信：他是在講真事，神聖的氣味確曾存在。在他的筆下，難聞的氣味被視同惡與罪孽。一個貪婪的生意人的話就足以使我們看到這一點。他說：「淫蕩……是臭不可聞的。」他還說：「主啊，我不敢靠近你，惟恐我的臭氣玷污了你的嗅覺。」[113]魔鬼總與腐爛屍體的惡臭聯繫在

---

111 《哥林多書》，II 2。

112 《哥林多書》，V 2。與《出埃及記》。

113德沃拉金，《聖徒傳記集》，Garnier Flammarion，卷I，頁182。註114，卷II，頁451。註116，頁351、400。

瑪利亞、依莉莎白，與她們腹中的聖胎（約繪於1400年），身旁圍繞著天使以及各式香草。

聖約翰，《聖經》中耶穌十二使徒之一。

一起，而聖人則相反，他們「必定擁有意識的聖潔並流芳百世」[114]。芳香是神的，惡臭是魔鬼的，神馥鬱芬芳，魔鬼臭氣熏天。讓我們尋求具有積極價值的氣味吧，讓我們嗅一嗅神聖吧，那用我們的鼻孔所揭示的神聖。

聖約翰與聖熱爾韋和普羅代爾兄弟[115]散發出芳香，人們也稱之為高尚而絕妙的，非凡而強大的氣息[116]。這是一種使人想到混合香料的氣味，令人想到蒿草和桂皮、生薑和胡椒、枯茗和藏紅花、茴香和辣椒以及其他各種芬芳植物。儘管納澤爾和聖安布羅斯[117]已去世多年，人們發現他們的遺體仍完好無損，血液新鮮，毛髮柔軟，散發出沁人心肺的絕妙芳香[118]。他們

的香氣萬古流芳。克里藏被關在一個臭氣沖天、令人作嘔，又潮濕不堪的黑牢裡，從這位聖人被關進去的那一刻起，那裡便變成了香氣四溢的聖地[119]。

氣味是神聖的證明。當一具遺體不是發出腐臭而是熏衣草的芬芳時，完全是因為這是一個生前曾與神交往過的人的遺體。曾有過幾個小時奇特經歷的聖女伊莉莎白就是個很好的例子。她從小熱衷禱告，後來被迫婚嫁，但終未感受罪惡的官能快感。夜裡她總是由貼身女僕喚醒下床去祈禱。她以滿腔的熱誠精心地護理著皮膚脫落的傳染病患者。節食是她的規矩，省衣是她的準則，她喜歡倒在污泥裡，喜歡給死者整容或給屍體穿衣，喜歡與

---

[115]聖熱爾韋和普羅代爾兄弟，殉道的致命聖人，386年聖安布羅斯奇跡般地發現他們的聖骨。譯註。

[117]聖安布羅斯（Aurelius Ambroisius，約339—397），古代基督教拉丁教父。譯註。

[118]德沃拉金，《聖徒傳記集》，卷II，頁19。註119，頁294。

滿身污垢的人同眠，喜歡為一身癩瘡的兒童端屎端尿。她說：「我視世上一切皆為糞土。」[120]一語道出禁欲的理想。由於這些原因，她雖然死後四天未下葬，仍能散發出馨香。芬芳理應由此而發。詮釋《聖經》者指出：「正如散發出的芳香所證明的那樣，她顯然是極其純潔而無邪的。她的軀體生前閃耀著純潔和無邪，所以死後散發出美妙的馨香。」[121]這是典型的神學因果論：所以香氣四溢，是因為神聖。此乃基本原理……

氣味是持久不散的，它跨越肉體的衰亡而持續，聖人的遺骨將恒久飄香。而有些幸運者生前即已散發出香氣。要想浸上香氣，只須追隨救世主就行了。人們不是看到了基督香氣四溢嗎？聖女小德蘭（St. Therese de Lisieux，1873—1897）在她的自傳手稿中道出追隨的方法。她說：「既然耶穌已經升天，我就只能沿著他留下的足跡追隨他，而這些足跡是何等的光輝燦爛啊！是何等的馥鬱芬芳啊！我只需看一眼福音書，就立即呼吸到耶穌生命的芳香……」[122]小德蘭屢次談到她聞到的這種溫馨而純潔的芳香。她本人生前也散發著玫瑰、百合和香燭的芳香。還是讓我們拒絕化學家的解釋吧。化學家會告訴我們，人們在玫瑰香精中發現一種與糞便一樣的物質，這種濃縮的糞便物質發出了香氣。

當人們將凡人的血肉之軀的特徵都抹殺之後，所剩下的便只是聖體了。也就是說，就只有虛無了。諾斯替教派[123]的信徒們賦予基督一種不排糞便的生活。德沃拉金給予了某些效仿者類似的品質。這種無須服從於生理需要的人體也是一個不可能存在的人體。沒有其他出路：要不就是禁欲主義，拒絕肉體和人體，蔑視感覺和貶低客觀實在世界；要不就是享樂主義，重視感覺、激情、人體和生命。瞧不起鼻子的人就是希望自己形同屍體……

---

[120]德沃拉金，《聖徒傳記集》，卷II，頁356。註121，頁361。

[122]小德蘭，《自傳手稿》（*Manuscrits autobiographiques*），Office central de Lisieux，頁301。

[123]諾斯替教派（Gnosticism）是一種融合多種信仰，把神學和哲學結合在一起的秘傳宗教，強調只有領悟神秘的「諾斯」，即真知，才能使靈魂得救。譯註。

IV 製造天使的機器

「宗教和神學兩者都與哲學一樣，莫不如此。它們離感覺越遠，就越炫耀自己的超感性。」費爾巴哈—《反人體與靈魂、肉體與精神的二元論》

神聖的閹割

當奧利金[1]切割自己的睪丸時，他無疑創造了最簡陋的製造天使的機器。當然，這位哲學家很早就顯露了受虐的愛好和受迫害的特殊興趣。基督教為所有好此道者提供了一個具有獨特意義的思想理念。福音書作者馬太不就寫過「有一些閹人為了上帝的王國而閹割了自己」（馬太福音，19：22）嗎？此後，自我閹割之風更盛，致使教會不得不在四世紀決定通過教規明令禁止這種始於基督教前、帶有禁欲之古風的做法。

將更高的精神性與真實或象徵性的喪失性行為聯繫在一起，是十分古老的思想，在第一次希波戰爭之前，希臘便有進行這種神聖手術的祭壇和聖所。品達[2]曾提到廣場上有這樣一個地方。普魯塔克[3]則提到有個人在雅典奧林匹斯諸神的祭壇上施行了閹割。而琉善[4]則詳細描述了這些儀式進行的過程：義無反顧的執迷者用一把貴重金屬製成的刀子，心安理得地讓自己遭受創傷；然後將那血淋淋的東西暴棄在城市街頭；最後，這位天使般的信徒選中一家商店索取女人的衣服。

對神聖的閹割的愛好是與欲望共存的。在閹割始終大行其道的地方，從古希臘到當代印度，那些無性的愛好者從這種象徵性的舉動中找到了表達他們棄絕人體、肉身、性欲和蔑視欲望的大好機會。

---

[1]奧利金（Origenes，約185—254），基督教神學家，教父哲學的主要代表之一。生於埃及。譯註。

[2]品達（Pindaros，518B.C.—438B.C.），古希臘抒情詩人。譯註。

[3]普魯塔克（Ploutarkhos，約46—125），古希臘傳記作家，倫理學家。譯註。

[4]琉善（Loukianos，125—192），古希臘散文作家和哲學家，無神論者。譯註。

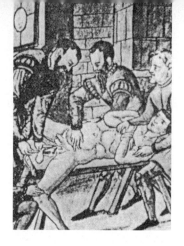

一名男子正在進行閹割手術。

馬太（Maththaios），基督教《聖經》中耶穌十二使徒之一。圖為卡拉瓦喬（Caravaggio，1571－1610）＜聖馬太與天使＞（1602）。

雖然基督徒不求助於這種自殘的舉動，但是他們還是將奧利金的信條變成了自己的信條，那就是扼殺欲望，將欲望從內在根除，並力圖控制欲望。

奧利金很快就明白了人們並不能如此輕而易舉地與肉體一刀兩斷，欲望也並不只是簡簡單單地附著在生殖器上而已。他在一篇論衰老的文章中對自己的自殘行為進行了評論。文中，他就論馬太福音中說：「『字句是教人死，聖靈是教人活《新約哥·林多後書》第三章：「他叫我們能承當這新約的執事，不是憑著字句，乃是憑著聖靈；因為字句是教人死，聖靈是教人活。」』這句格言，如果適用於其他段落的話，應該承認，它尤其適用於這一段。」[5]教會的聖師記住了這句話，並鄭重地教導人們，「沒必要進行自殘來控制自己的感官和保持聖靈的主宰」。聖師們還說：「總之，閹人的歷史

清楚地證明，閹割不足以保證人能為純潔所主宰。唯有在馬太福音XIX 12中耶穌基督所宣揚的精神上的閹割才能達此目的。」[6]人們感到了震驚與歡欣，因為人們在此看到了既隱晦又赤裸的基督綱領，那是一種精神上的閹割，即對欲望和對構成人的本質的東西的終審判決。

福音傳播者的聲音成為正式的思想，這種思想贏得了許多思想家、哲學家和當時的機會主義者的擁護。閹割的方法得到昇華，瑪瑙裝飾的利刃和鑲金的小刀被束諸高閣，人們更喜歡那些可以更精緻地製造天使的機器，那些用於根除欲望並將血肉之軀變為僵屍的機器。可怕的是倫理的工具，它不那麼顯眼，卻更為流行，更能夠直截了當地使用。用這種工具，可以免除直接劇烈的疼痛，轉而變成進行破壞根基和接受束縛的長期工作：人們避開了真

---

[5]奧利金，《論馬太福音》（*Commentaire sur Matthieu*），XV 3。

[6]布里庫，《宗教知識實用辭典》，第一冊，1925，頁1123—1125。

實的流血和殘害，而進行著更野蠻和兇殘的大屠殺。

在《權力意志》一書中，尼采在「道德的閹割」和「殘廢的理想」[7]兩個題目下，鞭撻了基督的事業。他譴責了基督的信徒在讓人體蒙受恥辱時所抱有的憎恨。他寫道：「這種殘廢理想的誘惑是從何而來的呢？為什麼我們對此並不像我們對自我閹割的想法那樣深惡痛絕？答案一目了然。這是因為：這已不再是令我們深惡痛絕的閹割的聲音了，相反地，這個聲音變溫柔了，儘管它仍是殘酷傷殘的起因……由於人們從美德中根除了它的『男性部分』，美德具有了它以前並不曾具有的女性特徵。」[8]這種損失是什麼呢？很簡單，是生命的精華、生命的力量和構成生命特點的活力。基督教決定對產生獨特性的特性和本質進行謀殺。後來，哲學家為了描繪這種具有巨大潛力的特性，開始談論起渴望或衝動、欲望或欲求、權力意志、無意識思想和生命意志。無論他們使用什麼樣的論據或辭彙，人們都能認出各種面貌下的戴奧尼索斯，都認出了本能的形象——亦即，從感情到激情。

基督教大力宣揚誘人的來世，用以對抗「力」的世界；而哲學家則大幫其忙，推波助瀾，大聲讚揚那具有理性本質的、純潔而脫離肉體形式的，以及絕對和精神性的世界；這些都助長了對肉體的憎恨。在這個想像的空間裡，「無欲達到了完美的境界」[9]。哲人生活在天使的誘惑之下，在這裡，貞潔是最高道德的頂端。在這種經神官能症中，在這種沉迷於神話世界而拒絕客觀實在的現象中，尼采看到了「貧血的理想」[10]的特徵。

在鼓吹這種理想的人當中，最狂熱的首推基督徒，其次便是哲學家了。哲學家大多是基督徒的同謀，他們否認生理上，也就是心理上的，最根本事實。「基督徒沒有神經系統；他們對肉體的蔑視，他們絕口不提肉體需要的專橫作風，他們對肉體的刁難」[11]等等，使得他們這些禁欲理想的獻身者變成了反自然的人。他們有個病態的企圖，他們想把自己的肉體變成令人蔑視而可恥的東西。他們思慮的是實現中不可能的事，他們把精力集中在消滅自己體內的潛能上。

查拉圖士特拉之父繼續著他的詛咒，痛加斥責基督的門徒對人體所做的一切：他們蔑視人體，猶有甚者，「他們根本不考慮肉體，甚而將它視同敵人。他們的荒謬就在於相信人們能夠在一個殘缺不全、形同僵屍的肉體裡承載一個『美麗的靈魂』……為

---

[7]、[8]尼采，《權力意志》（*La Volonté de puissance*，*Der Wille zu Marcht*），H. Albert 譯，Mercure de France，第一冊，§217。註9、10，§218。註11，§112。

中世紀的隱修士。

了使別人也相信這一點，他們必須把『美麗的靈魂』的概念表現為別的形式，將自然的價值歪曲到如此地步：竟能將一個貧血、病態、狂熱到愚蠢的生命視同完美的基質，視同『天使』，視同耶穌轉世的創造物，視同高級的人」[12]。聖徒成為理想的形象，成為具有精神趨向的聚焦對象，成為禁欲的新類型。一切榮耀都必須讓位給隱士，讓位給棲息高柱之上苦思冥想的柱頭隱士，讓位給變為沙漠流浪者的行腳修士，讓位給埋頭在荒蕪乾旱的土地上啃草的食草者。幽棲在陰森之地的隱士們獲得了一切高貴的榮譽。這是一個異常蔑視肉體而無比崇尚怪物的世紀。

教會失去的是一幫惡棍。而它們在傳播這種貧血的理想，並強使之成為人們賴以生存的東西時，卻得到了哲學家的合作。哲學家對肉體的憎惡與教會的神甫們息息相通。所有的人，從思想家到神學家，從神職人員到平民百姓，都變成了詆毀實在的污蔑者，都變成了殘殺真實世界的兇手。「哲學家們對感官懷有惡毒而盲目的嫌惡——在這裡面包含多少對下等人和真正的人的嫌惡啊！……哲學的歷史就是對生命條件隱秘而憤怒的歷史，就是對生命價值情感隱秘而憤怒的歷史，就是對有益於生命的決定隱秘而憤怒的歷史。哲學家從不曾有過絲毫的猶豫就肯定世界，只要這個世界與真實世界相矛盾，只要他們掌握了能用來詆毀真實世界的工具。哲學迄今都是一個專事誹謗的大學派。」[13]人們可以詳盡地書寫這個學派的

---

[12]尼采，《權力意志》，第一冊，§113。註13，§259。

不受週遭惡魔誘惑、一心苦修冥想的隱修士。波希所繪＜聖安東尼的誘惑＞（1510）。

歷史，可以寫出一部禁欲理想的大百科全書，這部書可以集二十五個世紀以來，從柏拉圖到現代肉體蔑視者的大成。

　　為了對那些勸人根除欲念的言論有清晰而明確的認識，我們還應該再次請教尼采。他在《曙光》的警世格言中總結了反對本能、消滅欲望的技術與方法。他一共總結出六條，每條都集中表現了一種爭取禁欲勝利的戰鬥：「避開產生欲望的機會，將戒律紮根在本能之中，引發本能的厭倦和厭惡，與折磨人的觀念相聯繫（如羞恥的觀念，產生可怕後果的觀念，驕傲受到打擊的觀念），隨後是使力量渙散和造成全身性的精疲力竭。」[14]這些都是方法。那麼目標是什麼呢？禁欲理想鼓吹者的雄心壯志就是消滅人體內的欲望，打造出一個沒有血和肉、沒有體液和淋巴、沒有生命力和能量的蒼白軀體，更確切地說，就是打造出一個荒謬的生命。而具有最荒謬生命的則莫過於天使了。抱有同樣堅定理想的基督徒與哲學家所冀求的，就是實現一種奇特的煉丹術，這種煉丹術會把有性別的人從他們所

[14]尼采，《曙光》（*Aurore*，*Morgenröte*），J.Hervier 譯，Idées Gallimard，§109。

（左）翅膀是天使最重要的特徵。圖為希臘古瓶上的天使形象（約西元前410年）；（右）西班牙馬賽克壁畫：六翼天使（十二世紀－十三世紀）。

來的地方──欲望，引向他們所要去的地方──肉體的虛無。這也就是說，將人變成天使，將物質化為觀念。

天使的結構與形式

里爾克[15]將天使說成神秘的「靈魂之鳥」[16]。這讓人覺得與這樣的創造物接近簡直是異想天開，更不必說馴服他們了。天使們具有最高的不可描述性，他們穿著神秘的外衣，因為他們更像是為想像而不是為分析而創造出來的。這位詩人說：「奇怪啊，不再訴求欲望。奇怪啊，看到由關係連接在一起的這一切，在空間自由地飄蕩。」[17]同樣，奇怪啊，唯一有可能與他們接近的方法便是消極的方法。天使沒有肉體和物質，沒有厚度和形狀，沒有體積和密度。

然而，他們卻存在著。

審美者被召喚到證人席上，他們將揭示對天使的感覺和印象。詩人提到「高山之巔，那被創造的一切的曙光染成紫紅色的山脊──還有光輝的神性的花粉」[18]。畫家將用單色或彩虹的顏色繪出長著翅膀裝置的飛翔。哲學家將會這麼訴說天使的本質與純粹──「因為它們無視任何物質的想像，它們沒有任何弱點」；他們也將會這麼描繪天使的本質與深思的特性──「因為它們全盤接受了啟蒙高級思維非物質的知識」；他們也將會描述天使的本質與完美──因為天使是「非物質的，但有精神的高尚」而完美[19]。隨後，史詩作者把他《神曲》中的天堂雕刻成天上的建築，人們將在這裡遇見按同心圓排列的三級天使包括，座天使和熾

---

[15]里爾克（Rainer Maria Rilke，1875—1926），奧地利作家，情人與天使是他的詩作中最重要的意象。譯註。

[16]里爾克，《杜英諾哀歌》（Elégies à Duino），II，Seuil，頁19。註17，I，頁17。註18，II。

[19]偽戴奧尼索斯（Pseudo Denys L'Aréopagite），《天體的層級》（La Hiérarchie céleste），M.de Gandillac 譯，Aubier，62（208.A）。

天使、力天使和能天使、以及天使與權天使等，他們全都述說了自己加入神的行列的不同方式。最後，音樂家將使用恰當的藝術和他那個時代的半音效果，使得柔和的色彩和幽靈般的白光、彩繪玻璃窗的照人光彩和彷彿從世外紛紛飄落的色調，不停閃爍，交相輝映。然而無論是里爾克還是安吉利科[20]，無論是偽戴奧尼索斯[21]還是但丁[22]，也無論是巴哈[23]還是梅湘[24]，都只是在做根本辦不到的事，這個天上的動物將一直躲藏在想像的世界之中。

在最出色的人中間，這個艱鉅的任務並未使人裹足不前。有些人就在竭力證明，構成天使特點的，不是別的，而是與物質的徹底決裂：沒有肉體，沒有肌肉，沒有皮膚，沒有性。天使是精神所採用的形式。關於天使之美，菲奇諾[25]說：「它超越了形體之美，因為它不限場合，不按物質的組合分割，也不會腐敗。它也超越了靈魂的美，因為它是絕對永恆的，它不受時間的限制而移動。」[26]在他對這些荒謬的創造物所做出的一切描述中，菲奇諾一直強調他們與「物質的污點」或「物質的影響」毫無聯繫。天使根本上就是反物質的，他們不受時間、空間、限制、構成或運動的束縛。

既然天使沒有特定的形狀，那麼他們就具有多種的形式，天使不放棄採用各式各樣的形態，不論是鼻子、嘴或腳，他們總是任意選取人體的部位，但他們也會變成馬或牛，或是隨便什麼動物，要不就選擇變成礦物。所以人們看到天使披著各種想像色彩的寶石和水晶，有些人甚至碰到天使們正化為一片掌聲。

天使之翼

但是，為了讓人們明白和理解自己，天使們更喜歡配上翅膀，以便更清楚地表明他們與他們所來自的空靈、天體和空氣的關係。天上的羽翼飛進了大腦的世界，在這裡，一切的肉體都已消失。翅膀表示對物質的解放。柏拉圖在《斐多篇》中說：「本質上，翅膀的力量是能夠抬起和驅動那些壓在群神居住的山岡上的東西。在與肉體相連的所有事物中，翅膀最能分享神性。」（246d）古希臘雅典刑事法官偽戴奧尼索斯對柏拉圖的著作了若指掌，並且博覽

[20]安吉利科（Fra Angilico，約1400—1455），義大利僧侶畫家。譯註。

[21]偽戴奧尼索斯（Pseudo-Denys），現代人對一古希臘佚名作者的稱呼。人們曾長期將其作品歸於古希臘雅典刑事法庭的法官所作。譯註。

[22]但丁（Dante Alighieri，1265—1321），義大利詩人。譯註。

[23]巴哈（Bach，1685—1750），德國作曲家。譯註。

[24]梅湘（Olivier Messiaen，1908—1982），法國著名作曲家。譯註。

[25]菲奇諾（Marsilio Ficino，1433—1499），文藝復興時期義大利人文主義者，柏拉圖主義哲學家。譯註。

[26]菲奇諾，《柏拉圖會飲篇評注—第七對話錄》（Commentaire sur le Banquet de platon，VIIe Discours），第18章，頁238。

天使長米迦勒（Michael）面無表情地為靈魂秤重。魏登（Roger van der Weyden，1399－1464）
<最後的審判祭壇畫>（1445－1450）局部。

（左）身穿綴滿寶石衣裳的天使們。安吉利科〈最後的審判〉（局部），繪於1432－1435年；（右）七位手捧酒杯的天使，呈現十世紀初的天使形象。

群書，但他在寫出下面這段解釋時，並沒有說出更多的東西。這段文字是這樣的：「神學的寓意使翅膀匍匐在智慧的聖徒腳下，因為翅膀意味著一種精神的迅速昇華，一種向天上的昇騰，一種向上的進展，一種使靈魂解脫一切卑下的上昇；翅膀的輕盈象徵著斷絕一切塵世的誘惑，象徵著排除一切重累衝向頂峰的徹底而純潔的衝動。」[27]這裡很清楚地再次說明，在甚麼程度上，翅膀是通向絕對的車乘，是與物質、皮膚、肉體決裂的工具，當然也是與性決裂的工具……

天使的性別與器官

令人奇怪的是，關於天使性別的爭論並沒有像其他的神學問題──如聖餐變體[28]那樣留下痕跡。傳說這個問題曾在某次主教會議上提出，準確地說，應該是曾在與奧圖曼土耳其人佔領君士坦丁堡的同時所召開的那次主教會議上提出。如果真想知道有關天使的生殖器官的細節，應該看一看天使學創始者們的著作文獻。人們會在裡面看到偽戴奧尼索斯和他的著作《天體的層級》。

人們會承認，排尿或交媾的器官對「生活在世外的精華」[29]實在沒有多大用處：只有在有欲望時，這個器官才用得上──但是很難想像天使會有欲望。我們必須準確地觀察到「他們身上那種對低級利益的毫不妥協，那種向光輝頂峰前進的持續傾向──儘管不是從人間起步，那種對一切卑下之物不滅的憎惡，那種為堅定而持久地立足於真正至高者身旁，而對自身全部力量的調動」[30]。說起來令人失望，天使的長袍下根本沒有男性生殖器……

[27]菲奇諾，《柏拉圖會飲篇評注─第七對話錄》，332C-D，頁239。註29，200C，頁205。註30，205D，頁207。
[28]聖餐中麵包和葡萄酒變為耶穌的身體和血。譯註。

讓我們相信教會吧。為了對這些幻想的創造物有個正式的說法，教會很早就做了該做的一切。任憑各人隨意想像天使的本質實在太危險了。因而，天國神聖的創造物被正式宣佈具有純粹的精神性以及最敏銳的知性。他們屬於天上，看不見並且擺脫了一切肉體的束縛。如果說人們很難想像一個天使會品嘗特利馬西翁[31]盛宴上的母豬乳脯，可人們卻知道他們以嗎哪（manna）為食，那是上帝為使迷失在沙漠中的以色列兒童果腹而專門製造的食物。為人們提供了消息的聖查士丁尼[32]講述道，嗎哪是從上帝的寶座上朝天使們落下去的。為這些無法形容的天使們供應熟肉的店鋪其實並不存在……

天使如何獲得知識

在精神食糧方面，這些天國神聖的創造物與人類也大相逕庭。當地上的動物為如何認識世界這個哲學問題苦惱，而求助於旁門左道，或是求助於哲學與形上學的驚人計謀時，天使卻只是與理智知性進行著直接的接觸。他們是通過直接參與造化去認知。當然，他們的知識也是有限的。由於他們不處於創造的最高點，由於他們仍處於上帝的法則之下，所以他們承認自己的某些弱點，這些弱點構成了他們與上帝的差異。與上帝不同的是，天使不知道自由的未來，不知道隱秘的思想，不知道積極的神秘，也不知道除啟示之外的絕對神秘。然而，他們擁有全部的智思。從天使們能夠認知到自己潛能有限的這一點來看，他們與人類相近，而從他們遠遠超過人類這一點而言，他們與完美相近。

天使如何互相溝通

天使的交互主體性（intersubjectivity），用來說明人的存在是相互聯繫，也是完美無缺的，因為，在天使之間，他們有意識地朝對話者的方向驅動自己的思想來進行交流。他們使用推理、理性和雄辯的方法，可以不通過五官的媒介。從禁欲理想的角度上看，這五種感覺將人侷限在僅從表面的感性上獲得訊息。我們應該記住，「天使們在以他們的認識理解事物時並不受感官的束縛。他們獲得的事物形象可以不是來自事物本身，而是來自上帝傳輸的天賦觀念」[33]。塵世間可憐的凡夫俗子啊！他們懵懵懂懂，糊裡糊塗。而天使卻生而知之，無所不曉。這教人怎麼能不渴望擁有天使的那種幾乎是全能的能力呢！

最後，天國的創造物還享有無所不在的歡樂，因為他們有分身術：天使想在什麼地方出現，就在什麼地方出現，想在什

---

[31]特利馬西翁（Trimalcion），一世紀拉丁作家伯特洛尼所作的小說《薩蒂尼翁》裡的一個色情人物。譯註。

[32]聖查士丁尼，《詩篇》（Psaumes），C. IV 40。聖查士丁尼（Justinus Martyr，約100—165），基督教早期教父，被後世教會稱作護教士。譯註。

[33]布里庫，《宗教知識實用辭典》，第一冊，頁232。

（左）十六世紀的土耳其繪畫呈現回教裡的天使形象；（右）飛翔中的天使。喬托（Giotto di Bondone，1266－1337）繪於1302－1305年。

麼時候出現，就在什麼時候出現。空間不能約束天使，是天使在約束空間；時間也是這樣，它不能約束天使，而是天使在約束它。天使不會對時間流逝而感傷。他們沒有年齡，永不衰老，超脫於青春與老邁之外，也超脫於男性與女性之外，因為——藝術家們對此非常清楚——「雖然天使可以按照他們職務的要求，比如按照他們是戰士還是聖母的伴從，區分男性還是女性，但是他們永遠不該是完全的男性，也永遠不該是完全的女性，否則特徵就過於明確了，就過於有塵世的氣味了」[34]。模稜兩可是天使學的關鍵字：天使既在時間之內，又在時間之外；既在空間之內，又在空間之外；既在形式之內，又在形式之外；或男或女，從無確定性別；他們是非物質性的人類幻影想像的結晶。

天使學的建立

聖多瑪斯・阿奎那的出現使教會有了自己正式的聖師。他為人們提供了建立有翼創造物科學的長期必讀之書。時至今日，任何想瞭解這些創造物的人，都必須求助於創立這方面學說的鉅著《神學大全》（Summa Theologia）。為了說明天使完全獨立於物質和元素，聖多瑪斯在書中開宗明義，明確指出，天使「不接受土性物質或水性物質，因為他們一下子就能使它們化為烏有；他們不接受火性物質，因為他們能使觸到的一切燃燒起來；他們不接受空氣的物質，因為空氣既無形狀也無顏色。其實我們可以說，天使不接受任何物質」[35]。在這個亞里斯多德具有全面權威性的中世紀，排除物質四行的實在性，就是賦予乙太、彼世與塵世外的地方以實在性。

[34] 維耶特（J. Villette），《法國、義大利、弗朗德勒、德國12世紀到16世紀西方藝術中的天使》（L'Ange dans l'art occidental du XIIe siècle au XVIe siècle，France，Italie，Flandre，Allemagne），Henri Laurens 編，1940，頁53。

[35] 聖多瑪斯，《神學大全》（Somme théologique），Cerf，第一冊，Q.50。

埃及的農業與受胎女神艾希絲（Isis）以天使的形象出現，用翅膀環抱護衛著信徒（十二世紀）。

那麼為什麼天使有時必須採取與他們的本質相矛盾的形式呢？這原因很簡單，那是出於教化的需要，一方面是為了披上人類能辨認的外衣，另一方面是為了向塵世的對話者展示：當世界是由純本質構成時，這個世界會是什麼樣貌。天使化為肉身「是為了通過與人類的密切交往，而展現那種人類希望在來世與他們共享的精神社會究竟為何物」[36]。天使的感性是借來的。為了與只知道感性的人類接觸，這是必要的。

來自天國的物質性就是憐憫──就是讓人類領悟那些包裹在不可描述的外衣裡的思想之美。

對於這種特殊外衣包裹的方式，聖多瑪斯不吝筆墨，有詳細的敘述。他解釋天使如何作為高明的自然科學家，與那位沒有他們的參與就不可能成功的至高無上的鍊金術士通力合作，氣化和凝固著物質。上帝和他的創造物調整著形象，只是為了欺騙人類。如果說天使具有人的形狀，那

---

[36]聖多瑪斯，《神學大全》，頁520。

波提切利（Botticelli，1445－1510）＜天使報喜圖＞（1489）。

是為了吸引人類的注意而現出的幻影。如果說天使給人以行走、吃喝、交媾或說話的印象，那無非是藉助了人使用的方法。比如在語言方面，人們就聽到過天使向人傳達啟示——聖女抹大拉瑪莉亞[37]一定還記得，可那純粹是為教化的目的而讓人產生的幻影，因為，「就語言的真正含意而言，天使是不說話的；他們只是在空中發出一些與人的嗓音相似的聲音」[38]。天使的聲音深不可測，但是在必要時，也是可以理解的……這是想當然耳的囉。在這種思考邏輯之下，人們甚至誤會了聖查士丁尼的嗎哪——更別提佩特羅尼烏斯[39]的駱駝肉餡了，這些都讓人相信天使也會吃喝，相信他們曾與人同席共宴。但這是錯誤的！天使「並不是真的吃喝，他們只是體現了精

---

[37] 抹大拉瑪莉亞（St. Mary Magdalene），《聖經》人物，原為妓女，後禁欲懺悔成為聖女。譯註。

[38] 聖多瑪斯，《神學大全》，Q. 51，A 3，S. 4。

[39] 佩特羅尼烏斯（Caius Petronius Arbiter，4B.C.—66），拉丁作家，信奉伊壁鳩魯學說，卒於65年。譯註。

神性的飲食」[40]——子雞是模擬，熟肉是幻影，商品是玄虛：天使吃下一份葷雜燴，這是吃下一份精神的食品。天使的肉體絕非真實，而是虛擬。在他們身上，物質只是精神採取的形式，為的是使天使能參與原本不是他們的世界，並且在這個世界裡活動。

說話、吃吃喝喝，好吧！這也就罷了！可是交媾呢？在這方面，天使又是甚麼狀況呢？要知道，他們可沒有可以進行這麼特別的主體交往的工具。他們沒有口，但卻可以給人以說話的幻覺——說出人們可以理解的話；也可以給人以吃喝的幻覺——好像他們真實地在飲食。難道沒有男女生殖器就會把天使變成窩囊廢嗎？要知道，天使可是能隨心所欲地擁有虛擬的人體必要附件喔。但是他們不需要性器官。「天使……沒有情欲的衝動」[41]，因此他們只能用精神的方式實踐愛。

聖多瑪斯可能沒有研究新約和舊約之間的著作，在那些著作中，人們應該可以瞭解何以天使的超凡入聖是不屬於這個世界的。也許某些天國的產物只需要參與引誘女人，就足以被打入地獄了。人類自那時起就被懲罰，遠離天使並在物質中腐敗。我們應該體諒天使，吃喝或說話其實都是很具誘惑力的，因此天使不吃而吃，不說而說。只要再跨一小步就行了，於是天使們選擇了不交媾而交媾。墮落始

於這個時代。天使墮入了模擬肉欲的溫柔陷阱，當天使乘著欲望之翼起飛時，就死亡了。來自天國的產物喜歡快樂更甚於神聖，他們將世界推向了罪孽。渴求欲望，這就是根本的錯誤。

當上帝接到手下的報告，或者祂其實無所不知，因而得知天使們都變成了私通者，並且已將裝飾用的羽翼換成了同樣是羽翼的放蕩享樂的性器時，神的憤怒是無法想像的。但上帝只能大發脾氣而別無他法——他恪守著貞潔的祖訓，苦苦等待變化發生。那天，男性生殖器被推向了天使的同時，天使的羽翼掉落了，於是上帝說道——以諾[42]記得這番話：「你們本是神聖，是永生的神靈。而你們與女人的血相接觸，玷污了自己，你們用血肉孕育，像人類一樣懷有欲望，並像他們一樣，像那些創造血和肉的生老病死的凡人一樣創造。……你們，你們本屬神靈，永恆生存，世世代代無限延綿，永不死亡，這也就是為什麼我沒在你們中間創造女性的緣故。」[43]欲望真是罪大惡極，連天使都抵擋不住……

從費爾巴哈賦予天使的意義上看，天使是異化的證明之一。按照費爾巴哈的說法，天使是人類的實體化創造物，這種創造賦予了思想最值得崇拜的形式。這說明了在人的洞穴中出現了裂痕，出現了一種必須填實的縫隙，總之，出現了對塵世極大的不滿足，這種不滿足使人們造出一

---

[40] 聖多瑪斯，《神學大全》，Q.51，A.3，S.5。

[41] 聖多瑪斯，《神學大全》，分別見Q.59，A.4，S.3，和Q.60，A.1。

[42] 以諾（Henoch），《聖經》中的族長，該隱之子，〈創世記〉IV.17，或雅列之子，〈創世記〉V.18。譯註。

1550年木刻版畫上所描繪的雌雄同體的天使。

〈抹大拉瑪莉亞昇天〉利貝拉・荷西（Ribera Jose，1591－1652）繪。

個無所不能的想像世界。費爾巴哈從人對其自身活動的直覺方式中尋找到異化的本原。「人對其自身活動的直覺，僅是一種將其自身活動當做客觀的、與自己分離的活動的直覺；人對善的直覺，也僅是一種將善當作客體的直覺；人也必然是從這一客體而不是從其自身接受驅使、衝動的。人對其本質的直覺，是一種將其本質當作身外之物的直覺，是一種將其本質當作善的直覺。當然，這純粹是同語反覆，對人而言，向善的衝動必然只能來自人將善轉移到了的那個地方」[44]。天使是人為了以形上學式的效率，來保證實行他們所頌揚的自我閹割，進而憑空造出來的物體。戴奧尼索斯的力量令人心驚膽戰，客觀的實在令人不寒而慄，為了更徹底地驅走這些恐懼，人們便發明了像底片般的虛構世界，於是天使作為人的陰刻凹版複製品出現了。一方所有的，另一方則無。更進一步的是，一方充滿了另一方相反的東西，亦即，一方的物質性產生了另一方的非物質性；人的實體性，人在時空中的有限性，造成了天使的非實體性，以及天使不受時空限制的無限性。塵世的創造物完全是由血肉、皮膚、物質和欲望構成的，而天國的創造物則是精神的、貞潔的、無性的。這種兩元性越是鮮明，人便越是憎恨自己，便越是鍾愛他們所選定的模範——或是世世代代的人為他們所選定的模範，這個似乎不可逃避的命令一般，必須接受的模範。

天使是個難以企及一點都不現實的模範，讓人類滋長出了對自己的憎恨。由於血肉之軀的人有個弱點，那就是，對肉體和欲望的節制無能為力，所以這種自我憎恨就變得更牢不可破了。禁欲理想是非人的，是神聖的，是一種虔誠的心願。用不著說出理由，我們都知道，絕對是一種空想，禁欲者是在追逐絕對的影子。這樣我

[43] I. Henoch，XV 3—7，《新舊約之間的聖經》（*Écrits intertestamentaires*），Pléiade，Gallimard。

[44] 費爾巴哈（L. Feuerbach），《基督教的本質》（*L'essence du christianisme*），J.P.Osier 譯，François Maspero 編，頁148。

布魯格爾<反叛天使的墮落>（1562）。

們就明白了為什麼教會和聖伯納[45]說，人在塵世間的理想就是「像天使一樣生活在一個近乎獸性的肉體裡」[46]。我們也明白了，由於異化的過程只提供了使人類不滿意自己的動機，所以這個過程造成了精神分裂、負罪感和自我厭惡等嚴重的後果。人無法實現那實現不了的目標，最終便將其實只是目標本身性質的問題而造成的失敗，歸罪於自己。人不是將過於寬鬆而不適合自己的衣服拋棄，而是詛咒起自己的身材……

天使學是一部人與自身不可能相會的歷史。如果人們想到「天使不僅是個完美的生靈，而且也是個幸福的生靈，在他生活的天地裡一切都是美好、純潔和快樂的；那裡沒有任何衝突；那裡幸福能抵禦摧毀一切的時間，能抵禦令人厭倦的單調，能抵禦敗壞最大歡樂的不確定」[47]，那麼人們又怎麼還能相信，會有具備這種設計程式的人類呢？兩性或雌雄同體的天使是一種修辭上的比喻，人卻錯把天使樹立為榜樣了。基督教倫理在推出這個榜樣時，是知道這一點的，也就是說，它會讓那些把禁欲理想這種固執的形上學觀點視為己見的人失敗，並產生不

---

[45]聖伯納（Bernard de Clairvaux，1090—1153），中世紀基督教神學家，明谷隱修院創始人，第二次十字軍東征的鼓吹者。譯註。

[46]費爾（P.Faure），《天使》（Les anges），Cerf，頁114。

[47]維耶特，《12世紀到16世紀西方藝術中的天使》，頁7。

「肉體的快樂與魔鬼的冷笑聯繫在一起」。繪於1882年的風俗諷刺畫。

少女將水注入酒中,代表著「節制」的美德(約繪於1600年)。

滿足的罪惡感。然而閹割生殖器並未使任何人背上生出羽翼。但是,這個榜樣曾歷經數代,而激發出一整套企圖根除欲望的奇妙招數。從斯多葛派到新佛教派,各派哲學家提出了種種技術,以摧毀人身上戴奧尼索斯的部分,並迫使它在病態的限制下,服從阿波羅冷靜而嚴屬的命令。追查一下這些技術不無意義。

製造天使的技術

　　用來製造天使的機器不是基督徒的發明。雖然這個發明確實成為基督徒發展到極至的專門領域,但是基督前的古人終究還是在這方面有非常大的貢獻。這些貢獻足以讓福音書的愛好者歎為觀止。暫且不詳說柏拉圖,不詳說他那些天上的和病態的美神,也不詳說他對貞潔的讚美和對轉世輪迴說的嘆服。很明顯,他鄙視肉體,推崇心智——天主教天使的聖地——而貶抑感性的熱情,就足以說明柏拉圖的機器何等運轉自如地生產出禁欲的道德,在這種道德中,克己、自我憎惡、對肉體的否定是基本的真理。當尼采說基督教是一般

大眾的柏拉圖主義時,他已經說出了這個主題應該說的全部。

　　希臘的技術在馬可·奧里留斯和那些使帝王的斯多葛派形成潮流的著作中達到高峰。此時,羅馬帝國正在沒落,尋歡作樂之風異常盛行,於是這位羅馬帝王用希臘文寫下《沉思錄》。他在書中極力譴責生命力和激情、欲望和衝動。奧里留斯不斷地迎向死亡。他堅信自己等待著每個人都有的虛無——人們沒有理由不承認這一點,他在一種自殺式的運動中加速著這種似乎發自內心呼喚的虛無的來臨。凡是賦予生命以樂趣的一切都受到這個原則的否定:不應該眷戀將會從我們身上被奪走的任何東西。如果人們相信,在塵世中的生存狀態是逐漸死亡,變成行屍走肉,便會不那麼痛苦地與世長辭。奧里留斯用順勢療法論者的方法對待死亡,他有意地以毒攻毒,以此增加耐毒性,他以即將來臨之未來的名義毒化著日常生活。

　　這種方法很簡單,帝王哲學家的機器是屬於招魂型的:「每當你覺得某一事物過於值得你信任時,你就把它剝光,你要認識

<米羅維納斯>
雕像（西元前200
年）呈現了希臘
時代理想的女性
體態。

柏拉圖像。

到它的價值是微乎
其微的，你要剔除
那使它變得令人恭
而敬之的虛幻。」
[48]也就是說，剝
掉表皮，直抵內
臟，隨即鄙夷那
會使人聯想到快
樂、幸福或快感
的一切。奧里留
斯剝光了客觀實
在，給它披上了想像的外衣，使它具有一
種令人厭惡的外貌。他具體指出，為了避
免陷入肉體的快樂，永遠不要貪戀美味醇
酒，你應該對自己說：「這是魚的屍體；這
是飛禽的屍體；這是豬的屍體；對於義大利

法萊納產的葡萄酒，你應該說，這是爛葡萄
化成的髒水。」[49]同樣，對象徵著榮耀和成
年的鑲有朱紅邊飾的白色長袍[50]，也應去
掉神秘的色彩：長袍雖然具有象徵性，卻
只是「由浸過一種貝殼類動物汙血的羊毛製
作而成」[51]。最後，即使肉體的欲望過於急
迫，即使肉體的欲望過分亢奮，也應該鄙
夷隨之而來的性欲：交媾「是一段腸子的摩
擦和一些隨著某種痙攣而射出的鼻涕」[52]。這
位斯多葛派哲學家不斷地使客觀實在變得
難以忍受，彷彿是為了更能說明他對客觀
實在的憎恨是正確的。將生命與厭惡、死
亡、腐敗、污穢和消極聯繫在一起，實行
禁欲理想就不困難了。誰會為吃不上魚的
屍骨、喝不上水果的髒水、感覺不到流鼻
涕的痙攣而難受呢？

48、49、51、52奧里留斯，《為自我的思想》（*Pensées pour moi-même*），VI.13。
50古羅馬青年貴族或法官的穿著。譯註。

馬可·奧里留斯（Marcus Aurelius Antoninus，121—180），古羅馬皇帝，新斯多葛派哲學家。斯多葛學派即為「苦行主義」。

斯多葛派的創始人芝諾（Zeno of Citium，西元前335—263年）。

　　在對反本能手段的類型研究中，尼采準確地分離出奧里留斯採用的方法類型。尼采寫道：「有一種精神方法，就是將欲望的滿足與某種痛苦的思想聯繫在一起，這種聯繫如此緊密，反覆強調幾次後，欲望滿足的想法總是立即引起痛苦的感覺。」[53]他接著舉了基督徒的例子。基督徒便是將肉體的快樂與魔鬼的冷笑聯繫在一起，將殺人的欲望與永恆的懲罰聯繫在一起。閹割的邏輯是建築在抑制基礎之上的。這種自殘的技師們製造了禁止和與之相隨的罪惡感。快樂最終在根本上包含了令人厭惡的記憶或想法，包含了誰敢違抗必遭天譴的絕對禁令。在描述這種將自己同時變成自己的劊子手與受害者的策略時，波特萊爾[54]提起太倫斯[55]、邁斯特[56]和昆西[57]，談到《殺害自己的劊子手》太倫斯的劇作。……

　　關於伊壁鳩魯主義，應該指出它像斯多葛派一樣對欲望和享樂進行了攻擊[58]，同時也應該指明它在甚麼程度上與柏拉圖主義、古代哲學流派一道為基督教準備了思想條件：《斐多篇》、《沉思錄》和伊壁鳩魯《箴言》提供了經緯網絡，教會的神甫們用以編織出至今仍包裹著哲學和實踐之綿延天際的掛毯。

奧古斯丁——憎恨自我的肉體

　　聖奧古斯丁是將基督教變成一門真正完整哲學的始作俑者。他在包羅萬象的數千頁著作中填補了基督留下的空白，並

---

[53]尼采，《曙光》，§109。

[54]波特萊爾（Charles Baudelaire，1821—1867），法國詩人。譯註。

[55]太倫斯（Publius Terentius，約B.C.190—B.C.159），古羅馬戲劇家，奴隸出身。譯註。

[56]邁斯特（Joseph de Maistre，comte de，1753—1821），法國政界人物，作家和哲學家。譯註。

[57]昆西（Thomas de Quincy，1785—1859），英國作家。譯註。

[58]聖奧古斯丁，《齋戒的益處》（L'Utilité du jeûne），Oeuvres complètes，卷II，IV.5.Desclée de Brouwer，頁240—242。

（左）聖多瑪斯；（右）聖哲羅姆（Hieronymus Jérome，347—420），古代基督教聖經學家，拉丁教父。圖為卡拉瓦喬＜聖哲羅姆書寫＞（1606）。

補全了啟示，突出了啟示的教化意義。聖奧古斯丁在肉體和自我憎恨方面的基本見解，表現在下面一段文字中：「由於我們的肉體必然消失，所以它便懷有某些可以說是帶有塵世特有氣味的欲望。正是針對這些欲望，我們被授予了抑制的權力。」[59]用來說明肉體特徵特有的塵世氣味當然不是純潔的。基督徒必然認為這些地獄之神的氣味與神聖的氣味、與被認定是天使散發出的馨香相距太遠。也許偽戴奧尼索斯本應該明確指出這一點，「天國的創造物散發著美妙的氣味並具備神的嗅覺，因為他們能夠分辨出那些超越心智的美妙氣味」[60]。塵世和肉體是與天和靈魂相對立的。

聖奧古斯丁是「自我鄙視」這門藝術的大師，《懺悔錄》值得人們從這個角度去閱讀：聖女莫尼克之子坦言承認，在遇到上帝之前，他是如何生活在奢華裡，沉溺在淫逸中，或者說他如何熱愛愛情。渴求欲望，這已是否定的頂點。他談到昔日的污點，肉欲對靈魂的毒害，年輕時走過的罪惡道路，以及邪惡的愛。另外，他還談到貪欲的泥沼，狂情的迷霧，罪惡的深淵，將他與死亡的必然性拴在一起的鎖鏈的噹啷聲。[61]正如人們所看到的那樣，這個可憐的人已身陷絕境！而這位教會神甫卻渴望感激為他指出道德之路的上帝。列舉了《聖經》的一些片段之後，奧古斯丁說：「啊！如果我的警覺性更高，能聽到這些話，那該多好！如果我更加幸運，為天國而閹割並以此等待著你的擁抱，那該多好！」[62]這種製造天使的機器，就是基督徒的方法：有意識的閹割，自我閹割……

製造的方法一直都很簡單，甚至可以

[59]聖奧古斯丁，《齋戒的益處》，頁579。

[60]《新舊約之間的聖經：亞伯拉罕的遺囑》（*Testament d'Abrabam，XVI.8 in Ecrits intertestamentaires*），亦參見偽戴奧尼索斯，332.A，頁238。

[61]聖奧古斯丁，《懺悔錄》，卷 II。註62，頁49。

七大罪中的「暴食罪」。波希所繪的＜七大罪＞（1475—1480）局部。

說是立竿見影的：「以最大的意志征服你的肉體，以你所能想像的嚴屬憎恨你的肉體。」[63]刁難吧，侮辱吧，強制吧，因為肉體「低於精神，肉體生就要有精神控制和左右」[64]。為了做到這一點，不可「將肉體的愉快感覺推向被禁止的享樂，甚至有時應該禁止肉體感受被允許的歡樂，（因為）人們拒絕多少肉體的歡樂，就贏得多少精神的歡樂」[65]。邏輯是簡單的，人們甚至可以說這是摩尼教的二元論。一方是天、神、靈魂和完美，另一方是地、人、肉體和缺陷，是原罪。正面是：靜修、祈禱、精神性、禁欲，反面是：享樂主義、唯物主義和對身邊瑣事的關注。

自從採食禁果以來，或者說自從天使交媾以來——隨你怎麼說吧，肉體便是有罪的。原始的錯誤是造成肉體屈從於惡的原因。聖奧古斯丁明確指出這樣的事實：「肉體具有反精神的貪欲，善並不在我們的肉體中，我們器官的法則是與精神的法則相對立的。」[66]肉體是一種負面的工具，因為它是物質的，雖然思維實體是肉體實體的希

[63]聖奧古斯丁，《全集》，卷II，IV.4.，頁595。註64，卷II，VI.7.，頁601。註65，卷II，VI.6.，頁599。註66，卷III，VIII.21.，頁69。

望，但它在成為思維實體之前，就已經是佔據空間的擴延實體了。

當欲望搞錯了對象，當它選擇寄居塵世的現實時，它便有罪了。但是當它選擇向上天祈禱時，它又變成可讚揚的。肉體是做出這種錯誤選擇的最佳範例：「肉體是人過於低級和過於塵世化的一部分，所以由它來支配生命便是有罪的。」[67]由此而產生了用精神強行禁止肉體欲望的必要性。純潔必須抑制欲望。因為，「如果我們縱容欲望，那麼只要精神在羨慕著肉體和肉體在反對著精神，只要我們不陷入混亂，就會感覺到自己的血肉之軀（因為罪惡存在於我們的血肉之軀裡）。」[68]所以還是自我閹割的好。這樣就可以不接受自己的欲望，拒絕自己的快樂，做一個天國的創造物。奧古斯丁對此也有明確的說明：「童貞以及對一切肉體關係的戒絕，便是成其為天使的條件。」[69]

肉體與精神、肉與靈之間進行著永恆的激烈鬥爭！只要原罪仍產生影響，只要塵世的寄居地仍存在，鬥爭便永無休止。當肉體成為享天福的聖身，成為天上的聖體，擺脫了情火和欲望，全部奉獻給神時，它才會得救。「由於肉體不再有任何抵抗，甚至不需要滋養自己的食糧，它便被說成是精神的了。當此之時，它便不再與精神對立，它將服從於精神而獲得永生。」[70]當肉體失去物質性而變成半透明時，它也就終於變得可以接受了。

奧古斯丁的機器簡直是太棒了！其精妙遠在奧利金的機器之上，雖然它所追求的目的是相同的。瑪瑙的利刃被倫理的刀鋒代替了，但對欲望的憎恨仍是同樣的強烈。允許欲望和快樂，斯多葛學派說這會把人變成野獸，基督徒說這會把人變為罪人。「當我們喜歡被禁止的東西時，邪念便在我們身上產生了；但是當精神服從於上帝的法則、肉體的享樂被抑制時，我們便不去滿足這些邪念了」[71]。這個觀念穿越了時空：它在埃及沙漠僧人的身上達到了奇異的黃金時代，隨後又被引進基督教的西方大家庭，成為中世紀乃至現代歐洲的信條。聖奧古斯丁的工作確實出色，他的機器卓有成效，最可悲的精神官能症和文明中的不安本質都是由他造成的。

以奧古斯丁為首的基督教父們指明了

[67]聖奧古斯丁，《全集》，卷II，IV.11，頁45。

[68]聖奧古斯丁，《全集》，卷II.5，頁33，和III.8。

[69]聖奧古斯丁，《論純潔》（De la virginité），13.P.L.40.401。

[70]聖奧古斯丁，《全集》，卷III，VIII.19，頁65。註71，卷III，VIII.20，頁67。

[72]尼采，《曙光》，109。

各種「不自然」、
「不運用應該
使用的器官」、
「採用魔鬼與野
獸」的交媾方式。

其中一種方法，尼采在他的禁欲理想的病理學中提到了這種方法。為了抗拒本能，有六種手段，其中之一是：「人們可以避開滿足這種本能的機會，實行長期再長期的戒絕，使它削弱，使它枯竭。」[72]這是抑制的策略，窒息的策略，滅絕的策略。機器意味著扼殺，欲望是必須消滅的野獸，肉體的快樂是必須剷除的害人蟲。

聖多瑪斯——欲望的病理學

　　阿奎那賦予了禁欲理想一種幾乎是當代的形式，總之，也就是賦予了一種現代性，這種現代性成為正式的基礎。在二十世紀末，一切出自梵蒂岡的譴責皆植根於《神學大全》。這位中世紀的福音聖師也選擇了——這一點都不足為奇——沒血沒肉的永享天福的聖體：一個用來將精神裝入它自己實體之中的理想口袋。這又是對欲望和激情、衝動和享樂的怒聲斥責，是刺中肉體享樂和淫欲的長矛，是對人們必欲置之死地而後快的肉體的咒罵。按照與對肉體展開的這場戰爭相對應的形式，聖多瑪斯研製出一種病理學，構築在一座錯誤與罪惡的大廈的周圍。

　　承認物質，這是諸種錯誤中最嚴重的錯誤。只有唯靈論是道德的。「從物質實在的角度上看，不可見的實在幾乎是無限的。其原因在於，形式可以說

古希臘的酒神節是在秋天葡萄成熟時舉行，人們歡愉的飲酒作樂、狂歡歌舞，大肆慶祝。提香（Tiziano Vecellio，1478－1576）所繪的＜酒神節＞（1523－1525）。

是由物質所集中和概括的，這樣，一個擺脫物質束縛的形式便具有某種無限性。正因為如此，感覺，這種肉體的官能，它所要認識的目標就是受物質限制的特殊性。相反，理解，這個擺脫物質限制的活動，它所要認識的則是本身即是物質的抽象、並使無數特殊性從屬於普遍。」[73]聖多瑪斯學說的精髓就是對物質和柏拉圖式的感性的貶低。身邊的事物必須成為遙遠的事物，反之亦然。聖多瑪斯和基督徒提出了一種產生異化的錯置：喜歡不可及的、不確定的、不實在的另一個世界，甚於喜歡實在的、明顯的、直接的塵世。這是一種特殊的病理學行動。為了達到他的目的，《神學大全》的作者同樣大力吹捧貧血的理想——也同樣在吹捧僵屍。

官能的享受是基督徒的敵人。聖多瑪斯明確指出，應該譴責口腹之樂和性享受，因為兩者同屬於觸覺享樂。性欲像是觸覺的暗喻。這種觀念可以一直追溯到最早的禁欲論哲學家，然而是聖哲羅姆用一句十分明確的話譴責了這兩者的聯繫：「肚子與生殖器官相鄰，這種相鄰使人明白了

[73]聖多瑪斯，《神學大全》，I.II.Q.2.R。

Les Missionnaires en Goguette.

「快樂是肉感的時候，它便是有罪的」。繪於十八世紀末。

它們的罪惡有著何等的聯繫。」[74]上腹和下腹是肉體最墮落的一部分。同嗅覺一樣，觸覺和味覺是禁欲理想鼓吹者群起而攻之的眾矢之的。口、皮膚和生殖器，整個肉體都因它們而受到蔑視。在五種感覺中，只有視覺和聽覺享有尊嚴，因為它們保持了與物質的距離，因為它們留給了理性更大的權力，並保證了最起碼的思考。

肌膚之樂和觸覺享受會使理性錯亂，它們是瘋狂的同胞兄弟，或者說是不理性的同胞兄弟。然而戴奧尼索斯在行動。正是因為如此，產生了這種緊張的必要，也就是用禁欲的韁繩牢牢拴住肉體的心猿意馬。「生殖器官的正確使用是在貞潔管轄範圍之內的」，這原因很簡單，它們的運動「並不像其他外部肢體運動那樣受到理性的支配」[75]。

為了賦予理性確實的權力，聖多瑪斯對行為的貶低輕於對行為之前的意願的貶低——康德對此應該記憶猶新。比如性行為本身並無所謂好壞。如果為了快感和享樂而做出性行為，就完全是有罪的。但是如果為了繁衍後代或是為了不使衝動有機可乘而為，性行為就是好的，人們甚至可

---

[74]聖哲羅姆，《書信》（*Lettres*），55.P.L.22.561。

[75]聖多瑪斯，《神學大全》，Q.151.A.4。

以稱這種關係是貞潔的。

聖多瑪斯詳細地論述了在何種條件下他所說的精液的傳輸是合法的。既然人們知道，「以意志戒除性享樂時，貞潔便存在於身體器官之中」[76]，那麼人們便可以據此來判定，那是夢遺的輕率還是聖多瑪斯所說不由自主的行為。假定是一種被強制的關係，某人被強姦或者行了未應允的房事，那麼此人就不算有錯。但是，不管怎麼樣，最好還是「完全除掉肉欲的享樂，（因為）確切的和完美的貞潔就是永久戒除性的享樂」[77]。控制自我就意味著拒不接受會使理性無法保持其殊榮的享樂。享樂，就是給理性下逐客令，這使得哲學家有與撒旦同流合污之感，這是任何一位哲學家都無法接受的。肉體沒有道理，理性根本不認識肉體。

古代哲學家的權威是不容置疑的，而亞里斯多德的權威又在一切權威之上。聖多瑪斯重又拾起了他的觀點。按照這種觀點，享樂將人引到戴奧尼索斯呼風喚雨的危險坡道上。應該使理性保持它所具有的那種使人變得理性的能力。應該控制住自己，甚至包括自笞或禁欲。寧要受虐的瘋狂也不要快感的享樂。這位思想家所走的道路始終是反常倒錯和轉彎抹角的。快樂只有在自我閹割的痛苦中才得以享受。

性行為擔負了令人不安的罪名，它與異教徒的激情或瘋狂不無關係，這種激情或瘋狂被理解為理性或自我意識的喪失：「在一切肉欲行為中都有一種過度的享樂，它消耗了理性，使之無法在此刻思考什麼。」[78]——另外，很可能全部的興趣也正是存在於這種離開世界的逃逸之中，存在這種處於實在之外的躲避之中……為了抑制這種令人異化的潛能，應該將性行為侷限在繁衍後代的範圍之內。在這種情況下，性行為便是合法的了，因為「它是按所要求的分寸和命令發生的，這與人類繁殖的目的相符合」。聖多瑪斯進一步指出：「對於道德來說，重要的不是外部感官所感到的、由肉體狀態所產生的快樂的數量，而是對這種快樂的內在的渴望所持的態度。」[79]一切都在腦子裡：當肉體自暴自棄而忘乎所以時，它便是有罪的。非理性，陶醉，迷亂，這些都是敵人。

性關係就其本身來說並不是有罪的。所以聖多瑪斯會斷言，存在著不受任何

---

[76]聖多瑪斯，《神學大全》，Q.154。註77，Q.151。註78、79，Q.153。

有翼的男性生殖器。圖皆繪於十九世紀。

譴責的肉體關係，為了成立家庭而建立的肉體關係，自然在此之列，而所有被暴力所強迫的肉體關係當然就不在此列。在聖多瑪斯的思想裡，一個被強姦的女人仍是貞潔的，因為她被強迫做了她不願意做的事，也就是說，她並未從中得到任何享樂。閹割的機器變得越來越精妙，它針對的是意願和感受的衝動。人們明白了為什麼瑪利亞能夠生下孩子而仍保持貞潔，她是被迫受孕的，並未從中得到任何享樂。她未得到滿足，她仍是貞潔的，她生下了孩子……

在貞潔的性行為中，所有以享樂意願為前提的行為，也就是說，所有與孕育無關的行為，都應該被剷除。這是因為，「當人們是為了獲得性歡愉而接吻、擁抱或做類似的動作時，人們所做的便是極大的罪惡。只有為了獲得性歡愉的這些行為才被稱作是淫

蕩的行為」[80]。《神學大全》譴責所有反常的性行為，從手淫到雞姦，包括獸姦，概莫能外。這是必然的。這位博學的聖人寫道，「如果人們不遵守交媾的自然方式，或是不運用應該使用的器官，或是採用魔鬼和野獸的方式」，那就是反自然的罪孽。必須承認以下這個不爭的事實：「理性所感到的快樂才是與人相稱的快樂。」[81]

當快樂是肉感的時候，它便是有罪的。當快樂是精神的時候，也就是說，當它來自一種與上帝的關係的時候，它便是無罪的。因為「產生最大快樂的客體是永恆不變的實在」[82]。這種快樂的好處是使理性保持其所有的權力，甚至增加其權力。人在實行天上永恆實在的純潔的愛時，便會保持理智和精神。自我意識的缺乏會過於容易將自己引向動物性，引向禁欲理想的哲學家們所大力抨擊的那種狀態。這些思

[80]聖多瑪斯，《神學大全》，Q154。註81，II.11.Q.141.A.1.S.1.和A.4.S.1.。註82、84，Q.32.A.2.S.1

十七世紀的木刻版畫，圖中的邱比特代表愛情，這裡描繪的是「陷入愛情就像受拷打酷刑般痛苦」。

想家們排斥肉體上的戴奧尼索斯的狂熱部分而推崇一個殘缺的、理想化的肉體。使他們可以憎恨肉體的設準就是：投入或贊同物質的狂喜是不可接受的。基督徒對酒神節、普里阿波斯[83]節、男性生殖器塑像的遊行等古代異教徒節日慶祝活動中的那種迷醉和狂熱發出了噓聲。這種蔑視是以戰鬥的、激烈的理性主義的名義傳授的。那理性主義就是：對理性的絕對偏愛，對秩序與感覺的神化，對放縱和迷醉的擔憂與恐懼。「理性的運用被一種繩索的結紮所阻斷，也就是說，快樂導致肉體發生了某種變化，這種變化甚至比其他情緒所導致的變化更大，這是因為快樂對表現出來的事物的渴望比對未表現出來的事物的渴望更強烈。這些肉體的騷動阻止了理性的運用，就像我們在那些爛醉如泥的人身上所看到的那樣，他們的理性被結紮了或者說是被阻斷了。」[84]所有的基督徒都被生理的紊亂、肉體的力量和病理的緊張所嚇倒。衝動使他們感到精神上的

痛苦。這些禁欲理想的信徒們在這種憎恨中，在這種憎恨所凝聚起來的緊張中，似乎只好承認他們在面對精力和力量的爆發時感到了憂懼。聖多瑪斯憎恨性的媒介。古希臘人給男性生殖器塑像配備了羽翼，而聖多瑪斯更願意讓天使具備有羽翼的器官。

在古希臘文化時代的節日裡，這些有翼的男性生殖器塑像或情欲的形象確實得以進行了飛翔般的遊行：長羽和飛羽表明了欲望的迅捷，它有極大的機動性，它飛向天體的速度快如閃電。在那個時代，在諸神之中，戴奧尼索斯與阿波羅是相安無事的，他們並不相互對立。由於基督徒的狂熱，天使和男性生殖器塑像變成了敵人，也就是說，對一者的選擇意味著對另一者的唾棄。由於聖奧古斯丁的努力，天使將男性生殖器塑像打翻在地，那些被束縛在土地上的臂膀的故事至今還產生著影響。

與非理性潛能的棒們神是阻抑學者的秩序相抵觸，哲學家是想將世界包容並保

---

[83]古希臘生育之神。譯註。

十六世紀婦女放
血圖（1520年的
木刻版畫）。

持在秩序裡的。為了進一步說明理性意志的專職，傅柯[85]講述了各個時代的人如何企圖將瘋狂加以限制的事實。瘋狂是被詛咒的，是理性主義者痛加斥責的有限目標。當然，瘋狂有時完全屬於某個慷慨悲歌之士，如賀德林[86]或阿圖[87]，他們的囈語狂言有時竟與清醒的警世箴言驚人地接近。但是瘋狂往往被稀釋了，它東一點西一點地分散在每個人的身上，時不時地像車乘一樣，將人帶向有別於生硬的客觀實在的他方。

某些體驗可以使人踏上通往那另一些地方的奇特之路。關於吸毒的體驗，從波特萊爾到余格[88]，已盡述其詳。關於醉酒的體驗，從哈亞姆[89]到魏爾倫[90]，已道出一切。關於愛的體驗，從柏拉圖到布列東[91]，

已說出該說的一切，已說出令哲學家們大為擔心的出神的奇異力量。與性快樂聯繫在一起的體驗，常常就是那些與自己身上的戴奧尼索斯重逢的體驗。正因為如此，人們長期以來一直企圖將愛的現象作為一種病理學的產物和由此而產生的醫學隱喻加以解讀，亦即，對快樂的嗜好是必須加以醫治的疾病。

菲奇諾——愛的激情與瘋症

在評論柏拉圖有關愛的對話時，菲奇諾將這種激情與疾病相提並論。他將愛比作一種「瘋症」。戀人們就是患了這種瘋症的人。他寫道：「他們先是肝火攻心，痛苦不堪，繼而被黑色膽汁灼傷，火燒火燎；他

---

[85]傅柯（Michel Foucault，1926—1984），法國哲學家，結構主義的主要代表人物。譯註。

[86]賀德林（Friendrich Hölderlin，1770—1843），德國詩人，法國大革命的擁護者。譯註。

[87]阿圖（Antonin Artaud，1896—1948），法國作家，詩人。譯註。

[88]余格（Ernst Jünger，1895—1998），德國右派保守作家。譯註。

[89]哈亞姆（Umar Khayyam，1050—1123），波斯學者和詩人。譯註。

[90]魏爾倫（Paul Verlainc，1844—1896），法國詩人。譯註。

[91]布列東（André Breton，1896—1966），法國作家。譯註。

們被烈火狂焰吞沒，可以說已是雙目失明，不知撲向何方……人們正是由於這種瘋狂而使自己降低到野獸之列。」[92]在菲奇諾的言論中，這種比喻比比皆是：欲望是一種疾病，是一種傳染病，它意味著傳染、瘙癢；它被列入數類疾病中：「疥瘡、麻風、胸膜炎、肺癆、痢疾、眼炎和鼠疫。」[93]菲奇諾非常熟悉當時在醫學界佔有統治地位的希波克拉底的醫學學說，他據此作出一個診斷，並描述了體液發炎的方式，試圖以此對他的診斷作出解釋：「只要血管內有敗壞了的血的沉積，或者是黏膜裡出現黏液酸，瘙癢便會持續；而血液一經淨化，黏液一經稀釋，瘙癢就會止息，皮膚上的可怕斑點就會消失。」[94]這裡要提醒大家注意的是，這段話是出現在作者探討「如何擺脫愛」的章節中的。毫無疑問，他說的是皮膚病，但論證的則是欲望的問題。

那麼菲奇諾為了治癒這種奇特的疾病開出了什麼藥方呢？摩擦！求助於粗糙的翻毛手套，用它拼命摩擦皮膚，將皮膚磨破，將肌肉擦爛。如果這樣做無效，「那就應該節制自己的日常行為，特別是注意不要與所愛的人眼光相遇，對目而視。如果在愛人的心靈或身體裡有著某種淫欲的東西，那就應該小心翼翼地把他的心引向別的地方。心靈應該由豐富多彩而嚴肅的事來佔據。應該常常減少血量。要常喝一些淡酒，有時不妨喝醉，以使陳血排出，給新的血液騰出空間，並給新的精神讓出地方。要時常鍛鍊身體，每次都要練到全身冒汗，這一點很重要，因為皮膚上的毛孔將通過汗水舒張開來並得到清洗。此外，自然科學家為維護心臟和營養大腦而提供的一切藥物都是極為有效的」[95]。正如大家所見，策略真是五花八門，從逃避到轉移注意力，包括放血、飲酒或醉酒，應有盡有；不要忘了還有使人出汗、亦即淨化和排泄體液的運動；最後菲奇諾還很週到地提到郎中配製的各種靈丹妙藥，使心肌保持青春活力、使腦子保持良好狀態等等。這種貌似高深的營養學，已不再是建築在鑽牛角尖又似是而非的理論基礎上了，而是建築在無神論與醫學的（或視同醫學）、總之是生理學的邏輯基礎上了。愛引起的紊亂是由分子的奔騰、粒子的狂舞造成的。根治的方法就是在體內建立起秩序，賦予身體一種阿波羅式的協調形式。

菲奇諾的病理學建築在液體流動的作用基礎之上：通過飲用淡酒或適當醉酒，驅除並更換舊的體液；通過出汗淨化體

92、93菲奇諾，《柏拉圖會飲篇評注—第七對話錄》，第12章。註94、95，第11章。

盧梭的教育理念：圖中大人用面具時而遮臉，時而出現，玩的是「有」跟「沒有」的遊戲。盧梭是第一個認為觀察孩童遊戲有其意義的人，在看似瑣碎的動作中可以發現認知的重要。

盧梭理想中的家庭生活與家庭教育方式。

液，使有毒的粒子流出，從而擺脫損害肌肉和破壞理性的毒素。這位哲學家的治病原則是，勸說人們以預防為主。要節制，要迴避，要轉移注意力。欲望是一種必須擺脫的疾病。如果屢治不愈，如果摩擦、藥物和營養都無濟於事，最後就只有採用盧克萊修在《物性論》的詩句中所提到的方法：乾乾脆脆地滿足欲望。但是所採用的技術應該足以使此人根除欲望，只要此人不是一個陰莖異常勃起者或終生受體液擺佈而不能自制者！人這部機器天生性能就好，所以人們千方百計地扼殺欲望，消滅欲望。肉體已不再有任何讓人喝彩的理由，各式各樣進行自我閹割的手段紛紛出籠。

盧梭如何教育愛彌兒

在菲奇諾的著作中，文藝復興表現在對自然事物的回歸。他避開了與醫學無關的形上學。這裡好像產生了一種保健醫生的方式。近代（1453—1789年）之後，啟蒙時代的閹割機器出現時，這種保健醫生的方式便開始大行其道。盧梭為此提供

了一個樣板。他在《愛彌兒》中提出了熄滅欲火的嚴厲方案。這位天馬行空、無所不能、無所不曉、反薩德的權威教育學家將他的信奉者置於斯巴達人的嚴酷考驗之中。由於這種考驗使得他們將精力全部集中在對自我的對抗之中，所以這種考驗也就更加真切。

盧梭的世紀被視為是一個解放並確立了生命巨大潛能的世紀。新的前景被描繪出來，使人想到一個新的、更美好的世界。然而事實不容迴避：這個時代同樣充滿了陳腐的觀點。變化的只是一些形式，強橫的命令依然存在。這個時代大部分的哲學家都熱烈鼓吹禁欲理想。除了拉美特里或薩德的享樂唯物主義言論之外，其他那些高談闊論往往都是拾人牙慧，說的無非是從帝王斯多葛學派那裡沿襲的陳腔濫調而已。

在對啟蒙時代的一片讚揚聲中，傅柯提出了自己的看法。比如他寫道：「在古典時代有一個重大的發現，那就是發現了作為權力的客體和對象的人體。人們很容易看到當時那種對肉體極為關注的跡象──對這樣的肉

盧梭的教育理念：盧梭強調「自然教育」要以小孩的發展及需求為依歸，老師扮演的角色純屬服務，越少出現的老師就是最好的教育家。

聖馬可，傳為《新約·馬可福音》的作者。

體的關注：受人操縱的、被人塑造的、由人馴服的、服從的、順應的、變得靈巧的或力量倍增的肉體。」另外，傅柯在談到什麼是順從並為其下定義時寫道：「一個能夠被制服、能夠被使用、能夠被改變並完善的肉體便是一個順從的肉體。」[96]

盧梭的製造天使的機器就可以納入傅柯所說的這種思想傾向範圍之內。這種機器意欲剷除肉體內的欲望，將人變成一個受意志和自我意識控制的單純和理性的生物。《愛彌兒》這部教育學的全部論述都是指向這個目標，亦即，如何將受教育者這個主體變成體現好鬥而權威的教育者之意志的東西？動輒大談如何應該相信自然、相信抒情或憐憫形式的盧梭，寫了一部文化主義讚歌的鉅作。與其說他像薩德那樣相信激情，不如說他在把激情當作萬惡之源而加以詛咒。在他眼裡，激情不是

自然的，應該用文化和文明的全部力量來根除人身上謂之為自然的本質。

在青年人的身上，肉欲的覺醒是一切躁動的根源。躁動產生的結果是衰弱。這始於個人，而殃及整體人類，因為整體人類都會因為受到欲望這個自然法則的左右而遭到傷害。盧梭對原野一往情深，他認為田園可以比較長久地防止性欲產生的衝動。城市是罪惡的淵藪，鬧市會對人體產生影響：「年輕人很早就耗盡了他們的精力，因而長得很矮小、柔弱，發育不健全；他們不是在成長而是在衰老。」[97]無知無識可以益壽延年。哲學家將童貞與健康、天真與強壯聯繫在一起。延緩對性愉悅的瞭解，就能保護身體，因為「身體長的結實與否，是隨我們放慢或加速這個發展的進度而定的，由此可見，我們愈延緩這個進度，一個年輕人就愈能獲得更多的精力。」[98]「迴避」是

---

[96]傅柯，《規訓與懲罰》（Surveiller et punir），Gallimard，頁138。

[97]、[98]盧梭，《全集》：《愛彌兒》，卷IV，頁496。註99，頁663。

盧梭提出的第一步。但是不能永遠迴避，不得不提到這類問題的時刻終要來臨，所以在全力避免引起青春期少年好奇心的同時，也應該對這個時刻的來臨有所準備。

在性朦朧期，會有手淫的問題。手淫的問題到底使盧梭受到多大的震撼啊！為了使這種排遣變得不可能，他發出了發聾振聵之聲：「當你的學生受著本能的驅使而濫用他的感官，從而想尋找機會去滿足它的時候，那就非常危險了。只要他曾經遇到過一次這種危險的機會，他就完全被葬送了，他的身子和心從此就要時常受到摧殘。在一個青年可能沾染的習慣中，這個習慣是最惡劣的，他將把這個習慣的不良後果一直帶進墳墓。」[99]這裡我們可以看到，盧梭是何等的疾言厲色。

在此後的世紀裡，當衛生學家集倫理與醫學、宗教告誡與罪惡論之大成，創立了「偉大的手淫者」的病理學時，他們延續了盧梭的觀點。手淫者的形象確立了。這個形象與哲學家盧梭所描繪的那個流浪城市街頭的放蕩者一模一樣：身體佝僂，四肢顫抖，神情冷漠，滿面愁容，神志恍惚，步履蹣跚，面如死灰，雙目驚恐，眼球發紅，眼圈深陷，眼皮泡腫，面色蠟黃、一臉憔悴，還有自殺傾向。有些手淫者還被診斷出患有排出大量體液的腹瀉，腹痛，便秘；他們的尿液白、濃、燥臭，血管變厚，伴以心悸、氣喘、氣短。皮膚變得乾燥，出現咳嗽，嗓音變弱。[100]面對這種畫面，誰還敢行此替代淫樂之法呢？在那個世紀裡，盧梭的方法大顯神威，另有一些方法也盛行一時。比如有的方法是用一塊木板將孩子們睡覺的床分為兩部分，從而將身體隔為兩段；頭和上半身為一段，骨盆和腹部為另一段。一段是靈魂的居所，另一段則是欲望的象徵：性器。這架由隔板和一個套筒構成的木製機關是1850年德沃（Deveaux）博士發明的。盧梭必定十分讚賞這個機關，它可以使教育者免除許多監督之勞。這種防止手淫的方法倒也不失幽默……

盧梭對愛彌兒的教育問題提出他的見解：「你無論白天或是黑夜都不要離開他，無論如何你要睡在他的房間裡，他不困乏到極點，你不要讓他上床睡覺，他一醒來，你就要叫他離開床鋪。只要你教育他的東西超出本能的範圍，你就不要相信他的本能；當他單獨一個人的時候，他的本能是好的，一旦他涉足社會，他的本能就值得懷疑了。但是我們不能消滅他的本能，我們要對它加以控制，控制它也許比消滅它還難做到。」[101]這情景倒是很容

---

[100] 亞樂阿宏（J.P.Aron）、康普夫（R.Kempf），《陰莖或西方的道德敗壞》（Lire sur ce sujet，Le Pénis ou la d moralisation de l'Occident），Grasset。

[101] 盧梭，《愛彌兒》，頁663。

（左）西元前五世紀伊特魯里亞（Etruscan）鏡子上的愛神愛若思（Eros）形象；（右）愛神愛若思。圖為西元前一世紀的希臘雕像。

易想像。這位教育家實堪稱閹割的代表人物，閹割的幫手和工頭。

　　盧梭的技巧與帝王時代斯多葛學派的技巧同出一轍，就是將欲望與厭惡、性欲與羞恥聯繫在一起。《愛彌兒》一書可以使人看到在這位啟蒙時代的哲學家身上那種對感官和肉體的憎恨是何等的強烈。比如，他有這樣一句箴言：「讓我們遵循自然的精神吧，它將秘密的快感器官與令人厭惡的排泄器官置於同一個地方，這使得我們在不同的年齡階段，有不同的觀念，讓我們始終保持著同樣的謹慎；在成年階段，它教給我們的觀念是要節制，在兒童時代，它教給我們的觀念則是要清潔。」[102]為了把他的方法說得更加清楚而明確，盧梭不厭其詳，進而提到他那些簡便的技術：「把粗話同與之相應的

令人不愉快的觀念聯繫在一起」，他寫道，「就可以熄滅想像的第一個火花。我們不要去禁止他說那些粗話和獲得那些觀念，但是我們要使他們在不知不覺中一想起那些粗話和那些觀念就感到厭惡。如果人們從心眼裡始終只說他們應當說的話，而且他們怎麼想就怎麼說，那麼這種天真爛漫的說話方式將給他們省去多少麻煩啊。」[103]盧梭非常果斷地採用了暗示、約束等方式將他負責教育的兒童變成了一個聽話、馴服、被動、服從和奴性的人。一個閹割了的少年，一個去勢了的青年，一個性無能的老年，這就是這位啟蒙時代的教育家所要教育出的理想典型。

　　理論問題已談得夠充分了，現在該輪到實踐問題了：怎樣在實踐中具體地把性與否定性聯繫在一起呢？於是盧梭舉

102、103、104盧梭，《愛彌兒》，頁498。

例說明之。當一個兒童問自己是怎麼生出來的，或者推而擴之，人是怎麼造出來的呢，那就應該立即將生育與痛苦、分娩與死亡關聯起來。盧梭是很講求實際的，他讓他所設定的問題出自一個不幸患有腎結石的兒童口中。對這個兒童的回答應該是，生孩子首先是一種巨大的痛苦。母親可以這樣回答：「孩子，是女人從肚子裡把你屙出來的，屙的時候肚子疼得幾乎把命都給丟了。」這位道學家得意之情溢於言表地總結道：「在這種引導性的對話中，哪裡還會有機會產生令人擔憂的欲望呢？」[104]這位哲學家真是出類拔萃的心理學家……製造一個有經神病的人，製造一個生理和情感都受到抑制、意志消沉、充滿負罪感、因服從過分嚴屬的閹割命令而軟弱無力的人，這一切都是為了管束那些完全產自於自然性的欲望，而盧梭卻一直自詡他完全信任這種自然性。

盧梭的方法建立在精神分析法所說的昇華的雛形概念上。這位哲學家知道消除全部的欲望是不可能的。最可能做的則是疏導、抑制這些欲望——這意味著，轉移對衝動的注意力，在各種情況下都適用。盧梭為他人選中了友誼或憐憫的情感作為轉移注意力的優先行動目標，這種情感正成為昇華的催化劑。當務之急是創造出一種箝制力，一種轉移。這位哲學家提出的

「互為主體性」（l'intersubjectivite）應該能夠使人忘卻欲望。「現在回過頭來談我所採用的方法。」盧梭寫道，「我認為，當年輕人快要到了懂事的年齡時，我們只能夠讓他們看到一些可以克制而非刺激他們欲念的情景。」[105]看來盧梭的心理學在很多方面都是斯多葛主義的。聖馬可提出的戒條與盧梭的方法具有異曲同工之妙。

盧梭始終不遺餘力地將性與厭惡感聯繫起來，他又是舉例，又是說明，不厭其煩。對於病人身上的欲望，他是除之務盡。他寫道：「隨著他欲望的燃起，要選擇一些有利於熄滅他欲望的圖畫給他看。有一個智勇雙全的老軍人告訴我說，在他年輕的時候，他的父親（一個重感情而又十分虔誠的人）看到他一天天地追逐酒色，便想盡一切辦法管束他；可是他的父親最後發現儘管想了很多的辦法，但是兒子總有對策逃避他的管束，因此，就決定把他帶到一家花柳病醫院去看看。這件事事先沒有告訴他，一到醫院就叫他走進一群花柳病人的房間。那些人因為做了傷風敗俗的事，所以不得不到這裡來做可怕的手術。一見到那些使人作嘔的醜惡情景，這個青年人就感到難過。『去看一看吧，』他的父親聲色俱屬地說，『你這好色之徒要是再走那邪惡的墮落的道路，不久就會到這間屋子裡來丟你的臉，受你的苦。在這裡，你將喪身於不名譽的疾病，你將迫使我這個做父親的人感

[105]盧梭，《愛彌兒》，頁517。

[106]盧梭，《全集》，Pléiade，Gallimard，頁1154。

瘦骨嶙峋、軟弱無力、毫無欲望的肉體：佛教裡的苦行僧形象。

苦行棄世的佛教修行者。

謝上帝叫你死去』。」[106]我們敢說，這招肯定有效⋯⋯我們注意到，這位思想家對老軍人的經歷賦予了多麼大的哲學意義，並給與了多麼高的評價啊！其實這位日內瓦的教育家只是竭力在新的偽裝下承襲禁欲理想的古老衣缽而已，既然如此，這樣的教育學怎麼竟會那麼長久地被視為「現代的」呢？當哲學家們的事業只是在表述似是而非的、古老的、被教會捧上天的理論時，也許他們需要賦予非宗教的意志一點點現代性吧。

　　盧梭一方面自稱是「自然的使者」，一方面又像他所做的那樣強制著自然。但是接下來，盧梭並沒有在這個矛盾上糾纏。其實，欲望只不過是自然的表現，應該鼓勵或激勵，而不該摧毀或鄙視。盧梭與將文明建築在與激情的和諧之上的傅立葉剛好相反，盧梭設計了一個擺脫衝動與肉體的舞臺。再沒有什麼比自然、自然的力量和自然所行走的戴奧尼索斯的道

路更令盧梭害怕的了。於是他選擇了最怪誕的文化主義和文明中最不值得讚揚的文明：那是為鎮壓和閹割服務的地方。他談到愛彌兒時說，「我們使他不受感官的左右」[107]。這時的盧梭欣喜若狂，高興到了極點。他得意地端詳著自己的作品：一個失去性欲的學生，一個沒有頭腦的傀儡，一具行屍走肉。無論怎麼說，教育的目的就是閹割；有人說是控制寄居在人身上的野獸，更確切地說，與其說是控制它，不如說是宰割它。文明化似乎提供了消滅欲望的充足理由，凡是有產生欲望形式的地方，主張根除欲望的哲學家便展開了殲滅戰和實行焦土政策。這樣，看到盧梭求助於一個軍人來幫助他完成哲學大業，又何足怪哉？

　　盧梭除了採用展現梅毒患者隔離站的可怕景象之外，也運用了一些新的技巧。他鼓吹避開城市、女人和麻煩，將性與粗俗、厭惡連結在一起，還提出了轉移欲

---

[107]盧梭，《愛彌兒》，頁636。

望、巧妙昇華和轉化衝動。為此，他盛讚狩獵與勞動，把它們視為最具美德的有效手段。他是在提倡肉體的疲勞，而這一點菲奇諾早已經想到了。盧梭寫道：「我讓他的身體投入艱苦的勞動之中。通過艱苦的勞動，就可以遏制那把他引入歧途的想像力的活動。當他的兩臂緊張地工作而不得閒的時候，他的想像力便處於靜止狀態了，當他的身體十分疲乏而難以忍受的時候，他的心就絕不會衝動了。」[108]尼采在《曙光》中有一段妙語，描述了勞動在創造阿波羅式的和諧中是多麼可貴的輔助手段，它是如何有助於抑制性衝動，又如何將欲望消磨殆盡。為了不再感覺到自己的肉體，為了把肉體化為不能再產生欲望的僵屍腐肉，勞動吧！為了將精力轉向社會所接受、文明所允許，以及閹割體系所鼓勵的目標，勞動吧！這是用勞動進行閹割，或者說這是進行閹割的勞動……

要是勞動還不夠，或者是想採用更有效的手段，那就應該去打獵。在搜索將要遭到毀滅的獵物時，或是在獵取將要化做血肉模糊的野獸時，愛彌兒「至少在一個時期內，將失去由於生活安逸而產生的危險傾向。打獵可以使他的心變得同身體一樣堅強，使他習慣於流血和殘酷的情景。人們說狩獵女神黛安娜是愛情的敵人，這個比喻是很恰當的，愛情的纏綿完全是從舒適寧靜的生活中產生的，激烈的運動將窒息一切溫柔

的情感」[109]。那個盧梭為哲學家所樹立的榜樣、他所鍾愛的軍人，顯然對此不會有任何異議。軍人當然知道，血將使人產生何種情感，而這種情感與愛情又是如何此消彼長。對於愛神愛若思（Eros）來說，那些常被死神塔那多斯（Thanatos）騎在胯下的黛安娜的追隨者們都是一些俗不可耐的平庸之輩——只懂得結婚，而這也正是康德將給他們開的中產階級家庭閹割的藥方。當用盡那些迴避、昇華和厭惡的策略都還嫌不足，而投身狩獵和勞動也不足以解決性的問題時，盧梭的產兒便在婚姻那天堂般的美妙馨香中完成了最後一步——盧梭讓愛彌兒與蘇菲結成連理。因為考慮到建立家庭，情欲的效果削弱了——這是盧梭所預期的。愛彌兒在梅毒病人、軍人、勞工和獵人那裡停靠多次之後，終於抵達了最後停泊的港口，他成為父親了，他終於將生殖的組件與製造天使的機器的齒輪嚙合在了一起……

按照尼采的分類，盧梭的技巧屬於一種巧妙的昇華，其要旨是：「強迫自己投入異常艱苦並帶有強制性的勞動，有意接受新的誘惑和追求新的歡樂，從而將自己思想和體力的活動轉移到其他方向，以此強行將自己體內的潛力拆解。這也是這種做法的目的：暫時地促發其他的本能，尋求多種機會滿足這種本能，由此而驅散第一本能擁有的力量，非如此，第一本能就會變得具有強制性。」[110]

---

[108]、[109]盧梭，《愛彌兒》，頁644。

[110]尼采，《曙光》，§109。

《曙光》中的這段精彩文字就好像是專門為盧梭及其《愛彌兒》而寫的……

叔本華——偉大的肉體鄙視者

1788年，當人們紀念盧梭逝世十周年的時候，在波蘭但澤又誕生了一個偉大的肉體鄙視者，叔本華。他也是自我憎惡的專家。人們公認，在西方，是他將東方禁欲理想的形式化與佛教的形上學調和在一起。人們不能或不願接受的那些來自基督的東西，轉而來自佛陀時，人們便欣然接受了。其實佛教只不過是耶穌教的異域形式而已，人們完全可以將這些精妙的思辨兩相對應，當佛教只關注一元論的內在時，基督教反映出了二元論的先驗性，對於這兩個兜售死後世界的小商販來說，對肉體的鄙視是共同的：一者的微笑相當於另一者的光環。

叔本華的形上學就是將客觀實在的本質與生命意志互相等同，而叔本華的意志是被詛咒的，被說成負有一切否定責任的根源。從礦物到植物，從動物到人類，在所有不同等級的客體化中，生命意志作為和諧或本能、存在或延續的本質，都是終將滅亡的世界的實體。意志與否定一旦被等同，那就是竭力否定有助於確立虛無特權的對象，以及否定有助於實現絕非世界末日的東西。叔本華始終喜歡最廉價的世界末日。

人體同其他事物一樣，是意志。意志將其精華集中在生殖器官上。而大腦則表現智慧，唯有智慧能夠使世界消亡。叔本華寫道：「有人問我：在什麼地方可以對這種世界本質、對這種我稱之為生命意志的自在之物獲得最深刻的認識呢？或者問：在什麼地方可以最清楚地認識這種本質呢？或者問：這一本質本身在什麼地方揭示出它最純粹的特性呢？當有人問我這些問題時，我只

能說是在交媾行為的意志中。是這樣的！這是一切事物的真正本質和核心，是一切存在的目的。」[111]意志，這是人類的法則和傳播法則的修辭學。應受到鄙視的客觀實在集中在生殖器上。叔本華還看到，「閹割一個人，就如同把他從已萌芽的人類之樹上切除掉，讓他枯萎；也就是迫使他的精神萎靡，體力衰竭」[112]。如果此例還不足以說明這個問題，這位哲學家還有另外的例子。他看到情人們交媾後精疲力竭，便從中得到同樣的啟發。這位佛的崇拜者發現了一個志同道合的戰友塞爾索[113]。他毫不猶豫地援引了塞爾索的一段語錄作為他的依據，這段語錄教誨人們說：「精液的射出就是一部分靈魂的丟失。」[114]這是對那些不肯覺悟者的忠告，他們完全可能有朝一日因精液流失無度而徹底失去靈魂……性行為是自殺，它使潛能消耗殆盡，使生命大大縮短，使死亡的時刻早早來臨。

如果叔本華是對的，人們便有理由問，為什麼他不像放肆的諾斯替教派信徒那樣利用性這個導致世界末日的可怕東西，來更快地了結這個世界呢？既然愛神愛若思的出現會讓死神塔那多斯變成全能者，那為什麼不在盛大的狂歡中實現佛教哲學所冀求的世界末日呢？這種狂歡比他所建議的那種艱難、無效而痛苦的禁欲主義技術會更可靠地達到目的。用狂歡縱欲消滅實在，叔本華本可以通過這種方式選擇死亡，這也同樣是堅持了他的形上學，他本可以鼓吹一種無比歡樂的虛無主義。生殖器服務於虛無，那將是什麼樣的綱領……

人們也有同樣充分的理由預料到叔本華會有這樣的邏輯，叔本華毫無顧忌地將禁欲主義和力量、縱欲，以及腐敗聯繫在一起。他是那麼瞭解最壞的事物，必然會想到在他的形上學中用生殖器大做文章。這位佛教徒選擇了悲慘甚至險惡的道路。叔本華在他的主要著作《意志與表象世界》中寫道：「在人的身上，生殖力的熄滅標誌著他開始步入死亡；這種生殖力的無度使用在各個年齡段都縮短了生命；相反，禁欲主義則增長各種力量，特別是肌肉的力量。禁欲是希臘運動員進行賽前準備的不可分割的一部分；這種禁欲甚至能使昆蟲的生命延長到來年春天。」[115]這樣人們就明白了為什麼尼采以其特有的嗅覺將叔本華與屍體的氣味和掘墓人的做法聯繫在了一起：佛教徒的楷模就是基督教的禁欲者，就是用保精禁欲來

---

[111]叔本華，《1818—1830柏林手稿》（*Berliner Manuskripte*，1818—1830），頁240。

[112、114、115]叔本華，《意志與表象世界》（*Le Monde comme volonté et comme représentation*），A.Burdeau 譯，P.U.F.，頁1261。

[113]塞爾索（Celsus），二世紀羅馬帝國時期的新柏拉圖主義哲學家，反基督教的論戰家。譯註。

神聖的婚禮儀式。康德對婚姻的定義是
「兩個異性為彼此永久地擁有他們的性屬性而進行的結合」。

節制生命的賢者。禁欲維護的是生命，而叔本華這位佛門弟子卻視生命如敝屣。既然如此，他又何苦對禁欲一往情深呢？

叔本華對生命發出的無數詛咒足可以編纂成一部專著。他說，「痛苦是一切生命的實質」[116]，「生命是賠錢的商品」[117]，「為生命付出的辛苦和折磨與從生命中獲得的好處根本不成比例」[118]等等，不勝枚舉……既然如此，他何不主張通過交媾而自戕呢？也許是缺乏幽默感吧……發情造成了混亂。

作為一個男人，這位法蘭克福的佛是深諳房中事的，但是他卻不放過任何機會對性大加詆毀。他以哲學家的身份寫道，交媾是在悲劇與災難中進行的。他指出，人們在交媾中是如何感受到人類的活動就是以要求個體作為媒介的，或者說生命如何令人大失所望，因為它是在欲望亦即意志的背景上展開的。

叔本華認為，萬惡之源就是欲望，就是賦予實在以形式的衝動：「性本能是戰爭的起因和和平的目標；它是一切嚴肅行為的基礎，是一切玩笑的對象，是一切無言之信號、不言明之建議和暗中之窺視的永不枯竭的源泉，是年輕人、也往往是老年人的日之所思和夜之所想，是佔據著下流者全部時間的揮之不去的思想，是不斷浮現在潔身自好者腦中的幻覺；它永遠是現成的開玩笑的材料，而這恰恰是因為它在本質上是世界上最嚴肅的東西。」[119]佛洛伊德，還有在他之前的尼采，後來都發展和豐富了這種思想。《快樂的科學》的作者尼采將叔本華的命題反了過來，將欲望，將戴奧尼索斯的聲音視為一種激發的力量，一種發展的能量，一種可聽從的潛能。而法蘭克福的悲觀主義者叔本華卻不斷地從自己的原理出發，痛斥這種欲望的活力，呼籲人們把它當作有損健康的源頭而摧毀消滅它。他說，「人的最大錯誤，就是出生」[120]。

按照這種想法，生命是一個錯誤，是一份懲罰學生的作業，應該儘快了結——雖然叔本華本人相信自然會給他時間，他活了七十多歲才作此了結。了結的方法很簡單，這也是基督徒的方法：對痛苦的「聖德」持之以恆，對享樂的欺騙性有清醒的認識——享樂「並不能遵守它許下的諾言」[121]，而痛苦則是實在而持久的。由此便會達到自我憎惡所追求的目標：通過對生命意義的否定而熄滅欲望，讓心靈充滿憐憫和同情，在修行初期的預備階段進行

---

[116] 叔本華，《意志與表象世界》，頁393。註117，頁1080。註118，頁108。註119，頁1264。註120，頁1370。註121，1408頁。

美的苦思冥想，最終隨涅槃而達到極樂，達到真福。

佛教的禁慾主義與沙漠修士的禁慾主義如出一轍，它企圖製造出一具具同樣的肉體：瘦骨嶙峋、軟弱無力、毫無慾望的肉體。叔本華寫道：「我的道德始終是與基督教的道德一致的。」[122]既然如此，人們就毫不奇怪會在他的著作中看到他何其熱烈地維護著那種宣揚和鼓吹修身苦行、自我憎惡、獨身、神聖、聖潔和貞潔的「真正基督教」。既然生存是「一種需要不斷贖罪的歧途」[123]，那就應該採用一種嚴屬的方法來否定意志，因為「我們無法為我們的存在規定別的目標，而只能規定這樣的目標：讓我們知道我們最好是不存在」[124]。這就不禁使人感到奇怪了，他怎麼居然會忘了自己身上的那個人呢？那個人是那麼瞭解妓院的玄機，常去那裡尋找帶給他如此快樂的生命意志的否定。尼采將叔本華歸類如下：「他忍受著對他的身體和精神的整個組織進行的削弱和壓迫，並認為這是正確的。他顯然與此同時也削弱了他那過分強烈的特殊本能，就像這樣的人所做的那樣：他慾火中燒，渴望官能享受，但同時又以禁慾的方式把他的精力和甚至往往是判斷力加以削弱和摧毀。」[125]

天使製造機的發明者名單

從奧里留斯到叔本華，凡列入閹割愛好者或天使製造機器發明者名單的，無論是斯多葛學派、基督徒、文藝復興時代的新柏拉圖派、啟蒙時代的新斯多葛派，還是工業革命時代的新佛教徒，都完全是一些想直截了當地根除慾望的鬥士，禁慾理想的機器全都殺氣騰騰，向肉體開刀。然後憑藉康德的天才，有了替代的機器，這種機器表面上已不再那麼使人受到創傷，儘管它的用途依然故我。康德提供的機制更加完善，表面更加精妙，具有同樣的效果，可以長期使用。他那使機器運轉的燃料就是對慾望的導引，以及對慾望的管束。康德式中產階級的機器使婚姻變為束縛戴奧尼索斯的最保險的緊身束衣。時至今日，這套衣服還像內薩斯的長袍[126]一樣

---

[122] 叔本華，《意志與表象世界》註126，頁1420。註123，頁1370。註124，頁1373。

[125、127] 尼采，《曙光》，§109。

[126] 希臘神話中半人半馬的怪物內薩斯想拐騙赫克里斯的妻子，被赫克里斯的毒箭射中。內薩斯欺騙赫克里斯的妻子說，只要把他的長袍給赫克里斯穿上，她便能保住赫克里斯對她的愛。她這樣做了，赫克里斯因受到長袍上殘餘箭毒的侵害而亡。譯註。

緊緊地貼在異教徒的肉體上……

在尼采反對本能的戰鬥畫面中，康德描繪了最具阿波羅色彩的時刻，那就是以滿足欲望為義務的時刻，「而這是要在嚴格的規定下進行的：這樣就給欲望引入一種規律，將它起落的高低和時期限制在暫時的穩定中，人們由此獲得了欲望停止糾纏的中間階段」[127]。人們不再暴烈、野蠻地殺掉欲望，而是採取平息、窒息的方式，將能量悄然納入約束的形式之中，具體地說，就是納入婚姻之中。

康德提出的這些論點並不是什麼新鮮貨，聖奧古斯丁在他關於道德的論述中就已用類似的措辭為這些論點進行了辯護。康德這個哥尼斯堡的光棍，只是在《法的形上學原理》中將這些過時的論點老調重彈罷了。當教會之父依靠天上的秩序建立起世俗的婚姻登記簿時，批判主義之父則求助於法律的理性，他在單純理性的限度內保持了同樣的立場……

那麼聖奧古斯丁說了些什麼呢？「婚姻的好處就是將青春期的縱欲化為孕育子女的體面功能，儘管這種縱欲終歸是淫蕩的。這樣，夫妻關係便將淫欲之惡轉化為善。這

種關係抑制了奔放的肉體享樂，在他們的狂熱中加入了某種羞恥心，並以父性的渴望平抑了這種狂熱。」[128]「當夫妻的性行為是針對生育時，它便不再是一種罪惡；當為了滿足夫妻間的性欲並作為夫妻間忠誠的保證而有性行為時，它是一種輕罪。」[129]而當通姦或私通時，也就是說當性行為以純粹的性快感為目的時，它便罪莫大焉。讓我們作個結論：「現今的夫妻關係可以補救縱欲的罪過。這種關係可以使不能控制自己感官的人不是通過淫亂而是通過目的在於生育子女的婚姻的貞潔關係，來滿足感官的要求。」[130]婚姻調節了性衝動，可以將戴奧尼索斯限制在夫妻臥室的範圍之內，使他盡量少表露自己的感情，避免讓他在經常出沒的青樓繡床和妓院臥榻之間任意逍遙。這有點像是用碎布壘成的水壩攔截氾濫的洪水……

康德實際上沒有加入什麼新的東西。他的

---

[128]聖奧古斯丁，《婚姻的益處》（*Le Bien du mariage*）in Oeuvresècomplètes，Tome II，Probl mes moraux，III.3.，頁29。註129，Tome II，VI.6。

[130]聖奧古斯丁，《姘居》（*Les Mariages adultéres*），Tome II，頁207。

透過婚姻，性行為才是被允許的、道德的。揚‧范‧艾克（Jan Van Eyck，1390?－1441）＜阿諾菲尼的婚禮＞。

獨特之處就是賦予這種令人快樂的程式一種法律的形式。在《對美感與崇高感的觀察》中，康德將欲望的不可抗拒性與「惡習的野蠻性」[131]作了比較。他對事物的認識似乎是準確的，他寫道：「人們想怎麼圍著神秘兜圈子就怎麼兜吧，不管怎麼樣，性吸引力終歸是所有其他誘惑力的基礎。」[132]此外，在論及女人對男人形成的誘惑時，他補充說：「這種誘惑全都是在性衝動的基礎上展開的。自然自有其強大的意圖；一切與這種誘惑相聯繫的微妙事物，無論看上去與這種誘惑相離何其遙遠，都是這種誘惑的美化，歸根到底都是從同一發源地借得的魅力。」[133]讓我們對他的明智深表敬意吧！康德的肉體肯定不會沒有快感的震顫。但是，這位哲學家努力要做的卻是將這種性衝動限制在單純的理性範圍之內。且讓我們看他怎麼做吧⋯⋯

在康德的分類中，性本性被列入了動物、純自然生物所具有的那種保存自我的本性之中。這種本性是自然用來保存自己、保存物種、或「保存僅對動物而言的享樂能力的」[134]。性欲只存在於保存自我的邏輯中，至少這是康德的設準。這位哲學家

---

[131]康德，《論美與高雅的感情》（*Observations sur le sentiment du beau et du sublime*），Garnier Flammarion，頁140。註132、133，頁132。

[134]康德，《德行論的形上學基本原理》（*Doctrine de la vertu，Métaphysique des mœurs, Iᵉ Partie*），A.Philonenko 譯，Vrin，頁92。

提出了這樣的問題：如果不是出於保種的目的，人是否「有權僅為獲得肉體的快感而運用這種官能」[135]呢？大家知道，聖奧古斯丁已經有了答案：是可以的，但只能在婚姻關係之內，否則就是淫欲和下流，與貞潔相背離，也就是不守道德。康德寫道：「當人不是被一個實在的目的而是被一個想像的目的驅向肉體的快感時，當人本末倒置地自行創造出一個目的時，肉體的快感便是反自然的。」[136]幻影退場了。康德進一步論述道：「像這樣反自然地濫用性官能，就是違背道德，就是最大地不履行對自我的義務，只要稍加思索，每個人都會承認這一點，而這也正在激起人們對這種反自然濫用性官能的思想的極大厭惡，以致人們連提起這種穢行的名稱都認為是不道德的。」[137]抱著與自然對立的目的使用自我，就是把自己降低到動物的地位。哲學家繼續說道，之所以說這是極為違背對自我的義務，理由很簡單；這樣行事，也就是抱著性享樂而非生育的目的行事，「人便丟棄了他的人格，因為他只將自我當作了一個滿足其動物性本能的手段而加以使用」[138]。在這位思想家的思想裡，這樣行事簡直就是對整個人類尊嚴的玷污。人們只會由此產生對自我的厭惡與鄙視。肉體的快感是對自我的玷污。康德絕非戲言。要不是這位哲學家以擺脫基督教的一切陳腐神話而保持其精神為己任，說不定他還會搬出大罪和地獄一類的東西哩。

康德是如何看待性行為的呢？他在寫給戈特弗里德·舒茲（Gottfried Schuetz）的一封信中以一種教訓人的口吻莊重地指出：「享樂，從人的角度出發（即以消費人的角度出發），正如食人肉者所做的那樣，是將人變成了一種消費對象；只有夫妻不會因性行為而變成被消費的物體。……在人體這種東西（能立即產生快樂的東西）的快感中，人們都將這種東西想像成消費物，事實上，正因為如此，人們才相互使用性器。交媾、耗盡精力和（可造成婦女分娩這個致命的後果）受孕都是在消費一方或另一方，從使用性器的角度上看，在食人肉者的欲望與淫蕩者的欲望之間只存在著純粹是形式上的區別。」[139]在其《法的形上學原理》第二版的註釋中，康德又談到被理解為動物性消費的性行為問題。他明確指出：「消費的方式無論是用嘴和牙齒吃人肉，還是受孕並因此而造成有生命之虞的分娩，抑或是男人因女人性要求過高而耗盡力氣，都只是為了享樂，不同的僅是方式而已。」[140]當性享樂過度時，它便是罪惡的。但是何謂過度？康德卻所談甚少。過度的理論依據是什麼？超過什麼標準就算

---

[135]康德，《德行論的形上學基本原理》，7.1erpartie，livre I，section，I，頁98。

[136—138]同註135，頁99。

[139]盧梭《全集》，VI，頁359—360。

[140]康德，《法理的形上學基本原理》（Doctrine du droit，Métaphysique des mœurs, IIᵉ Partie），A.Philonenko譯，Vrin。

過度？適度的界限是什麼？我們只知道這位哲學家是如何從反面來解釋他所說的過度。適度的含義是在家庭、私下和夫妻的範圍之內。超出這個範圍，便是過度，也即是罪惡。康德是從這個原則出發的：在夫妻的關係中，性關係實質上是相互的，而在婚外的性關係中，這種關係是單向的。這裡，我們看不出康德的論證與下面這種純粹的設準有什麼不同：婚姻作為法律的契約，在它新建立起的相互主體性的關係中，不得再讓一個他人在客體之外作為主體立足。這種傾向甚至非常強：人們變成了反康德的康德哲學的信奉者，被迫按照決定性關係的形式的意願來判斷是非。

總而言之，在這位哲學家的眼裡，婚姻這種性行為是一種超越性行為之客體性所具備的必要條件。婚姻通過締結的終身契約使性行為神聖化，這種變為可能的性行為便超出了動物性而處在人倫的範圍之內。夫妻締結永久性的契約，就有了在性關係中消耗他們自己的根據，他們的關係便是道德的了。如果說，無論將來條件怎麼樣，也無論將來出現什麼情況，結婚之日訂立的婚約都必須是有效的，那麼，這種千金一諾在康德道德關係的建立中該具有什麼樣的地位呢？康德比較喜歡在一天內就簽訂的契約所具有的冰冷效力，而將情欲、欲望、衝動、意志等都拋到了九霄雲外，他讓肉體服從法律的文字，讓肌膚服從契約的條款。他的不人道與他對純法理的虔誠同樣的強烈。

在給舒茲的同一封信中，他寫道，很顯然，「當這種性行為因是夫妻間的行為而得到承認的時候，也就是說當這種性行為是合法的時候，儘管這種性行為只是建立在自然權利之上，准許卻已經在觀念之中了。這正是問題之所在：夫妻的性行為是可為的嗎？根據是什麼？這裡只應該涉及肉體行為（性交）和准許肉體行為的條件。因為，mutum adjutorium（互助）只是婚姻在法律上的必然結果，首先應該研究的是產生這種結果的可能性和條件」[141]。康德在《法的形上學原理》中有一句名言，康德這樣定義婚姻：「兩個異性為彼此永久地擁有他們的性屬性而進行的結合。」[142]這也就是說，由於婚姻是符合法律的，所以它是性的自然關係。康德多麼有詩意啊！

布魯赫在分析這個問題時指出：「在康德將婚姻化為一紙契約的定義中，沒有愛的概念。」[143]我們的確至少可以看到的一點。康德強調了性行為的破壞性和野蠻性，而賦予婚姻人性化，甚至幾乎是教化的使命。這裡，法律又一次包容了自然，限制了自然，擯棄了自然，在將它粉碎消滅之後又賦予了它以形式。法律就猶如對力量的麻醉。「唯有婚姻能夠使性行為人性化，」布魯赫繼續說道，「它既須完全從性

[141]康德，《法理的形上學基本原理》，頁212—217。註142．p.113.Barni．p.113.Ed.Ac.Tome VI，頁277。

行為出發給自己下定義，又須構成使用性的唯一合法權利。性行為是一種單獨的享樂，而婚姻則在成為一種簡單的享樂手段。」[144]

那些被看成是滿足欲望手段的性行為只能屬於淫亂的性欲、下流的情愛和通姦。康德更喜歡用富有詩意的拉丁文來說明這些事物：vaga libido（淫亂的性欲），venus vulgivaga（下流的情愛）和formicatio（通姦）。從倫理的角度上看，所有這些法律之外的享樂方式都是應該受到譴責的。人如果不讓自己肉體的快樂服從於法律，他就失去了對自我的尊重、失去人類對他的尊重——亦即成為失去人性的畜生。康德直截了當地說：「如果男人和女人想利用他們的性功能來相互享受歡樂，那他們就必須結婚。按照純理性的法律規定，這是必須的。」[145]在契約中，由於每個人都視對方為對象，這就建立起賴以保持尊嚴和人格的平衡。「一性為異性的歡樂而提供自我或接受對方，不僅在婚姻的條件下才是允許的，而且也只能在這一條件下才是可能的。」[146]因為只有這樣夫妻才能同居，夫妻同居是完婚和婚姻生效的標誌。就這樣，在康德看來，那經過長途跋涉的性欲終於走到了盡頭，在溫馨的新房裡、在夫妻共有的家中、在同眠共宿的新床上找到了歸宿。如果說天底下有天衣無縫的計策的話，那就是這個了。性欲在經過痛苦而激烈的鏖戰之後，現在甚至也沒有機會死在浴血奮戰之中了，它正在像豢養的家畜一樣馴服地死去。這頭家畜為求安靜而不惜長肥，而由於它早已被閹割，那肥胖就更加顯眼。這是中產階級和阿波羅對戴奧尼索斯力量的勝利，是製造天使—夫妻的機器的最大成功，是性欲的死亡和天使的誕生。

最後讓我們看一看尼采發出了甚麼樣的冷笑。他在概述了消滅欲望的不同方法之後，非常有效地總結道：「但是，要想戰勝一種本能的暴烈，這不在我們的能力之內，不在我們偶然採用的方法之內，不在我們用這種方法取得或未取得的成功之內。顯然，在這整個過程中，我們的知性更應該說是另一種本能的盲目的工具，這另一種本能是同那種以暴烈折磨我們的本能相競爭的：它可以是對休息的需要，或是對羞辱和其他不良後果的恐懼，或是愛情。當『我們』認為我們在抱怨一種本能的暴烈時，實際上是這種本能在抱怨另一種本能；這就是說，要想感覺到這樣一種暴烈所引起的痛苦，首先需要存在著另一種同樣暴烈、甚至更為暴烈的本能，而且這種本能將發動一場我們的知性必須參加的戰鬥。」[147]這便是尼采發出的冷笑，要不怎麼說戴奧尼索斯既是不死的火鳥（Phenix），又是變化無常的海神波塞頓呢……

[143、144]康德，《關於道德與宗教的書簡》（*Lettres sur la morale et la religion*），J.L. Bruch 譯，Aubier Montaine，頁218。

[145]康德，《法理的形上學基本原理》，§24.，頁156—157。註146，§25，頁157。

[147]尼采，《曙光》，§109。

費爾巴哈。

普魯斯特。

雖然享樂主義作為一種隱蔽的能量從不曾在思想史上銷聲匿跡，但是享樂主義形成肉體哲學的可能性卻是最近才出現的。單是對基督教的批評就使得盛讚肉體的新實證主義得以出現。在懷疑主義哲學的否定研究工程所遺留下的殘垣斷壁上，以及對古希臘抱有懷古幽情的懷舊者希望舉行酒神節的場地上，人們終於可以期待有新的肉體，一種徹底與宗教信仰和神靈信仰不相干的肉體了。做一個後基督徒，將不再是回歸古人，而是超越基督教中那些古希臘文化傳統的東西，特別是超越尼采在禁欲理想主題中所抨擊的那些東西。尼采在《道德系譜學》中寫道：「哲學是在這種（禁欲）理想的控制下學步的，在世上蹣跚學步……這種哲學家所特有的使之遠離世界的態度，這種否定世界、敵視生命、鄙視感覺、嚴酷而刻苦的存在方式，這種時至今日仍將此態度視為最好的哲學態度的存在方式，首先是哲學賴以出生和生存的那些必要條件所造成的一種後果。」[1] 這種情況存在於整個歐洲與其各個時代，概莫能外。在肉體這個問題上，啟蒙時代和其他的時代同樣蒙昧，雖然偶有拉美特里和薩德等特例，但依然無可期待。

在思想史上打開缺口的是費爾巴哈，雖然他後來被馬克思主義者打入了冷宮，但是他實在應當從冷宮中昂首闊步走出來。因為，把基督教的終結與內在人類學的發展可能聯繫在一起思考，費爾巴哈當屬第一人。首先他掌握了宗教邏輯中異化的思想體系本質：人賦予神的，就是人所擺脫掉的。人只用屬於自己的布料給神做衣服。其實只需要凸顯這個精闢的分析，便足以促使人重新找回自我，特別是重新找回自己的肉體。

要實現理應實現的人與自我的和解，應該先瞭解來生世界、天界、假設的概念、本質、神的寄居地。這些空間是神話的、幻想的和假設的。它們沒有任何實際

---

[1] 尼采，《我的道德系譜》，Ⅲ. §9，§10。

貝利尼（Giovanni Bellini，1430－1516）的＜眾神之宴＞，眾神的歡愉野外饗宴，充滿美酒、美食與音樂。

的存在，只有虛幻。費爾巴哈不在「實在」亦即「真實的本質」上作無謂的糾纏，而是直截了當地指出：「表現在感覺上的便是真實。」[2]換言之：「可感覺的表現就是實在本身。」[3]上帝的死亡並不重要，重要的是使上帝長久的存在成為可能的東西被摧毀了。費爾巴哈不斷地實行焦土政策，一再在觀念上向基督教發動猛烈的攻擊，繼而又將矛頭指向整個宗教，因為宗教意味著人內部的割裂，意味著肉體與靈魂、肉體與精神的分離。

費爾巴哈的享樂主義將幸福歸結於唯一可能的真實存在，而不是歸結於死後假想的世界：這是內在與超驗的對反、感覺與本質的對反，以及塵世與來世的對反。這裡人們可以看到享樂主義哲學的第一原則：使生命重新物質化。在這個假設中，費爾巴哈寫道：「如果人的本質是感覺，而不是虛幻的抽象——『精神』，那麼與此原則相背離的所有哲學、所有宗教、所有教誨便不僅僅是錯誤的，而且從根本上就是令人墮落的。如果你想改善人類，那就使他們幸福吧；而如果你想使他們幸福，那就到一切幸福、一切歡樂的源泉——感覺那裡去吧。對感覺的否定，是充斥人類生命的所有瘋狂、所有惡毒、所有疾病的根源。對感覺的肯定，則是身體、道德和理論的健康的根源。克己、屈從、『犧牲』、抽象，這些使人憂鬱、陰沈、骯髒、淫蕩、卑怯、吝嗇、嫉妒、奸詐、惡毒；相反，感覺的快樂則使人開朗、勇敢、高尚、坦誠、熱情、善良、自由、優秀。所有的人在歡樂中都是善的，在悲苦中都是惡的；而悲苦正是來

---

[2]費爾巴哈，《宗教的本質》（*L'Essence de la religion*），收於La Religion，J.Roy 譯，Librairie internaionale Lacroix，Verboeckoven et Cie.1864，頁170。

[3]費爾巴哈，《不同的思想》（*Pensées diverses*），收於La Religion，頁318、336。.

自我們拋開了感覺的那些東西，不論這種拋開是有意的還是無意。」[4]當然，費爾巴哈的文章在許多地方都散發出十八世紀的氣息，散發出那個世紀恬靜的樂觀主義，散發出集體解決問題的氣息。對人類產生的信心是從啟蒙時代流傳開來的那些老生常談中所引出來的結果，而將幸福問題與集體問題聯繫在一起，則表現了十八世紀學者的明顯印記。然而，這並不妨礙費爾巴哈的著述因他所宣稱和所寫出的直覺而斐然生輝。我們可以在費爾巴哈的感覺論、唯物一元論、生物學和心理學思考、享樂主義，以及其他種種的論題中，發現後來佛洛依德的異化、昇華或各種情結的主題。

費爾巴哈在《反肉體與靈魂、肉體與精神的二元論》中所進行的心理分析是針對否定感覺與創傷，以及欲望的緊張與經神官能症之間的因果關係。抗拒自己的肉體是造成不適的因素，這種思想現在已經很普通了。費爾巴哈跨越了孤獨的意志，提出了享樂主義意志的原則，這種享樂意志將快樂與高尚、肯定與健康、自由與卓越聯繫在一起。費爾巴哈的口號可以作為享樂主義的格言：「享受感覺的神性，不享受神性的感覺。」[5]享樂主義的人體將特權賦予了五種感官，而通常只有直接服務於知性的視覺和聽覺才被承認具有這些特權。肉體被賦予了哲學的尊嚴，思想的活動是通過肉體展開的，智力的運行是表現

在肉體上的。肉體不受羞辱，不受鄙視，而被看作是意識發生奇異變化的處所。生理學中隱含著一些問題的答案，哪怕這些問題是含混不明的。這位哲學家擺脫了形上學的窠臼，在物理學上展開探究。1864年，費爾巴哈寫道，「思維活動是一種肉體的機體活動」[6]，而不是一種超驗的或有點神性的修辭活動。現在所有人都把這點看成了最基本的已知條件，當作出發點。具有神經元的人類和懷疑論的反思出現在同一個時代。

肉體終於從宗教、精神、唯心主義和神學的監護中被解放了出來，肉體可以在極其鮮明的內在中展現自己了，物質不再是一種概念，而是一種實在，唯一的實在：享樂唯物主義在這種需要中找到它可能存在的條件。只有一元論才使洋溢著美和詩意的真正肉體的哲學得以存在。在這個新的肉體背後，顯現了守護神戴奧尼索斯的身影，顯現了一種先兆。我們都知道這位精力充沛的神，臨深淵和近巔峰的歷程。他被分割，被切碎，被化作液體，

「一段時間裡生活在精液、羊水、汗水、血液等流淌在活人身上，並從中流失的體液之內；最後他終於又凝成

[4]費爾巴哈，《反肉體與靈魂、肉體與精神的二元論》（*Contre le dualisme du corps et de l'ame，de la chair et de l'esprit*），II，收於Philosophie，n 25，Claire Mercier譯，Editions de Minuit，頁14—15。註5，頁18。註6，頁9。

用花朵裝飾、充滿香氣的豐腴肉體（繪於1585年）。

了一個人體，但已變得癲狂，步履蹣跚，到處播下種子，而人們卻也因此而喜歡他。……戴奧尼索斯是肉體形上學的腳步踉蹌的神」[7]。享樂主義傳出這些生命節日的回聲，賦予戴奧尼索斯以世紀與時代所允許賦予的形式。在為後基督教作準備的工業時代，享樂主義就是對體液流動、對能力、對力量、對潛能的相信。因此，把享樂主義比喻成熱力學倒是很恰當。

探求享樂主義的人當然已不再將身體視為古怪或是奇特的東西，但是他們仍然接受寄居在肉體中的那些流竄的靈光。不僅如此，也還應該會進一步激發那些靈光，增加並且加強那些靈光的強度。為了這些原因，意識被召喚而來，扮演思想體系中的重要角色：意識將改變這種能量的面貌，避免讓它變得可怖、危險，或變成苦行。當然，意識並不在肉體之外，它從來就只是肉體的多種形態之一：它是肉體中最能表現阿波羅秩序之願望的東西。它給能量編織出一些形式，能量在這些形式下成為個別的肉體，成為人。意識賦予肉體的生命潛力以形式，將這些潛力集中在行為舉止與行動上。意識使意志得以執行，儘管在叔本華之後，人們已經知道了意志的性質。意識是一件工具，用它可以製造風格，用它可以顯示一種賦予潛能

以形式的獨特而奇異的方式。通過意識的使用，人脫離了獸性，確立了在動物中的卓爾不群。在人類的統治中，意識甚至是存在的等級和貴族賴以生存之物，是區別低劣和高貴、粗俗和高雅、愚笨和天才之物。意志、意識和智慧這三者的調和，最終給獸性的享樂和享樂主義的快樂進行了分門別類。無意識的享樂只是靈魂的毀滅……

知道自己在享樂，是人類在快樂時所具有的特點。知道自己在享樂，這就意味著是在與意識進行著遊戲，是從享樂和享樂的意識來觀察一切：大腦像篩檢程式一樣解釋快樂，使快樂完善並賦予它精神的形式。未經過大腦的快樂不可能是美好的。如果說快樂可以力求達到道德標準的力量，這是因為它具有被意識賦予形式的能力。彷彿是為了防止人們責備他將享樂主義變為縱欲者的哲學，費爾巴哈特別強調了那些高貴之處。讓我們來看一看這位德國哲學家寫了些什麼：「人與動物的區別只在於這一點：人是感覺主義最高級的有生命者，是世上最有感覺能力、最敏感的生物。人與動物具有共同的感覺，但是只有在人的身上，感官感覺才從一個相對的、從屬於其他低級目的的生命變成一個絕對的生命，一個自在的目的，只有在人的身上，感官感覺才變成自

---

[7]引自薩弗朗斯基Safranski，《叔本華與哲學瘋狂的年代》（*Schopenhauer et les ann es folles de la philosophie*），Hans Hildenbrand 與 P.Heber Suffrin 譯，P.U.F，頁174。

[8]費爾巴哈，《反肉體與靈魂、肉體與精神的二元論》，II，頁14。

[9]普魯斯特，《讓·桑德伊》（*Jean Santeuil*），Gallimard，Pléiade，I.，頁197。

音樂「增加衝動、激情、感情、感覺、顫動發生的機會」。這幅十六世紀末的木刻版畫，生動呈現美好的音樂鼓動著歡愉的肉體享受。

我的享樂。」他進一步寫道：「人之所以成其為人，只是因為他不是一個像動物那樣受到局限的感覺主義者，而是一個絕對的感覺主義者：他不是他感覺的對象，不是這樣一些或那樣一些的感性，而是全部的感性，是世界，是無限，而這一切在本質上只是為了對自我的愛，也就是為了對美的快感的愛。」[8]好個「美的快感」，一語道破享樂主義的全部玄機：這是一種意志，是一種製造獨一無二的形式，是變實在為衝動，將世界作為美、卓越和快樂的藉口的意志。這種煉丹術的工具是被意識激化的五種感覺。

在這個角度上，每一種感覺都應該被如此看待：它可以使得與現實世界的美感接觸得到實現。比如說對嗅覺就應如此看待，而我們在前面已經看到過嗅覺備受排斥的歷程了。享樂唯物主義將把氣息、香味、氣味看成世界及其震動的某種表現。一些游離的和下順傅的柚子性酴甚至

些訊息，而人們往往錯誤地聽任這些訊息流逝。我們不能只是隨隨便便地提到普魯斯特，這未免太過失禮。我們應該鄭重其事地將他的《追憶逝水年華》當成一座獻給感覺的紀念碑來讀。我們會發現那些開滿英國山楂花的樹籬，那些柑橘花散發的芳香，或者那些百合花飄出的清香是如何被賦予了哲學的尊嚴，他那些「像群星閃爍般美麗的花朵」[9]，令人聯想到麵包店撲面而來的香氣，而普魯斯特在看到那白色或粉色的玫瑰時則泛起了「對奶油乳酪的回憶」。「有一天，他放進了一些搗碎的草莓，乳酪便從白色變為粉色，那顏色就像玫瑰的粉色一樣，這種乳酪一直是他喜歡的美味。」[10]接下來就應該談談女人的香味，那幽幽香氣喚醒記憶，使深愛女人的音容笑貌浮現在意識中。

當知道普魯斯特非常喜歡柏格森時，你一定不會感到奇怪。他曾專程去巴黎大

---

[10]普魯斯特，《讓·桑德伊》I，頁203—204。

[11]柏格森，《論意識的直接材料》（*Essai sur les données immédiates de la conscience*），收於《作品集》，P.U.F，頁107。

學聽這位哲學大師講課。《物質與記憶》的作者柏格森確實對感情作用（affective）和表象作用（representative）這兩種感覺作了精闢的論述。他在諸多分析中也對一種花的芳香作了分析。「我呼吸著玫瑰的芳香，」他寫道，「童年的朦朧往事立即在記憶中湧現。」[11]人們可以領悟到那種既富有詩意又具有哲學意味，兩者相得益彰的嗅覺的實在。

費爾巴哈的人類學並沒有忽略能夠理解世界氣味的肉體。在他的著作中，感覺的五種方式絕無貴賤之分。他指示說：「服從感覺吧！感覺開始之刻，就是宗教與哲學的結束之時。在這交換的時刻，你已被給予了素樸而赤裸的真實。」[12]此外，「對於個人，只有實在才是感覺和意識的對象」[13]。鼻子將被賦予單獨接觸世界的權力，意識將加強它的權力，記憶則增加了它的奇跡。

臉是感覺器官聚集的部位，產生了立體的隆起，更呈現孔竅，世界就是從中而入的。在這些連接內部與外部的孔竅之中，嘴是絕不可忽視的。毫無疑問，嘴是說話、言談和交流的器官，但也是必需的食物、營養和活力的入口。既然將必需轉化為美感是可能的，人們便想到美食方面的可能。飢腸轆轆通過攝取單純的食物這個簡單方式即可得到滿足，但這還談不上快樂或享受。只有美食才能給嘴的攝食活動帶來藝術的成分，美食可以理解為是嘴巴為需要所附加的文化。

在鄙視肉體的哲學名人的聖殿中，還可以看到另一位追隨者沙特和他的著作《存在與虛無》。人們在這部著作中看到了堵塞孔竅的形上學，這反映出作者看待進食的行為，純粹是從需要出發的。在沙特的著作中竟然沒有美食的現象學，這點確實應該讓人感到驚奇。在他看來，吃就是堵住洞口，就是堵塞一個缺口，就是填死一個洞穴。這裡沒有任何美感可言，相反的，食物揭示了偶然性，它確立了人服從肉體需要的地位。我們還是先把沙特和他那象徵性的厭惡放在一旁吧，在他背後還有一大群肉體的鄙視者哩。這群人多得出奇——也淒涼得出奇。

與這種拒絕肉體的病態做法恰好相反，感覺主義者實踐著一種肉體唯物主義，推崇視肉體為整體的觀點，這種唯物主義與費爾巴哈的肉體與靈魂、肉體與精神的不可分論是一致的。「精神的人，」他寫道，「是用頭腦感覺的人，是頭腦的

---

[12]費爾巴哈，《哲學宣言》（*Manifestes philosophiques*），L.Althusser 譯，10/18，頁301。

[13]費爾巴哈，《死亡與不朽》（*Mort et immortalité*），收於 La Religion，頁210。

「如果沒有音樂，生命便只是一個錯誤，一種令人疲憊不堪的勞作，一種流放」圖中描繪一場正在花園裡舉行的華麗音樂會（繪於十六世紀末）。

人；肉體的人是用肚腹感覺的人，是肚腹的人。精神的人將肚腹變為頭腦的手段；肉體的人將頭腦變為肚腹的手段。頭腦的人說：『我吃是為了活著。』肚腹的人說：『我活著是為了吃。』」[14]人們現在一定已經知道，正是因為兩者只擇其一的方式將精神與肉體對立了起來。然而，既然一定得選擇……

對感覺的偏愛並不排斥鍾愛睿智和意識的力量。好像是漫不經心似的，這位贊同感覺主義而反對理性主義的哲學家，信手選擇了風格、情感和思想的美感。描述肉體感覺的文字屬於美術範疇，那就像是一種想要將美與真實聯繫在一起，並最

終將兩者調和起來的努力。在這方面，瑟爾的文章和他的精闢分析頗值人玩味。他的一部著作題為《混雜肉體的哲學》，副題是《五種感官》，其中一段文字將一杯1947年的伊蓋姆老酒（Yquem）化作了哲學的內容。終於有了一篇用膾炙人口的語言、而非概念化的對肉體真實的感受。讓我們欣賞以下這段文章吧，這文章寫的是一杯老酒下肚後的最初感覺：「肉體是美麗的紋路，是閃光的條紋，是亮色的波紋，是五色的雲紋，是雜色的錦紋，是深色的虎斑紋，是黑色的眼狀花紋……它輕輕鋪展開來，鋪陳在裝滿了花果象徵著豐收的羊角之

---

[14]費爾巴哈，《反肉體與靈魂、肉體與精神的二元論》，II，頁13。

側，展現在天后朱諾那隻爪子粗大的飛鳥旁。那掠過的是什麼？誰又能說清道明？那是春天的花朵犬薔薇、丁香或鐵線蓮，那是獲月[15]的水果桃子，那是秋冬的果實──梨、蘋果、葡萄、核桃，那是在長滿棕蕨的黑色小樹林裡隨地滾動的小胡桃，那是埋在灰色腐殖土裡的塊菰，那是飽含樹脂的黏性的樹皮，那是燧石或火石罕見的礦物芳香，那是麝香或龍涎香稀有的動物芳香，那是被浸濕了的獸毛或愛的汗水，那是繼花月[16]彌漫的自然芳香與用動物和礦石製成的人造芳香之後出現的第三種芳香──極為難得的酒香，那酒香像抑揚頓挫的撥奏，像花枝圖案織物上的暈線。我們分辨得出這一切嗎？那是薄荷、天竺葵、土荊芥、茉莉、香子蘭、椴花，是香料，是丙酮一樣的微妙氣味；那是石竹、樟腦，是安息香一樣的芳香植物；那是烤咖啡、烤煙草的香氣；伊蓋姆老酒攜帶著四季常青的樹林的印記，蘊含著對阿爾馬涅克（Armagnac）燒酒的遙遠記憶，勾動著對產於附近的佳富葡萄酒的聯翩浮想。」[17]這是戴奧尼索斯的風格，是作家的文筆……概念狂們當然會大呼小叫地說，這裡沒有哲學術語，也缺乏分析。那些總是寫一些味同嚼蠟的文章的老夫子們會對這本書嗤之以鼻，人們會輕蔑和厭惡地把它丟入文學作品的範疇。人們以為這樣就

可以輕易地拒絕另一種研究哲學的方式，只因為這種方式是建築在感性的語言魅力之上，是以詩意的語言分析美感，而且這種方式也比較喜歡把審美衝動當做認識和知識的工具。

人們各有所好，有人會為沙特提供的哲學之尊嚴而洋洋自得，這些人比較喜歡撞球檯，一把錘子或一個煙灰缸。他們會看到，在甚麼程度上，「錘子的出現就是錘打在進行」[18]，或者一個煙斗可以象徵世界的燃燒。人們在面對自己的對象世界時，各有其哲學，瑟爾的對象可以說是享樂主義的，而不是功利主義的。肉體在整體中感受這些對象，所有的感官都參與其中。而現象學家卻缺乏詩意，往往將他們的對象簡化為視覺的對象。因為，眼睛顯然是離對象最遙遠的器官。

最後，皮膚最能明確顯示觸覺最性感的感覺，而人們卻強烈渴望把這種感覺簡化為手指或手所能體會到的感覺。觸覺是與整個皮膚相關的，而人們幾乎總是把這種官能想像成是主體有意識的控制範圍，其實肉體的外表薄膜與世界的一切接觸，無論是有意還是無意，都在觸覺感官的感覺範圍之內：水手能體味拂面而來的海風，並把它當作瞭解船速的方式；農民則

---

[15]法蘭西共和曆的第十月，相當於西曆6月19─20日至7月19─20日。

[16]法蘭西共和曆的第八月，相當於西曆4月20─21日至5月19─20日。

[17]米歇‧瑟爾（Michel Serres），《五種感官》（*Les Cinq sens*），Grasset，頁170─171。

[18]沙特（Jean-Paul Sartre），《存在與虛無》（*L'etre et le n ant*），Gallimard，頁672。Pour la bille: 頁263─264。Pour l'attirail du fumeur: 頁687。

充滿張力的肉體素描。圖繪於1724年。

通過晚風的濕度、強度和潤滑度而知道次日的天氣如何。

　　繼狄德羅之後，瑟爾繼承其感覺主義的軌道，描繪出皮膚是一個有著如何豐富微妙而細膩的感覺表層：「我們那層伸展著的、變化著的表膜，聽取的多，看到的少，悄悄呼吸香氣，時時發出戰慄，遇到噪音、強光、臭味時，或畏縮，或收縮，或狂喜。無論沉寂無聲之時或是巨聲爆響之刻，它都瑟瑟發抖；一切撫摸都使它麻酥、癱軟。光線、陰影、喧囂、沈默、芳香，還有各種各樣的波，那從頭到腳將我們淹沒的萬物，都在浸潤著皮膚，侵襲著皮膚。」[19]這皮膚是一張在器官與實在、鮮血與空氣之間展開的敏感羅網，而對大多數哲學家來說，它卻並不存在。皮膚似乎只是對那些切割它的外科醫生，或那些檢查它的皮膚科醫生才具有實在性。然而，正是在皮膚上記載著衝動和記憶、悲劇和歡笑的褶皺、時光和死亡的過程。這是一張空白而時間短暫的羊皮紙，是一張已有書寫的字跡卻無法抹去的羊皮紙。

　　剩下來的就是傳統上認為高貴的感覺了：聽覺和視覺。應該說就是它們帶來了社會承認的美感。關於視覺藝術，我們在這裡就不再贅言了。還是讓我們談一談音樂這門奇妙的藝術吧。哲學家很少有人是音樂愛好者，很少有人會把音樂放在自己的思想體系裡最重要的部位。除了叔本華、齊克果[20]和尼采之外，能說出這番話的哲學家實在是鳳毛麟角：「如果沒有音樂，生命便只是一個錯誤，一種令人疲憊不堪的工

---

[19]瑟爾，《五種感官》，頁72。

[20]齊克果（Soren Aabye Kierkegaard，1813—1855），丹麥宗教哲學家，存在主義思想先驅。譯註。

作，一種流放。」[21]

在為享樂主義的肉體下結論時，音樂提供了極為重要的幫助。因為享樂主義正是根據音樂這種已達巔峰之美的美學方式來構想肉體、物質的存在和運動。這種方式就是增加衝動、激情、感情、感覺與顫動發生的機會。要這樣體驗生命，好像生命就應該是音樂的，好像生命就應該使肉體服從於以生命意識形式出現的即興的節奏、旋律、和諧。要給瞬間以全部的力量，要相信靈感，要接受熱情——如果我們探尋詞源，熱情實乃是對神的激情。

尼采是音樂的行家，繩上舞蹈的行家，走鋼絲的行家，體驗出神的行家。他在選用生機論（vitalism）的隱喻之前，曾試圖用音樂的隱喻來思考存在。音樂表現了快樂科學的精華。最初的尼采，寫出《悲劇的誕生》的尼采，說出了關於音樂顛撲不滅的真理。我們是否應該重新高擎這把火炬，重新奏響這位哲學家與華格納那個時代尚無瓜葛的主調——這些曾使尼采心平氣和地思考著一種美學的道德的根據呢？

在又一次描述戴奧尼索斯智慧的精彩文章中，尼采在感覺與音樂之間建立了聯繫。「過去，」他寫道，「哲學家們害怕感覺。現在我們卻可能忘過了頭，這是否出於偶然呢？我們這些當前和未來的哲學家，如今都是感覺主義者，不是理論上的，而是實踐上的……而過去那些哲學家則認為，感覺有可能將他們拉出他們的世界，拉出他們『理念』的冰冷王國，將他們拉上一個更靠近南方的、危險的島嶼之上，在那裡，甚至連他們哲學的道德都會像他們所害怕的那樣，像陽光下的雪一樣融化。『讓耳垢堵死耳朵』，在過去，這簡直就是哲學研究的先決條件：真正的哲學家是沒有傾聽生命的耳朵的；既然生命是音樂的，他便否定生命的音樂——將一切音樂都視為美人魚發出的誘惑人的音樂，這是哲學家的一個非常古老的成見。」[22]這可說得很清楚了吧？！

尼采意欲提昇感官的地位，因此繼費爾巴哈之後，他提出了真實的肉體哲學綱領：肉體與肉體自身以及這個世界終於言歸於好。這樣的肉體是飲食男女的肉體，是美感與道德並存的肉體，也是觸覺與嗅覺的肉體。這樣的肉體是與真實世界和諧共存的，因為真實世界不是與我們對立的，而是存在於我們的感官之中。這樣肉體寧可順從酒神戴奧尼索斯的召喚，而不是阿波羅的禁令。

如果把快樂當作道德的嚮導，「人便不再是藝術家，人本身即是藝術品」[23]。藝術的、美學的肉體是必然的。肉體應該是反天使的，反天使的清心寡欲，也反天使半透明的模式。

---

[21]尼采，《致彼得·加斯特的書信》1888年1月15日，Bourgois 編。

[22]尼采，《快樂的科學》，§372。

[23]尼采，《悲劇的誕生》，頁26。

「享樂並使人享樂，不損人也不害己：我認爲，這就是道德。」

尚福爾《準則與軼事》

阿伯拉（Pierre Abélard，1079—1142），中世紀經院哲學家。

哀綠綺思（Héloise）。

阿伯拉與哀綠綺思

　　有一天，兩個閹割公豬的人將一位哲學家的生命欲火熄滅了，並將他變成了一個陰鬱的神學家。劁豬之術自有其應該弄清楚的奧秘。一切都始於十二世紀的巴黎。一個三十九歲的年輕教授教邏輯學，頗受學生歡迎，也大受女人垂青。她們喜歡他，而且不只是以柏拉圖式的感覺喜歡他。這位邏輯學家兼授神學，是個教士，受過剃髮禮[1]，所以一直是單身，更是處男。不過，他看上了一個十七歲的妙齡女郎，總是千方百計地想與她接觸、親近，想征服她。「我心中燃起了對這個年輕姑娘的愛情之火，我找機會想和她建立親密關係，好進入她的日常生活，能更容易使她委身於我。」[2]通過朋友幫忙，他被介紹給少女的舅舅福貝爾，而少女正是住在舅舅家。他同意擔任少女的家庭教師，在福貝爾家吃住則是他的酬勞。這樣，哲學家就與他鍾愛的少女住在同一座屋簷下了。阿伯拉與哀綠綺思相遇了。

　　最初是當著福貝爾的面上課的。但是不久，阿伯拉的信譽便足以讓他們師生兩人單獨上課了。事情很快就發展到這個階段了：阿伯拉想從哀綠綺思那裡學到一些他好像不很懂的生活之事。而且入門非常之快，這對戀人以破記錄的速度在這門學科上突飛猛進，以致雙雙耽於這種智慧的啟迪而難以自拔。於是有損阿伯拉誠實之名的風言風語不脛而走。為了制止流言，求得心安，福貝爾不得不對邏輯學和神學課程的內容與教法好好審查了一番。後來阿伯拉在給朋友的信中寫道：「我們以上課為由，全心全意地投入愛情。上課給我們愛情提供了幽會的機會。書本開著，但是我們談論更多的是愛情，而不是書本內容；我們交換

---

[1] 教士頭頂中央有一圈頭髮被剃光。譯註。

[2] 阿伯拉和哀綠綺思（Abélard et Héloise），《通信集》（Correspondance），10／18，頁55。

阿伯拉與哀綠
綺思。

修道院裡的情欲
世界。圖繪於十
九世紀末。

更多的是親吻，而不是學術見解；我的手碰觸
更多的是她的胸，而不是書本。」[3]阿伯拉神
魂顛倒，沉醉在溫柔鄉裡，荒廢了學業。
在給學生上課時，再也見不到他一貫的
神采飛揚和即興發揮，他只是照本宣科而
已。夜晚讓他精疲力竭，白日也無法使他
恢復元氣，他哪裡還有精力鑽研教學呢。
福貝爾用不著秘密進行調查，也用不著暗
中進行監視，他只需打開哀綠綺思臥室的
房門，一眼就能看到赤身裸體的阿伯拉。

　　哲學家離開了少女的舅舅家，但是沒
有離開巴黎。他住在一間小房子裡，繼
續同哀綠綺思一起練習他們共同開創的
經神領域。一天，少女欣喜得知自己懷了
戀人的孩子。他們決定前往布列塔尼投奔
阿伯拉的姐姐。哀綠綺思裝扮成修女，與
他一起私奔，她似乎很開心。在臨近南特
時，她生下一名男嬰，取名阿斯特羅拉布
（Aatrolabe）。

　　阿伯拉設法見到了福貝爾，表示願意
找出補救的辦法。該做的就是結婚。這
位已削髮為僧的教士同意結婚，但只求婚
事不要公開。福貝爾點頭應允，心裡卻想
著一定要把這件事抖出來。婚禮一結束，
他就這麼做了。為了避開人們的追問和
中傷，為了避免替丈夫辯護而進行無休止
的解釋和闢謠，阿斯特羅拉布的母親住進
了阿讓特依修道院。阿伯拉定期去與她相
會，為狂野的愛情共謀。他說：「我們的
狂熱經歷了愛情所有的階段，愛所想像出的一
切奇巧和怪誕都成為我們的經驗。我們越是感
到這些快樂的新鮮，就越是瘋狂地延長這些快
樂，我們樂此不疲，從不厭倦。」[4]按照克拉
夫特・埃賓[5]的研究分類，阿伯拉應該屬於
性虐待狂之列，哀綠綺思則屬於受虐狂之
列，因為這位頭頂剃下一圈頭髮的丈夫，
毫不猶豫地運用耳光、毆打和暴力來博取
帶面紗妻子的寵幸。他們總能找到情投意

---

[3]阿伯拉和哀綠綺思，《通信集》，10／18，頁56。註4，頁57。

教士僧侶與貴族婦人間的愛戀與情欲。繪於十四世紀。

合的共同基礎。就是在修道院的教堂裡，他們也毫不退縮地顛鸞倒鳳。他曾明明白白地說：「在教堂的一個角落裡，我那如脫韁野馬無法抑制的性欲，從你那裡得到了滿足，因為再沒有別的地方可供我們忘情於這場男歡女愛的嬉戲了。」[6]多麼快活的修道院啊。

種種有關這些瘋狂興致的傳聞傳進了福貝爾的耳中，福貝爾勃然大怒。他買通了阿伯拉的僕人，將阿伯拉的情況探的一清二楚，隨後雇了兩個閹割公豬的人，派他們對阿伯拉下手，讓他們一展劁豬之術。這兩位確是劁豬高手，做得是乾淨利落。這位哲學家後來說，他好像被麻醉了一般，在睡覺中，在不知不覺中，在所能達到的最佳條件下，被他稱之為「欲望的針刺」[7]的那個玩意兒一下子就被割了下來。這位哲人的睪丸怎麼樣了，不得而知。不過這兩位用刀劁人的主祭的命運倒是人盡皆知：被抓，受審，被處以同樣的懲罰，外加挖去眼睛。阿伯拉猶以為不足，要求重審，以給予更重的刑罰。

阿伯拉失去了生殖器，但是卻找到了通向上帝的道路，可以說，他因為終於找到了他的道路而欣喜若狂。這位哲學家用了種種比喻來說明這種解脫。在給哀綠綺思的信中，他寫道：「你舅舅的可恥背叛是至上的正義和寬宥的結果：我身體的這個部分是肉欲的所在地，是一切淫欲的本源，剪除這

[5]埃賓（Richard Von Kraft Ebing，1840—1902），德國醫生，對精神病和性變態頗有研究。譯註。
[6]阿伯拉和哀綠綺思，《通信集》，10／18，頁182。註7，頁197。

阿伯拉與哀綠綺思合葬之墓。

部分，我可以以完全不同的方式生長了。這造孽的器官為它罪惡的歡樂付出了痛苦的代價：這難道不是最大的正義嗎？我就像曾身陷污泥之中，後來從這種骯髒中被拉了出來，我的肉體和精神都受了割禮。由於從此之後再沒有任何肉體的污穢可以觸及我和玷污我，我變得更適合為宗教服務了。你看我受到了怎樣的寬宥啊！」[8]所有的書信都在陳述這個主題：閹割拯救了我，給了我生命，使我得以贖罪。

哀綠綺思對此不以為然。如果說，對於阿伯拉而言，閹割確保了現實原則對快樂原則的優勢，那麼對於哀綠綺思而言，她卻沒有任何理由在欲望面前止步。她認為，當丈夫在聖德尼修道院為聖經而激動不已時，她頭戴面紗就已經足夠了。愛情使她放棄了許多，但是她不願意這麼徹底的閹割自己，讓自己變成好像是原生細胞透明的外質部分（ectoplasm）。她身上的欲火並沒有熄滅，習慣和記憶是無法

消除的。在從隱居的寺院裡寫給他的一封信中，她生動地抒發了她那依然存在的激情。信寫得十分動人，洋溢著真情：「我們曾共同品味的愛情歡樂，是那樣的甜美，現在讓我憎惡這些歡樂，我做不到。我甚至無法將它們從我的記憶中驅走。無論我身在何處，這些歡樂都浮現在我眼前，喚醒我的欲望。這些歡樂的幻影使我夜不成眠。甚至在肅穆的彌撒禮上，這時的祈禱本該更加虔誠，淫欲的景象還是湧現在我可憐的靈魂裡，揮之不去。我不為我犯下的錯誤而懊惱，我懊惱的遠非如此，我是在為自己再也犯不了這樣的錯誤而惋惜。不獨是我們的動作，不獨是你的神態，就是那時間和地點，都深深地銘刻在我的記憶中，致使我重又和你在一起，重又做起那些動作，在床上我簡直就無法得到休息。有時候，我身體的動作流露出我內心的隱秘，我找不到可以達意的字眼……」[9]好個哀綠綺思！她沒有被時間摧垮，她的激情在阿伯拉散佈

---

[8]阿伯拉和哀綠綺思，《通信集》，頁185—186。

[9]阿伯拉和哀綠綺思，《通信集》，頁157—158。

的懊悔和死亡的氣息中仍然生機勃勃。性無能的教士對她的傾訴充耳不聞，卻一頭紮進了神學的典籍。

很多年後，誕生了一個美麗的傳說，傳誦了哀綠綺思執著而崇高的愛情。據說，在阿伯拉死後，哀綠綺思提出死後要與他同葬。近四分之一個世紀之後，她與世長辭。當殯儀員按她生前的要求給她下葬時，阿伯拉好像伸開雙臂在迎接她——如果這可以算是一個證據的話，那就是證明了快樂的力量是無窮盡的……

V 享樂主義的快樂科學

在享樂主義的長廊裡

　　傅立葉除了研究如何把大海變成巨大的冷水池，如何使他的理想國居民胸上再長出一隻臂膀外，還對有關「被壓迫者的道德」問題發生了濃厚興趣。他不喜歡到處肆虐的被鎮壓者的道德，他喜歡「反道德」。這個美麗字眼的含義就是無視於迫害和偶然，推崇反現實原則的快樂原則，推崇反禁欲和反禁欲主義的享樂和享樂主義。從他留下的那堆老鼠嘴下留情的手稿中──這些齧齒動物對手稿的損害尤甚於經院學者的評注──我們可以找到有關這個問題的論述：「人們很少或根本沒有對反道德進行過研究，而這種可以著書立說的分析會很有意思，也會使道德家們大為光火。這種分析將會打亂他們的體系。」[1]有人會對傅立葉的見解持反對態度，他們不相信那些道德家們會坐視幾個享樂主義者損害他們的信仰和信念，他們認為衛道者必會抬出種種理由，說他們的研究缺乏嚴肅性、不嚴謹、難成體系，然後把那些發難的享樂主義者打入十八層地獄。就算不是這樣，人們也會用道德的標準來評價他們的研究，說他們不正派，輕浮或庸俗，將他們的著述歸為二流，比如說，列在康德全集之後。

　　其實這些都無關緊要。在享樂主義者的長廊裡，就是有裸露癖、醉鬼、同性戀、雞奸者、不信神的修士和修女、流浪的樂師、流放的醫生、身陷囹圄的自由思想者、理想國的夢想者、吃精液的人、暴食撐死或決鬥而死的詩人、渾身灑滿香水的人妖。而主張無神論的、唯物論的、生機論的、唯美論的，也正是這些人。他們選擇了酒宴或小酒館來對抗經院或大學，選擇了監獄或火刑來對抗大人物或聖職。人們更常在床上或街頭看到他們，而不是在圖書館或教堂。最常見的就是，他們表現出體驗哲學和追求自己生活的極大熱情。對他們來說，理論不是僵死的文字或含糊不清的字眼，而是行動與行為的前

---

[1]傅立葉，《全集》（*Oeuvres complètes*），éditions Athropos，Tome IX，頁769。

奏。倫理學成為一門日常生活的藝術，而不是編纂閹割密碼的晦澀科學。在享樂主義者所關注的事物上，我們又看到了肉體。肉體成為道德的焦點：如何運用肉體？什麼是貫穿肉體欲望的自由？肉體產生快感的後果是什麼？那住在肉體裡、住在肉體最深處的靈魂的真福、狂喜、至樂是什麼？享樂主義的哲學家沉浸在肉體感覺的歡樂之中，他們沒有忽視任何一種感覺，他們讓被遺忘的感覺、讓最被肉體憎惡者所鄙視的感覺活躍起來。他們懂得感覺、品味、觸摸、呼吸、傾聽、注視，他們懂得在讓這些精妙的機制運作時獲取歡樂。正是這些精妙的機制使得世界變為各式各樣的形狀、氣息、體積、顏色、香氣、聲音、溫度。感性是肉體的，真實世界的表層是值得關注的。

　　他們所有人的鼻祖與共同的前輩，都是亞里斯提卜，至少在西方的傳統中是如此。這個喜歡打架滋事，惹是生非的流浪漢，半路就與他的師傅蘇格拉底分道揚鑣了。亞里斯提卜從他師傅那裡得到的真傳是幫倒忙和顛覆。如果大家都知道他那位

良師具有多麼嚴峻和嚴厲的精神，那也就應該知道亞里斯提卜畢生都在擺脫這種嚴肅的精神，他選擇了快樂的、喜慶的、狂歡的、嬉笑的戴奧尼索斯式的道德。亞里斯提卜還真的丟開了莊重的哲學家外衣，時常男扮女裝。人們老是看到他在酒宴上穿紅戴綠，在一片刺鼻的濃烈香氣中，隨著音樂的瘋狂節奏拼命扭動著身軀。亞里斯提卜是擦香水的男人。可以想像，那些普通的希臘人，那些為簇擁在粗布長衫之中的陽剛之氣而驕傲的希臘人，那些以對香氣敏感的鼻子而自豪的希臘人，會是何等的驚愕。亞里斯提卜混淆男女界限，打破兩性秩序，以哲學家的驕傲穿上女人的衣裳……男女衣服的顛倒象徵著價值的顛倒。

昔勒尼學派的亞里斯提卜

　　亞里斯提卜以他離經叛道的邏輯進行著戀童的實踐，雖然他也是引誘女人的高手。如果說他迎合中規中矩的愛情，那他更是露水夫妻的信奉者。有一陣子，他甚至迷戀上一個妓女，為此遭到某君的奚落。他反唇相譏說：「一棟歷經許多房客的

房子和一棟沒人住過的房子，你能看出它們之間有什麼不同嗎？——不！你看不出來。一艘載過上千人的船隻和一艘沒人乘過的船隻，你能看出它們之間有什麼不同嗎？——不！你看不出來。那麼，同一個與許多人上過床的女人睡覺和同一個沒人碰過的女人睡覺，為什麼這之間就會有所不同呢？」[2]這段軼事常被人提起。迪歐根尼也提到這段軼事，他是藉著某個犬儒主義哲學家之口說出的。人類正是用最古老的故事來表現最大的智慧。

「被壓迫者的道德」的擁護者對名妓拉易絲與亞里斯提卜的同眠共枕頗為關注：人們把這種親暱關係看成是對昔勒尼學派所追求的自由的羈絆。如果某人鍾情於某個特定的人，那他又怎麼能實踐絕對的快樂呢？亞里斯提卜回答說，他確實佔有了拉易絲，但並未被她所佔有。因此他能夠按照享樂主義的絕對命令生活：享受當下，抓住當前出現的時刻，不去想令人產生懷舊之幽情的過去，也不去想令人產生期待之焦慮的未來。但是另一方面，如果人們以享樂主義的方式利用過去與未來，也可以把這個原則調整為：記住美妙的時刻，回憶享受的快樂，這很合情合理；而前往已經預先宣告的享樂，去實現即將來臨的幸福，這也同樣合情合理。問題在於只能從當下汲取精華。

昔勒尼學派的快樂頗值得人們給予一定的關注，因為這種快樂與許多其他的快樂有所不同。這種快樂的特徵是富於活力而具有積極性的。亞里斯提卜的享樂以運動、能量和生命力為前提，它表現為一種力的遊戲，這一遊戲引導人趨向愉快的事物而避開不愉快的事物。每個人都在這種吸引與厭棄之間搖擺：「有兩種情緒：痛苦與快樂。快樂是一種溫和而愉快的運動，痛苦是一種暴烈而難受的運動。一種快樂與另一種快樂沒有什麼不同，一種快樂並不比另一種快樂更令人愉悅。在世的所有人都追求快樂而躲避痛苦。」[3]昔勒尼學派毫不隱諱地教導人們說，享樂與人體有關，而且只與人體相關。靈魂的快樂，精神的愉悅，都是肉體享樂的方式。亞里斯提卜的弟子們所開創的，也就是人們在談到尼采時可能會說的：對生命大聲肯定，也就是連最慘澹的存在也能接受。

將快樂分等級，對於這位拉易絲的熟客來說，沒有什麼比這更奇怪的了。等級的原義與神聖和權力相關，而一個昔勒尼學派的人只知道享樂是倫理的頂峰而不知其他。享樂就是享樂，一切享樂都是平等的。沒有任何一種快樂比另一種快樂更高尚，沒有任何一種快樂比另一種快樂更粗俗。精神的滿足並不比腹部以上或以下的滿足更重要。品味抑揚格詩句的音韻並不比品味法萊納葡萄酒的醇香更高級。人們只須隨時隨地、隨心所欲地及時行樂，其餘的一切便是嘮嘮叨叨的道德學者的話題

---

[2]迪歐根尼，《哲人言行錄》，頁130。註3，頁134。

酒與性的歡愉之一。圖繪於十八世紀中。

了。既然一切都是肉體的主觀感覺，那麼享樂，不論其原因何在，方式如何，都只是肉體物質的生理變化。肉體不懂得道理，只要能醉，管它是什麼酒。昔勒尼學派就是由此作出唯物主義的內在選擇。亞里斯提卜與諸神鬧翻了，他當著為他捏把汗的聽眾對諸神大加奚落。他的繼承者泰奧多里人後來終於摧毀了對神和超驗的信仰。享樂主義意味著完全失去神聖性的客觀實在。對崇拜所作的唯一讓步只與享樂有關。

悲哀的伊壁鳩魯學派將快樂視同消極的滿意，視同死屍般的沉寂。昔勒尼學派的人則將快樂本身變成一種目的：享樂因其自身而有價值，並不是因其允許什麼、因其超越自身而有價值。「個人的快樂本身就是一種道德，幸福本身並不是道德，而是因構成幸福的個人快樂而成為一種道德。快樂即是目的的證據是：自童年起，我們無需進行任何推理和思辨，便懂得了快樂；當我們獲得快

樂時，我們便別無所求；相反，再沒有什麼比痛苦更令我們避之而惟恐不及的了，痛苦是快樂的反面。……快樂是一種善，即使它來自最可恥的事物：行為可以是可恥的，而從中獲得的快樂本身是一種善，一種道德。」[4]陰險的幸福主義者將高尚的享樂與卑下的滿足區別了開來，讓他們好好學學吧：如果能從中得到滿足，與妓女交往和與教士交往的價值是相等的；酒神巴克斯式的狂喝濫飲和男扮女裝者的縱酒作樂，與滿足禁欲者驕傲心理的守齋吃素並沒有什麼高下之分。

我們再說一遍，唯一重要的是歡樂，其餘的任別人說去吧，那是個人主觀的事。肉體在運動，肉體中奔騰著愉悅的能量，肉體擺脫了不愉悅的緊張，肉體器官被調度起來，以帶來它所能帶來的愜意，這樣的享樂主義是一種肉體物質的哲學，是一種肉體組織的哲理。

昔勒尼學派得心應手地把神聖打發走之後，眼前豁然開朗，立時出現一片廣

---

[4]迪歐根尼，《哲人言行錄》，頁135。

酒與性的歡愉
之二。圖繪於
十八世紀中。

闊無垠的倫理曠野，可以任他們自由居
住。再沒有任何神留下的遺物會使他們
的居所顯得格格不入。大地未經開墾，天
空一片潔淨。天上沒有穹頂可供鑴寫清規
戒律，要你克制欲望，要你為虛設的靈魂
得救而犧牲肉體，要你為這虛設的靈魂得
救而永遠保持著克己。享樂主義者轟走了
死亡，他們是生命的崇拜者。生命是不知
疲倦的，生命為自己的使命而歡欣鼓舞。
構成這種哲學的明確原則，就是倫理的相
對性。這使人想到那些超越善惡的尼采哲
學的信徒。絕對的倫理是一種空想，因為
「沒有任何事物是天然正確的、美的或醜的，
決定是否正確、美或醜的，是習慣和常規」
[5]。由此，在享樂主義者面前展現出無限的
前景：建立一種道德，專斷而主觀地決定
善與惡、美與醜。決定價值，就要有一種
表揚生命的卓越和譴責熵、死亡與痛苦的
倫理。要實現這種倫理，尼采呼籲大家去
尋找肯定與否定，以及直線。享樂主義者
將肯定狂喜、享樂、快樂、幸福、歡悅、
愉快，將對妨害他們選中的一切「肯定」
說「不」，將對疼痛、痛苦、克己、挫
折、不愉快說「不」。而那條直線就是通
向實現這些事物的道路：能量、強度、力
量、意志，總之，就是肯定生命和整個肉
體的健康。

　　亞里斯提卜以罪過為例，提出了他的
一些論點。後來人們在薩德的筆下又看到
了這些論點：人的生命應該是有價值的，
如果完全出於對生命的尊重而犯錯，那麼
這個罪行本身就無所謂好壞了。如果罪過
一定要和某種快樂聯繫在一起，那就讓這
種罪過合法吧，反之，如果它一定要與某
種不愉快、煩惱和憂愁聯在一起，那就躲
避它吧。如果一種行動可以使一種快樂得
到實現，它就是道德的。社會的秩序，集
體的倫理，宗教的道德，這些在享樂主義
的決定中都沒有任何作用。享樂主義者有
其自身的法則。故而，「聖賢也可能犯下

[5] 迪歐根尼，《哲人言行錄》，頁136。

酒神的狂歡。圖繪
於十八世紀中。

偷盜、通姦、瀆聖之罪，因為這些行為就其本質而言並不是醜惡的」[6]。用不著到昔勒尼學派那裡去找天賦權力，他們甚至連文化、社會的法則都不承認。唯一重要的，是他們根據計算快樂的算術法則所作出的判斷，只有他們掌握了這些快樂之道。任何一種社會的命令都不能構成對昔勒尼學派的命令，除非他們對集體倫理命令的服從能導致他們個人的享樂。他們蔑視那些把大部份的時間都花在粉碎享樂機器的機制，那些機制專門吞噬個人的生命力，吸吮人的精力，這些機制就是國家、祖國和宗教。亞里斯提卜遵循了普羅塔哥拉斯[7]的教誨。這位智者派人物曾教導人們說，人是萬物的尺度，而這種說法曾讓柏拉圖怒不可遏。昔勒尼學派牢牢記住了倫理是相對的這個信條，這個信條也成了享樂主義哲學的常數。

昔勒尼學派和智者派、犬儒派，初期斯多葛派等其他學派一樣，在努力實現一種真正的價值轉變。這些學派陷希臘的華廈於危境，攻擊希臘體系的基本原則。他們否認超驗，立足於內在，拒絕倫理對神屈從，使道德回到地上，他們不承認禁欲理想的道德，反而更中意享樂的道德，他們在阿波羅意志統一的世界裡推動了戴奧尼索斯的勃發激情。享樂主義者對社會用人的安全做為自我閹割的回報嗤之以鼻。如果只有掉入自我控制克己的陷阱才能獲得公民的地位，那麼他們對這樣的公民地位就毫無興趣了。他們不喜歡都市，而喜歡狂歡的節日。他們討厭靜態的秩序，而渴求欲望動態的無秩序感。他們敵對的兄弟是伊壁鳩魯學派的人，這些伊壁鳩魯學派的人都在研究活著的死人在去世前都能做些什麼……

---

[6] 迪歐根尼，《哲人言行錄》，頁138。

[7] 普羅塔哥拉斯（Protagoras d'Abdère，481B.C.—411B.C.），古希臘哲學家，智者派最著名的代表之一。譯註。

伊壁鳩魯學派的快樂觀

那些可憐的伊壁鳩魯的公豬們！那座花園[8]本來是像一座修道院而不像豬圈，可是最後他們卻得了這樣的雅號……伊壁鳩魯是快感的慎言者——這是尼采的用語。就是因為一般人並不知道伊壁鳩魯學派的快樂究竟是什麼，人們才會把這位禁欲學派的信徒想像成了公豬式的哲學家。然後，自由思想者又把伊壁鳩魯的原子說當作反對基督教經院哲學的戰爭機器而加以利用，就是因為這樣，結果產生的誤會大了！伊壁鳩魯的享樂主義無非是溫良聖人潛伏在洞穴中所追求的那種受虐的享樂，或者是這類人所追求的受虐的享樂：這些人是身強體壯的沙漠沉思者，他們就像科普特沙漠裡那許許多多的人一樣赤身裸體，頂著烈日站在土磚上，等著自己流下的汗水將土磚溶化掉。這是克己者在死亡來臨之前就已經拼命尋死的那種變態享樂，這是聖賢者千方百計把自己變得與死屍一般無二的那種令人作嘔的享樂，這些都是要使自身的死亡衝動取得勝利的那種神經病的享樂……

伊壁鳩魯的享樂只是逃避痛苦，這種享樂是消極而被動的，伊壁鳩魯的享樂就是不受痛苦，然而昔勒尼的享樂是積極而主動的。伊壁鳩魯追求的是死屍的無動於衷，昔勒尼追求的則是生命的激情奔放。伊壁鳩魯派希望摧毀自身的激情、欲望和快感的誘惑，他們的楷模是不知饑渴、不知冷熱的僵屍。他們喜歡肉體或精神的痛苦，因為這種痛苦可以磨礪他們的武器，並表現出他們意志的力量。他們需要痛苦以表明他們能夠戰而勝之。昔勒尼派則喜歡遍佈體內的能量，渴望著那種欲求在他們身上得以體現的健康，他們將生命的活力變成他們的盟友，將欲望變為意志。伊壁鳩魯不喜歡生命，並且把他們所有的活動都導向了禁欲的理想；亞里斯提卜鍾愛生存，並在對生存的肯定和肉體的健康中尋歡作樂。如果要找一種動物來象徵伊壁鳩魯派，那就應該找尼采動物寓言集中的蜘蛛。

花園學校的入門弟子們只承認天然的和必然的欲望。然而這些欲望屈指可數，比如，餓的時候吃，渴的時候喝，睏的時候睡，於健康有害時自我保護。總之，做那些為維護我們身體的完整性所必須做的事情。除此之外，其他的欲望就是罪惡了，這些欲望所意味著的快樂就是應該棄絕的。他們最後甚至希望肉體的溫度降到僵直性昏厥症的程度。他們所希望的就是這種僵硬而又無動於衷的肉體！伊壁鳩魯的快樂就是這位不知紛擾、不知憂慮、不知痛苦的哲人所處的那種狀態。

伊壁鳩魯在給梅內塞的信中寫道：「當我們說快樂是目的的時候，完全不像那些對我們一無所知的人、或者是那些反對我們的人、或者是那些沒有理解我們的人所認為的那樣，認為我們是在說揮霍的快樂和肉欲的快

---

[8]伊壁鳩魯於西元前307（或306）年在雅典的一個花園中設立了一所學校，來宣揚他的原子說和無神論。譯註。

美食、美酒與性。
<乾杯>，繪於十
九世紀初。

樂，其實我們所說的快樂是指肉體沒有痛苦，靈魂不受打擾。因為產生愉悅生活的，絕不是縱酒或豪宴，絕不是對小白臉或對女人的佔有，也絕不是魚的鮮美或富人桌上的什麼美味佳餚，而是能夠找出選取或厭棄的正當理由的健全理解力，是對錯誤看法的棄絕──錯誤看法是造成靈魂不安的主要根源。」[9]你看，他就是這樣的人……他一想到那些珍饈盛饌，心裡就感到痛苦；他一想到與妓女和小白臉同床共眠，精神就大受刺激；他一想到那一罈罈的陳酒佳釀，便驚恐萬分！

伊壁鳩魯身邊的人都身體力行著克己。只是一些好講別人壞話的人──古往今來不乏其人，才會說這位哲學家是酒色之徒。從他的一些書信中我們就可以知道他們所謂的大吃大喝究竟是怎麼一回事。他曾在一封信中寫道：「請給我送一小罐乳酪來，以便當我產生奢侈一下的欲望時，我

這個欲望能夠得到滿足。」[10]對伊壁鳩魯來說，一小罐乳酪就已經是奢侈的了，而這種奢侈的美味對於昔勒尼學派的人來說也就是一盤小菜而已……

當人們知道了伊壁鳩魯是如何節制飲食時，人們便會更加清楚地明白，他在寫下面這段話時，究竟想說些什麼：「腹部的快樂是一切善的起源和根由，就連睿智與文化也必定與之相關。」[11]人們很容易想像，這位哲學家這裡所說的腹部並不是一般人所認為的那個腹部。這與女性的肉體毫無關係，與下腹更是風馬牛不相及──伊壁鳩魯早已在精神上自我閹割了。阿蘭揭穿了腹部的奧秘，它是欲望的寄居地：「在橫隔膜的下面，就是荷馬的乞丐所說的那個難以滿足的腹部，我們稱之為七頭蛇[12]，這可不是隨便說說而已，這是為了提醒人們，在難得整個腹部都睡著了的少有時刻，裡面仍蜷伏著

---

[9]伊壁鳩魯，《致梅內塞的信》（*Lettre a Ménécée*），M.Solovine 譯，131—132，Hermann，頁102—103。
.[10]伊壁鳩魯，《學說與警句》（*Doctrines et maxims*），Hermann，頁41。註11，Fr.B.59。
[12]希臘神話：七頭蛇生有七個頭，斬下後仍會復生，為赫拉克利斯所殺。常被喻為難以根絕的禍患。譯註。

肉體是嬉戲與享樂的工具。圖繪於1799年。

成千的蛇頭和數不清的欲望。寄居在這個口袋深處的，絕不是什麼財富，而是貧窮；這愛的另一部分是欲望和不足。這裡是誠惶誠恐的那個部分。」[13]既然快樂是無欲，而腹部是欲望的寄居地，人們就應該明白，睿智存在於肉體的這個部分，應該在這裡就將激情的火焰熄滅，應該在這裡就求得與自我的相安和寧靜。腹部是一個被鄙視、被扼殺、被消除的可憐部分。只有努力消除這個部分，才能求得快樂，因為只有消除這個部分，才能像神一樣不為所動。

伊壁鳩魯提出了應該在自身中根除欲望的原則，按照這個原則，不同流派形成了禁欲理想的傳統。柏拉圖開了敵視肉體之先河，步其後塵的是伊壁鳩魯學派和斯多葛派、亞歷山大學派和早期基督徒。在他們的身上，死亡找到了強有力的助手，它甚至把人體壓彎到斷裂的程度，並賦予了人體非人的形式。基督教給生命的鄙視者開闢了一個太平盛世。

---

[13]阿蘭（Alain），〈激情與明智〉《思想與時代》（*Les Idées et les Age, in Les passions et la sagesse*），Pléiade，頁85。

諾斯替教派通過肉體的救贖

在基督的宗教吸納大批信徒、異教漸漸崩潰、帝國的道德亦隨之消亡的時代，一些善男信女們選擇了荒漠、遁世、流浪。有些人，如柱頭隱士聖西門，住進乾旱的沙漠，頂著烈日燒灼，棲身於巨柱之上。他們用簡陋的起重機把地面上的棗子、無花果、淡水等食物吊到距地十幾米到二十幾米的柱頂上。他們苦心修行，專注於念經禱告，沉浸於苦思冥想。另一些人則成為行腳修士，永世漂泊，居無定所。有些吃草的傢伙立下誓願，只吃草葉草根。也有人把自己關進洞穴之類空蕩蕩的地方，只留下一條狹窄的細縫讓人遞進粗茶淡飯，這是他們與外界唯一的接觸。一些人住在沼澤裡，任憑碩大的蚊子叮咬身體，吸吮鮮血，直至一息奄奄。一些人住進洞穴，與死去的禁欲者的乾屍終生為伴，有的還將它們當作枕頭來枕。瘋狂是普遍的。上帝使人瘋狂，人體遭受嚴峻的考驗。沙漠修士只不過是強化了福音書的教義：鄙視人體，厭惡肉體，反對物質，憎恨生命，將塵世化為低能和懦弱的人、衰弱和生病的人在上面徘徊遊蕩的祭台迴廊。在埃及、敘利亞的沙漠裡到處都有這樣的狂熱者。

但是，有些人和他們的相反，在敘利亞或亞歷山大城，另外有一些人也同樣瘋狂，傅立葉稱他們為反道德的信徒。只不過他們不是趨向禁欲理想，而是強調生命是最精液化的形式。這些人就是諾斯替教派的信徒，他們創立了最早的異端邪說。基督教在感到有必要閹割孽根時，便對這些邪教徒進行了討伐。

諾斯替教派的信徒們向客觀實在發難，將世界視為惡神的產物，他們認為構成這個世界最大的不完美之處，實在是太明顯了。為了逃避這個形上學的錯誤，一些具有這種認識的人形成一股潮流，選擇了禁欲的道路：苦修、禁食、追求得道的那一大套理論是眾所周知的。人體被視為敵人，被視為阻撓與神秘結合或阻止普紐瑪[14]本源釋放的障礙：「不公正地制約著我們的，不單是它的形式、它的解剖結構、它的感覺器官——那些只能感覺到極少一部分波、光線、宇宙氣息的耳朵、眼睛、乳頭，不單是我們骨骼的、神經的、血液的系統。不是僅僅因為它限制了我們的感覺範圍，我們便受到了不公正的制約，而是我們的整個生理，甚至連我們的組織和身體的生命功能活動本身，都在泯滅著我們的生命。」[15]人體是胎兒，是未成熟的和不完全的：它的本源是物質的，

---

[14]普紐瑪，希臘語pneuma的音譯，本義為噓氣，斯多葛派哲學用以指萬物本原的、火焰般的氣。譯註。

[15]雅克·拉卡里埃爾（Jacques Lacarrière），《諾斯替教派的教義》（Les Gnostiques），Idlées Gallimard，頁42。我所掌握有關這個主題的材料幾乎全來自這部著作。另請參閱伊波利特（Hippolyte de Rome）《駁斥一切異教》（Philosophumena ou réfutation de toutes les hérésies），A.Siouville譯，Arch Milan，1988；以及讓·多萊斯（Jean Doresse），《埃及諾斯替教派秘笈》（Les Livres secrets des gnostiques d'Egypte），Plon。

聖西門（390—450）基督教苦行者，柱頭隱士的鼻祖，在柱端修行三十七年。

行乞的苦行修隱士。

必須餵養它，它產生排泄物並由此而表現出它是在可感覺的、過分可感覺的實在的控制之下的。排便象徵著人的存在條件，只有完人才不知道在他們被解放了的肉體上有著這些物質規則。

從這個根源出發，一些諾斯替派教徒忘掉肉體，強烈否定肉體，對這種不完美大加撻伐，而另一些諾斯替派教徒——人們稱他們為淫蕩的諾斯替派教徒，則將肉體變成了嬉戲的工具，變成了承載一種與神同化的生命力的工具，變成了可以用於救世論的工具。這是顯而易見的異端邪說，人們還記得《聖經》對享樂主義運用肉體的詛咒：「無論是淫亂的、姦淫的都不能承受神的國。」[16]人們不能不說，淫蕩的諾斯替派教徒對此告誡實在是充耳不聞啊。甚至，他們將淫亂和姦淫都變成了通往得救之途的捷徑。欲念好像也改宗皈依了。

最熱衷於縱欲說的諾斯替教派哲學家之一是術士西門。他曾出錢要基督教的傳教者把使奇跡出現的法術傳授給他，他那肆無忌憚的放蕩生涯也就是從那個時候開始的。這筆交易沒有談成，他就通過其他手段變成了術士。雖然西門正式皈依了基督教，但他卻自立門戶，與代表當地宗教權威的執事菲力普分庭抗禮。西門在他的法倫斯泰爾[17]組織中集中了三十幾對夫婦，就像人們所想的那樣，大家互助互愛。按照這個原則，淫蕩比禁欲得到更大的發揮。西門和他的追隨者日日弦歌，天天宴飲，隨其所愛，自由結合，大搞夫妻交換。聖伊里奈烏斯[18]正是針對這種博愛斥責某些諾斯替教派信徒的。他指責說，他們「沉溺於肉體的快樂，胡說什麼應該將肉

---

[16]見科蘭迪安的著作。Corinthiens，1.VI.9—10，Ephésiens V.5，以及Thessaloniciens IV.3。

[17]法倫斯泰爾（Phalanstere），法國空想社會主義者傅立葉幻想建立的一種社會基層組織。譯註。

[18]聖伊里奈烏斯（Saint Irenaeus，約130—200），尼西亞前教父，留存著作《反異端論》五套。譯註。

瘦骨嶙峋的苦
行修隱士。

在深山裡苦修懺
悔的抹大拉瑪莉
亞。格雷考（El
Greco，1545－
1614）繪。

體還給肉體，將精神還給精神。有些人用他們
的學說矇騙婦女，偷偷地將她們玷污⋯⋯有
些人則明目張膽地將他們看上的女人從她們丈
夫的身邊奪走，將她們變成自己的老婆；更有
一些人，開始時道貌岸然，裝出心無邪念的樣
子，就好像同自己的妹妹一樣同她們生活在一
起，但是最終還是原形畢露，妹妹懷上了哥哥
的種子」[19]。但是處女懷孕的事也不會老是
發生。

西門的這些性修士，應該說個個都是
性交的專家。在神勇的生殖器為他們提
供的多種多樣的神功中，他們選取了不
下365種——按照格里高里曆（Gregorian
calendar），每天可用一種。人們認為，
他們對避孕的技術有著特殊的研究。即便
避孕失敗，那也無妨，無論在技術上還是
在倫理上，墮胎都不會有任何問題。也有
些人坐等胎兒變大，那也正好可以使他們
利用這些與他們同歡共樂的姐妹們圓滾滾

的肚子來進行一番先驗的思考。諾斯替教
派的神學和宇宙論的原理是，整個世界都
是按照承載一切潛在性的子宮的模式構築
而成的。按照這個原理，端詳待產的渾圓
的肚子，就是凝視一個微觀的世界。嬰兒
生產的過程重現了世界誕生的過程。哲學
家的肚子就是個體發生（ontogenesis）和
種系發生（phylogenesis），就是小宇宙
（microcosm）和大宇宙（macrocosm）。
這些球體的崇拜者，這些賽蒂安人
（Sethien），他們也將性行為納入了享樂
主義和自由主義的修辭學之中。事實上，
人體具有倫理學的功能，也具有形上學的
功能。

諾斯替教派的美食觀也非常鮮明，特
別是攝食精液、並以此追求重建世界原始
統一的巴爾貝諾斯替教派關於美食的說法
尤為鮮明。要攝入客觀實在的物質，要吞
入偶發物的精華。攝食精液不應該變成罪

---

[19]拉卡里埃爾，《諾斯替教派的教義》，頁82。

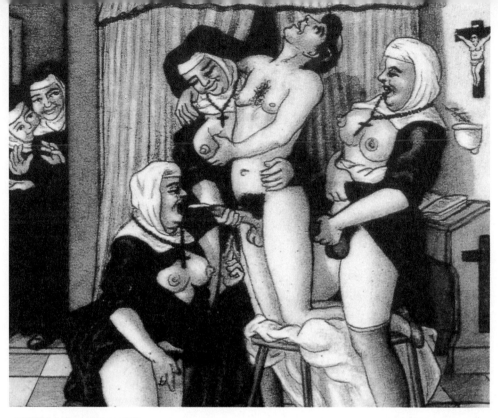

<修道院的生活>，繪於1920年代。

惡，因為人有攝食精液的可能，而上帝不會使人具有做不道德之事的可能：一切可能的都是上帝允許的，因為善的創造者在祂至高的仁慈中是不會造出實現惡的手段的。這樣一來，淫蕩的諾斯替教派便有了安全通行證，他們將肉體投入到一切能想像出來的奇招怪式之中。行為的潛在可能性誘發了行為的實踐，然後又不受任何倫理的干擾。

食精液的巴爾貝諾斯替教派對滅絕享樂、阻截欲望的告誡大加斥責。他們抨擊忠實、一妻制、婚姻、家庭以及一切對快樂的約束，他們大講酒肉聖餐的妙處、享樂主義的能量交混的好處。這些特殊的祝聖的儀式需要在酒肉豐盛的條件下進行。酒神戴奧尼索斯會幫助大家進入佳境。聖伊皮凡尼烏[20]作過下面的描述，這當然是為了表達他的不滿：「男男女女用手接住男人射出的精液，然後高捧他們的羞恥之物，仰視蒼天，獻給天父。他們一邊往前走，一邊口中

---

[20]聖伊皮凡尼烏（Saint Epiphane，315—403），古代基督教希臘教父，反「異端」學說的代表人物。譯註。

念念有詞：『我們把這件禮物獻給您，這個基督的聖體。』然後他們將精液吃下，並說道：『這是基督的聖體，這是基督的復活，我們的肉體為此而受苦，我們的肉體為此而告解基督的受難。』對於女人的經血，他們也照此辦理。他們接下經血，以同樣的方式祝聖。」[21]這是他們的肉體，這是他們的血液，全收下來吧，全吃進去吧——人們知道了他們的儀式用語之後，實在也無法責難他們不懂精神和論文。實用與愉悅得到完美的結合，因為這樣可以避開生育，實現快樂。

另一些諾斯替的流派則在努力實踐著「孕育」。孕育對他們來說是必要的，因為他們很高興用胎兒配上不同的作料和調味汁製作出一種玄奧的肉醬——伊皮凡尼烏稱之為「早產兒的肉醬」，用來使美食家與神建立起關係。大吃大喝意味著出神和狂喜，這期間他們也用他們的精液作為塗油淪抹他們那魔鬼附身的肉體。這些人包

含了尼古拉伊特派、斯特拉迪奧蒂克派、利未派、包爾包利特派、可地安派、紮凱派和巴爾貝派。他們為數眾多，這些團體甚至擴展到了許多地方。

淫蕩的諾斯替教派認為，人們只能藉助這些縱欲狂歡的修行來重新找到神。而真福的境界只能產生懷舊、產生根植於過去的痛苦，因為肉體在墮入塵世之前是迷狂出神的，是非物質的，是在超宇宙的世界裡，是在第二圈、星球和天球之外，是在那一切皆為精液的可能性的地方。理想的人體是像精液一般的，也就是具有萌發能力，具有被孕育的能量，可以被繁殖的流動力量所啟動。肉體在墮入低級圈之時便物質化，固體化，與形式化了。與此同時，它失去了肉體的柔順。縱欲狂歡的目的就是重新找到具有乙太般的空靈肉體。只有價值觀的改變才能使人重新找到通往解放的道路，那就是把肉體交給歡樂的道

---

[21]拉卡里埃爾，《諾斯替教派的教義》，頁103—104。

德，就是允許製造出一種聯繫——我們知道，這正是宗教一詞的原義——這種聯繫將肉體的能量與控制著高級世界的火和乙太建立起關係，而我們從來就不該離開這個豐富的高級世界。

　　一切所謂感官的錯亂都是思想體系中的問題。由於這種錯亂，那種在體內表現出與普累若麻[22]這個本質的寄居處、這個精神本質的淵源有著脆弱但實質性聯繫的東西，大喜若狂。這種凸顯上升的神和另一個世界的遠景，會使人產生狂喜，使人置身於自我之外，使人欲圖讓肉體能夠重新找回超自然的真福狀態。我們看到，為了達到某些相似的目的，手段可以如何的不同：用狂迷的婚禮平息先驗的不安。我們由此想到普羅丁哲學衍生出的合目的性。當然，人們不會把普羅丁想像成雞奸者。在這裡我們就能就區別這位亞歷山大派哲學家與貝拉特派或賽蒂安派的諾斯替教徒的不同了，或者說，這就是他與奧費特教派[23]教徒的不同之處。奧費特教派是蛇的崇拜者。人們一直在說，他們把蛇的乳汁滴進放在地上的銀盤裡，並對這種乳汁有特殊的嗜好。蛇是永恆的回歸。當這種動物的頭咬住尾時，它便實現了圓、有限、自我回歸，與完全。蛇是完美、自我滿足、

起點與目標渾然一體的幾何圖形，它在頌揚肉體張開和閉合的裂口，它在呼喚人們將這些裂口接合。這種對肉體開口的玄想不可避免地將雞奸視為修行之道。人們可以想像，那些著眼於把輸送給生命、潛力和力量的能量截取過來的肉體，進行著無性的合併，由此獲得肉體的組合。如果你缺乏想像力，只要參看一下薩德著作初版中的插圖也就明白了。雞奸成為「蛇的原始行為的苦修，開通了知的『道路』，使肉體失明的眼睛重見光明」[24]。肉體是對降生在世所造成的諸種不便的超越，是解放的工具，是以享樂的方式作為通往上帝的工具的內在運用。

　　諾斯替教派的肉體是哲學性的，帶有擁有者對形上學的關注的痕跡。諾斯替教派當了亞當主義的信徒，他們舉行儀式時是赤身裸體的，或只穿著破衣爛衫；赤身裸體或穿破衣爛衫是為了避免賦予服裝一種社會的、也就是不平等的功能；他們這樣做就是將他們的肉體變成紙張，在上面無所顧忌地寫下他們的希望、信念、焦慮和苦修。肉體是隱掉舊字寫上新字的羊皮紙稿本，上面書寫著哲理、世界觀和意識形態。在諾斯替教派中間，有些人希望肉體是悠閒的，比如厄切特派。他們拒絕行

---

[22]普累若麻，pleroma。諾斯替教派認為，物質世界不是至高神所創，而是低於他的一位「工匠神」（Demiurge）所造。至高神的本質是「心靈」（nous）、「生命」（zoe）和「光」（phos），與自然世界（physis）相平行，還有一個真實存在的精神世界。它由至高神的無數流出量「移湧」（Aeon）所充滿，這種「充滿」就稱為「普累若麻」（pleroma）。譯者摘自上海辭書出版社《宗教詞典》。

[23]奧費特教派，西元二世紀埃及拜蛇教教徒。譯註。

[24]拉卡里埃爾，《諾斯替教派的教義》，頁103。

貴族的性遊戲。圖繪於十八世紀中。

乞以外的任何活動，行乞足以使他們滿足最大限度簡化的生存需要。他們把主要的時間用於睡眠，讓垂死的肉體沉溺於昏睡的無意識的快樂，瘦骨嶙峋的肉體投進了睡眠和黑夜之子——夢神莫爾菲的溫柔之鄉。在諾斯替教派的信奉者之中，有些人還是吸食麻醉品的癮君子。所有淫蕩的諾斯替教派信徒都有一個共同粗暴的意志，那就是解放人體，解放肉體，讓欲望表現出它的爆發力，讓這些能使智者踏上知與真理的道路。享樂被當成獻祭物，被當成祭品獻祭給一些球體，在那裡，純粹的能量激發著物質的肉體。當柏拉圖和普羅丁將靈魂變為一種引向沈思冥想者的真福境界的阿莉阿德尼線時，他們便將一部分想像，一種誘惑物分離了出來，因為靈魂是物質的。諾斯替教派更加接近這種內在的明確性，他們知道只有肉體，而且只有在肉體之中，才寓居著拯救肉體的根源：能量，這是生命與生命力的另一個名字。他們根據這些巨大的仲介潛能，詮釋了這種精液的根源，他們要人們超越善惡來接受這種根源。

放蕩的自由思想者

　　教會對提倡自由思想[25]的諾斯替教派大加討伐，斥為異端邪說，除之務盡。但是這個教派卻也流傳久遠，它有過變化、修正、凝聚和轉移。每當此時，對於大力促進整個文明向禁欲理想發展的嚴肅思想，它的作用就像是一絲嘲笑，就像是滑稽可笑的螳臂擋車。享樂主義是一陣哄笑，是在嚴峻的一統王國中尋歡作樂的一派，就像亞里斯提卜對抗柏拉圖，昔勒尼派對抗伊壁鳩魯派，術士西門對抗聖人奧古斯丁，諾斯替教派也對抗教會的教父們。快樂的反道德表現在每一場與擁護死亡、禁欲和感官憎恨的信徒的戰鬥中。一直到中世紀也沒能逃脫這個規律。這個時代在表面上是圍繞著唯一的基督教而構築的，它產生了神學的概論，或者說是產生了反對非基督教徒的異教概論；它產生了用文章構築的大教堂，這些大教堂是為教會服務的，為教會提供統治思想和肉體的手段。人們燒死不信教的人、雞姦者、懷疑論者；人們閹割阿伯拉；人們割下一些人的

---

[25] 思想自由的口號在法國最早可以追溯到文藝復興時期。法國天主教內部產生了一批不甘心教規束縛的教徒（Christian libertine），他們對神持懷疑態度，作風放蕩，他們敢於追求自由的思想。但是這些人認為自由思想與宗教並非勢不兩立，而是純潔宗教，回到真理。真正的宗教精神是精神上的寬容，即理解不同的信仰，同時批評持不寬容精神的教派。譯註。

修士修女們的肉
體狂歡。圖皆繪
於十八世紀中。

舌頭；人們建立起大學以便進行說教，
而大部分思想家卻將自己的才華獻給了權
力。人們在粗布袍子的下面放上死亡，無
處不想給死亡高奏凱歌。

　　自由思想的修士和修女是倔強而反叛
的，也是絕對的自由主義，他們對禁慾的
理想說不，並提出了強烈的抗議。通過勞
爾‧瓦內格姆的研究，人們現在還能聽到
他們的聲音。瓦內格姆對於這個問題，在
他1986年的著作中，開門見山地說：「中
世紀是基督教的，就像東方國家現在是共產主
義的一樣。」[26]。但是，我們在他的筆下看
到，教會一統天下的中世紀產生了裂縫，
出現了一種富有生命力、強大和確定的享
樂主義的力量。

　　肉體再次成為救贖的工具，成為一種
救贖論（soteriology）的關係夥伴。肉體
的享樂受到讚揚，傳統的道德被拋到一
旁。純粹的快樂得到允許。大阿伯特在其
著作《新思想研究》（Examen de l'esprit
nouveau）中轉述了自由思想的信徒參考的
原則：「與上帝結合在一起的人就可以以隨
便什麼方式同異性結合，甚至掉換角色，不受
懲罰地滿足其肉體的欲望。」[27]要實行沒有
負罪感的自由，就必須擺脫一切，就只為
求得一種假設性的得救，或為避免可能的
地獄懲罰而制定的教義。在這種自由思想
中，天堂、地獄、煉獄都被束之於古怪玩
意兒的收藏室裡。他們認為，這些東西所
扮演的角色是有害的，它們的功能就是對

[26]拉烏爾‧瓦內熱姆（Raoul Vaneigem），《自由思想運動》（Le Mouvement du Libre Esprit）、《中世紀、文藝復興時期乃至現代浮出表面的生活》（Généralités et témoignages sur les affleurements de la vie a la surface du Moyen Age, de la Renaissance, et, incidemment, de notreépoque），Ramsay編，頁48。此是可供選擇的唯一用法語寫作並較為全面的著作。
[27]拉烏爾‧瓦內熱姆，《自由思想運動》，頁115。

在十字架前做愛。圖繪於1775年。

人進行閹割，教會權力對它們的運用都是政治與思想的。

在傳統和教條中通向完美道德的道路受到自由思想者的抨擊，他們宣佈齋戒、苦行、禁欲既不恰當又有害。原來被認為是罪惡的，轉而成為內在的道德，這種道德超越了善與惡，並且要求人徹底的及時行樂。基督教徒所說的錯與惡，由此而被超越。人們被誘向貪吃、盜竊、通姦，和其他一切旨在使人體、感官、肉欲和物質得到滿足的違反道義的行為。正式的神學教育也受到了攻擊，比如，瑪利亞的貞潔和無垢受孕，聖餐變體，都成了無稽之談，都是可笑的騙人把戲，都是控制肉體和靈魂的工具。據大阿伯特說，自由思想的修士修女不相信復活，他們認為要人相信復活，只是為了使人為了假設的天國幸福而放棄自己的欲望。享樂主義在時間的

觀只有現在式，只有及時享受能夠享受的東西。永遠不要將此時此地可能享受的快樂推遲到明天，永遠不要為了虛無縹緲的幻影而放棄已獲得的東西。生活，生活，再生活。體驗，體驗，再體驗。

自由思想的擁護者超越了善惡，推崇必然和客觀實在對物質法則的服從，因為，反抗必然出現的事物是無濟於事的，最好還是對存在加以承認和肯定。行動並不服從於一種自由意志的隨意性，人所能利用的唯一自由就是接受必然。自然是良師益友，應該服從自然激發的衝動和它所提出的建議。相信能夠逆客觀事物和客觀實在的自然運動而動，那可是大錯特錯。

貝加爾修道會[28]的成員們是按照「教會」的字源來理解這個詞的。教會的原義就是社團、信服者們的集會、小團體。他們不像一般人的方式來理解「結社」，

---

[28]貝加爾修道會（Le begard）指從十三世紀開始的基督教芬蘭、荷蘭的修道會。譯註。

他們贊同淫蕩的諾斯替教派的思想，認為應該通過狂歡來推動宗教團體。在此，肉體再次擔當了重責大任。紀堯姆・德格蒙（Guillaume d'Egmont）曾談到自由思想的修士修女如何舉行他們滑稽的彌撒，他們扮成耶穌和瑪利亞，表演原罪前的純潔原始性行為。主持彌撒的基督身著華裝，頭戴王冠。這時，「一個赤身裸體的講道者發表講話，請與會者脫去衣服以表示重獲純潔。一席重現基督最後晚餐情景的盛宴在歡歌笑語中開場，在狂歡縱欲中結束」[29]。服從欲望就是善，這種服從可以產生滿足，而這種滿足可以轉化為仁慈。人擁有享樂的能力並不是為了讓這種能力遭到指責、禁絕和壓迫。對肉欲能量的抑制在自由思想的倫理中就是惡。我們應該相信施韋德尼茨（Scheidnitz）城市的修女的信念，她們公開表示：「眼睛所見和所希求的，就讓手來得到吧！如果修道會會員面前出現障礙，那就理直氣壯地將它除掉。因為，如果一個人不向與自己對立的人低頭，自由便不會被束縛。」[30]修女們口出此言並非沒有危險，因為她們是在迫害她們的宗教裁判所的加盧斯・諾伊豪斯（Gallus Neuhaus）面前講這番話的。那一天，她們藉這個機會公開否認了魔鬼、地獄、煉獄和天堂的存在，指出這些都是教會為推崇閹割和克己而憑空捏造出來的。在盧登被魔鬼附身的人們[31]倒真該好好聽聽她們講的話……

這種必然的原則加上非道德主義，意味著對客觀實在完全內在的解讀，就像克雷蒙・羅塞（Clement Rosset）那種冷酷的解讀。修道會的修女面對她們的哲學立場造成的後果毫不畏縮，她們用雄辯的語言來維護自己的觀點，後來這種雄辯的語言以同樣的形式出現在薩德侯爵的作品

---

[29]拉烏爾・瓦內熱姆，《自由思想運動》，頁153。

[30]拉烏爾・瓦內熱姆，《自由思想運動》，頁161。

[31]盧登是維也納的一個小鎮，中世紀該地的聖於爾絮勒會修女修道院曾發生過著名的魔鬼附身事件。

伽桑狄（Pierre
Gassendi，
1592—
1655），法國
哲學家。

中。我們這些修女把只不過是手淫的罪過
表現為一種必然，一種肉體的特殊訊息，
以此來為這種罪過辯護。殺人就是在幫助
衝動，這種衝動已經在客觀實在中積極活
動著，而從動力學的角度上看，它在不停
地破壞舊有形式而使新的形式出現。「兄
弟，」她們說，「當你打那個打你的人時，
當你殺那個想殺你的人時，你用不著覺得良
心有愧，用不著向教士懺悔。你只不過是把你
殺死的這個人還給了他所來自的根源。」[32]這
個理論既清楚又明確。勸誘也相當直截了
當。這些修女在她們實際而具體的形上學
的後果面前毫不卻步。如果一個修女不小
心體驗到了處女懷孕的快樂，如果她縱情
行樂，而不慎產生了這個後果，她可以毫

不猶豫地打胎，甚至將出生的嬰兒殺死。
在談到嬰兒可能未經兩個自由思想信徒的
播種者同意而誕生時，這些修女說：「他
們完全有權把他像小蟲子一樣殺死或丟進水
中。」[33]在那堪薩德的拉科斯特城堡（La
Coste）相提並論的施韋德尼茨修道院裡，
這可不是說說而已的玩笑。

　　這些修士修女不知道性禁忌為何物，
宣揚「人們在腰帶以下所做的一切都不是罪
惡」[34]。修女阿德爾海德甚至為床頭寶鑑
提供了細節，並直言不諱地提到「在肛門
區的互相猥褻」[35]會產生何等妙不可言的快
樂。同樣，壓在亂倫上面的禁忌早已被一
掃而光。達斯特曼特（Johannes Hartmann
D'Astmanstett）描寫了一個有亂倫欲望的

[32]、[33] 拉烏爾·瓦內熱姆，《自由思想運動》，頁164。

[34] 拉烏爾·瓦內熱姆，《自由思想運動》，頁164。註35，頁169。

道德　245

（左）妮儂·德
朗克洛（Ninon de
Lenclos，1616—
1706），法國漂亮
的風流女才子，常在
家中舉行伊壁鳩魯式
的沙龍聚會；（右）
聖埃夫蒙（Saint
Evremond，1615—
1703），法國倫理學

人：「如果天性誘使他做出愛的行為，他可以同自己的姐妹或母親，無論在什麼地方，甚至在祭壇上，合法地做出這種行為。」[36]不錯，既然要選擇教堂做這種事，那最好還是選擇最具神聖性的地方，也就是選擇祭壇，因為正是在那裡，在主祭的手下，在石頭裡封存著那些讓教會的代禱者情緒大增的祝聖物。這樣，既犯了天條，又褻瀆了聖物，這叫作一不做，二不休。最後，我們還得特別指出，這些修女喜歡妖豔撩人的服飾，修道服裡穿著錦繡的褻衣，有時她們也讓裁縫直接用貴重華麗的布料做修道服，這倒是讓她們的歡樂帶來了一絲滑稽。

同屬自由思想運動，這已經足以使成員們瞭解那些支配著他們在工作坊裡發展享樂主體之間的意圖了。但是為了簡單化

和建立一種溝通快樂的密碼，這些修士修女創造了一種表達肉欲、表現渴求快樂的手語。這樣，享樂的意志便通過準確的符碼表達了出來：「當修女將一根手指放在鼻子上時，她是要修士進入她的住所，無論他現在是在教堂裡還是在公共廣場。如果她摸摸頭，他便可以進入臥室鋪床。如果她摸胸，他就上床大行周公之禮，盡情做愛。」[37]人們可以想像，在施韋德尼茨修道院的深宅大院裡，那手語會使人覺得這裡簡直就是一座普通的聾啞學校——一座早在埃佩教士[38]發明手語之前就已存在的學校。

淫蕩和縱欲並不排斥貞潔，因為自由思想的信徒們給這種事下了一個令人愉快的定義：只要人們是與絕對自由主義社團的成員保持性關係，便是貞潔的。被強姦之後而又重獲貞潔甚至也是可能的。達斯

---

[38]埃佩教士（Charles，abbé de L'Epée，1712—1789），法國教育學家，發明手語並創辦了聾啞學校。譯註。

特曼特對這個方法作了說明。比如一個女子連遭十人強暴，「其中最強壯的一個人最先佔有了她，其餘的人按強壯程度相繼順序佔有了她，最後一個人是最弱小的。如果這最後一人是自由思想者，那麼被姦污的女子便因他而恢復了別人從她那裡奪走的貞潔。」[39]只要知道如何排列佔有的次序就可以了。肉體是為每個人準備的，它生就如此：它是享樂的工具而對享樂的追求是自然的。這個法則很簡單：「女人就像牛犢和牛一樣，生下來就是讓人來吃的，而女人生下來就是讓生活在自由思想中的人來享受的。」[40]大自然教人簡單化和愛好享樂，文化教人複雜化和克制享樂。自由就是要求通往享樂的自然之必然性。本能、情欲是好的，因為它們自發地促使人們追求歡樂，避開痛苦，逃避不快樂。

自由思想的修士修女的享樂主義倫理學沿襲了亞里斯提卜的體系，認為肉體是享樂的唯一工具；道德是相對的，道德服從快樂原則；個人是真、善、美的尺度，是唯一的裁判者；本能是客觀實在的唯一向度；自然是可靠的方向，必然只產生快樂；內在乃至物質是唯一的哲學真理，沒有幽冥世界，因此罪孽、悔過、罪疚都

是不合理的；上帝、神靈、神、神聖是憑空捏造的。所以剩下來的就只有自由和享受自由了。宗教審判官提出了關於這種思想自由的本質問題，達斯特曼特對此回答說：「其本質就是良心的悔恨已根本不再存在。自由的人超越了善與惡，是其自身價值的創造者，他們只與鷹蛇為伍，在頂峰上發展。那些處於上述完美精神境界和自由精神境界的人不再被迫服從任何人、不再被迫服從任何訓誡，也不再被迫服從任何教會的清規戒律，他們是真正自由的。這樣一個自由的人是一切創造的王和主人。一切都屬於他。他所喜歡的一切，他都可以合法地接收並為己所用。……他可以合法地做一切使他快樂的事。哪怕天崩地裂，他也絕不放棄自然要他做的事。」[41]這樣的一個人，這個達斯特曼特，這位薩德、施蒂納[42]和尼采的先祖，於1368年在德國愛爾福特市與另外六位貝加爾修道會的修士被燒死。這如果屬實，又何足怪哉？

享樂主義經歷了兩個世紀微弱的發展。例如，那些作為雜耍演員和行吟詩人的高利雅們[43]，在流浪途中到處留下他們宣揚放蕩的痕跡，女人的肉體被他們描寫為讚美激情和享樂的工具。他們所到之處，人們無不聽到他們以色情的、諷刺的、酒

---

[39]、[40] 拉烏爾·瓦內熱姆，《自由思想運動》，頁176。註41，頁174。

[42]施蒂納（Max Stirner，1806—1856），卡斯巴·施密特（Kaspar Schmidt）的筆名。德國哲學家，青年黑格爾派代表之一，唯我論者。譯註。

[43]高利雅（les goliards），十二、十三世紀從事吟遊詩創作、過著樂天生活、到處吟唱的流浪學者。

道德　247

用火將人活活燒死是懲處不信教的人最常用的酷刑。圖繪於1634年。

神巴克斯式的以及哀傷的風格，吟唱快樂、死亡、時光虛無與及時行樂。

　　同樣，一些卡特里清潔教派曾淨化了愛的形象與實際的愛情，將愛與有錢有勢者或犬儒教派的功能主義實踐區別開來。遭到攻擊的，是那種宰制與家長式的性欲，並且用於繁殖後代乃至用於養生的性欲；而受到推崇的，是那種精神化的色情，它改變了肉體的定義，並改變了人對肉體潛能的感覺。純潔主義將肉體純潔化，將自治權還給肉體，原罪、玷污和對肉體的憎恨遭到了否定。這種對個人連同其肉體的重新肯定，使得一些人開始要

求自由的性行為。例如貝翠絲·德普拉尼索爾（Beatrice de Plan）便得出肉欲的愛不是犯罪的結論——這使得勒內·耐利寫道：「放蕩無可爭辯地構成了十三世紀女子對侮辱她們的社會秩序、特別是對偏向男性的不平等婚姻的抗議。」[44]

　　在同一個時代，行吟詩人的色情是將享樂主義同時注入日常生活與性關係之中。喜慶節日雖然受到基督教的反對和譴責，然而貨真價實崇尚肉體的異端邪說仍然得以存在。例如情人節和五月節就是如此。在這段時間裡，婚姻被拋到九霄雲外，性欲只服從快樂原則而非現實。先是

---

[44]勒內·耐里（René Nelli），《清潔教派》（*Les Cathares*），Marabout，頁110。

抽籤配對，隨即欲火中燒，雙雙對對在這瘋狂的時刻恢復他們肉體的自由，節日之後便又回到循規蹈矩的老路上。放蕩不羈的自由思想就這樣以享樂的名義侵入日常生活，在社會秩序中打開缺口。

在亨利四世到路易十三時期曾顯赫一時的巴洛克思想家不再有宗教的虔誠，比如說，德巴盧・呂伊埃、拉莫特勒瓦耶[45]、沙佩勒[46]等人對抗著博絮埃[47]、巴斯卡、馬勒伯朗士、費內隆[48]，博學放蕩的自由思想則對抗寂靜主義、冉森派教義和基督清教主義的聯合衝擊。人們稱之為聖人世紀的時代，不只是產生了道德的楷模，也不僅僅產生了笛卡爾。笛卡爾為了維護他的國王和哺育他的宗教而臨時制定出一種可笑的道德，這種道德幾乎摧毀了一切，卻寬宥了最重要的東西。博學的自由思想者也在攻擊笛卡爾的哲學，雖然他們很讚賞這位傾力研究動物解剖和生理學問題的布瓦捷大學畢業生。

偉大的世紀遠不是保守的。它甚至提出了鮮明的個體性問題，而個體性則為啟蒙時代的唯物主義、無神論和人道主義奠定了基礎。從博學的自由思想者那裡汲取的力量對思想的啟迪甚至產生了很大的作用。在某些方面，人們認為微不足道的

巴洛克思想家比具有代表性的人物盧梭、孟德斯鳩或孔多塞走得更遠。在理性及其運用、道德及其力量、肉體及其潛能、無神論及其徹底性等方面，十七世紀博學放蕩的自由思想者的見解實為深刻，甚至走向了極端，他們更注重現身說法，身體力行，而不糾纏於長篇大論之中。這些博學放蕩的自由思想者中被議論得最多，也被介紹得最多的人，當屬伽桑狄，他也是思想史中，對感性問題研究著力甚深者。

要追溯放蕩的問題，反倒是一位教士在長達千頁的巨著中提供了許多資料。其實這位教士的本意是以此作為反放蕩的潮流。為了攻擊放蕩的自由思想的基本原則，他對這些思想加以梳理，分門別類，整理出明確的命題，這些命題還概括了德巴盧之友（Des Barreaux）的世界觀。撰寫著作的教士就是加拉斯神甫。他為放蕩者下了這樣的定義：「我將我們那些酒鬼、那些出沒酒館的傢伙、那些毫無虔誠之心的人、那些加入那種被稱為『酒瓶會』的無賴，叫作放蕩者。」他又進一步說明：「那些在肉體方面走得最遠的人，那些信口褻瀆上帝的人，那些犯下可怕暴行的人，那些用詩歌誨淫誨盜的人，那些將巴黎變為蛾摩拉[49]的人，那些刊印《牧神之歌》的人，那些如此變態地生活以

[45]拉莫特勒瓦耶（Francois de la Mothe le Vayer，1588—1672），法國哲學家，法國懷疑論者領袖。譯註。

[46]沙佩勒（Claude Emmanuel Lhuillier，dit Chapelle，1626—1686），法國詩人。譯註。

[47]博絮埃（Jacques Bénigne Bossuet，1627—1704），法國高級神職人員，神學家，作家。譯註。

[48]費內隆（Fénelon，Francois de Sallignac de la Mothe，1651—1715），法國高級神職人員。譯註。

[49]蛾摩拉，《聖經》中的一個地名，上帝降下硫磺和火將其毀滅。

致人們都不願意髒了自己的筆而去揭露他們的人，所有這樣的人，我把他們稱作不信教者和無神論者。」[50]

這部著作名為《奇譚怪論》。在這部《奇譚怪論》的迷宮中，加拉斯對神奇的酒瓶會作了詳細的介紹。這個時代的酒瓶會就是十七世紀的古希臘學院或學校，以及古希臘花園和畫廊。下流的小酒館、酒肆取代了那些高貴的哲學聖地。博學放蕩的自由思想者，在山珍海味，如雲美女之間，開懷豪飲，狼吞虎嚥，縱情酒色，同時也寫出了離經叛道的詩句，提出標新立異的思想，對他們想要摧毀的舊世界發出了冷嘲熱諷。笛卡爾是運用系統的質疑把傳統化為了烏有，而這些放蕩的自由思想者則利用了幽默和犬儒主義，以及一切嘲弄性的破壞效果。在這種新類型的學院裡，在這酒神巴克斯的學院裡，人們高談闊論，慷慨激昂，有時竟激動得大打出手。加拉斯講述了一位酒館常客的軼事：「他酩酊大醉，破口大罵，噴出一連串連食人肉的野蠻人聽了都會臉紅的髒話……不知是命運的捉弄還是老天的安排，有一塊玻璃酒杯的碎片扎進他的手裡。接下來的三天，他時發癲狂，辱罵神聖，最後不治而亡。人們既無法醫治他的肉體，也無法醫治他的靈魂。」[51]照這樣看來，在這些哲學的小酒館裡也是會死人的。

總之，在這些小酒館裡，歌唱得好也罷，壞也罷，只要唱出對神聖的褻瀆就好；詩作得好也罷，壞也罷，只要產生顛覆的效果就好。一個無名氏以詩作漫罵復活這件事，還用心陰險地指出，即使在十字架上人們也禁不住要討酒喝的；他還說，在生死攸關的時刻，基督「徒然喊出：『父啊，幫幫我』……不過，他的喊叫聲並沒有被聽到。」[52]德巴盧用詩句三言兩語地點出了享樂主義的無上命令：「不多學知識而多學享樂／不多用理性而多用感覺」還有：「人生在世／得歡暢時且歡暢／漫漫長夜後／上帝賜我等光亮」[53]在煙霧彌漫的小酒館中，我們也能看到沃克林‧德伊沃多（Vauquelin des Yvetaux）的身影。他得意洋洋，帽子上戴著一個黃色的飾帶，那是他在妮儂‧德朗克洛[54]的石榴裙下得到的恩賜，他把它當作沙特所說的完美的類比（analogon）掛在他的帽子上。他也以詩言志：「隨時尋找真實的快感／滿足欲望而保持健康／……繪畫、音樂、詩句、花園／餐桌常空而餐具難聞」[55]。

---

[50]加拉斯神甫（Père Garasse），《奇譚怪論》（Doctrine curieuse），昂托瓦納‧阿當（Antoine Adam），《十七世紀自由思想者》（Les Libertines au XVIIe siècle，texts choisis），頁37－38，Buchet Chastel。註51，頁756。

[52]昂托瓦納‧阿當，《十七世紀自由思想者》，頁83。註53，頁195。註55，頁202。

[54]妮儂‧德朗克洛（Ninon de Lenclos，1616—1706），法國漂亮的風流女才子，常在家中舉行伊壁鳩魯式的沙龍聚會。譯註。

處拷問異端分子
牢房，異端分子
遭受鞭打、苦行
架、車輪架、火
燒等酷刑。圖繪
於1809年。

權力會鎮壓異端和所有宣揚思想自由者。在那個時代，膽敢發表唯物主義言論的，膽敢做出不信教舉動的，膽敢表現為無神論者的，都會有生命之虞。瓦尼尼[56]的舌頭被割斷，本人被活活燒死；泰奧菲勒·德維奧[57]被判火刑，後來又被減刑；聖埃夫蒙曾嘗過巴士底獄的鐵窗滋味，後來客死英國；對伽利略的審判，則是眾人皆知；雅克·豐達尼埃也因為不信教而葬身烈火之中。萬事都必須小心謹慎，這些放蕩不羈的學者們組織了小社團，他們講義氣，盡量避開來自官方的危險。朋友的親和關係使得交流、聚會和討論有了更大的安全保障。他們很少留下授人以柄的痕跡，因為他們留下的文字不多，著作屈指可數。詩句或歌曲，俏皮話或手勢，比長篇大論能表達。因此，異端的自由思想只有一些斷簡殘篇。只能從一些蛛絲馬跡，

顛覆性的舉動，或是精神特質，甚至從一種哲學態度中，尋找他們的思想。

無神的自由思想者

無神的自由思想者表現出了超越基督教和摒棄所有禁欲理想的明顯意圖。繼之而起的那個世紀流行的非基督教化，蓋源於此。加拉斯提到異端的自由思想者對耶穌的咒罵：「除了我們應該像動物、像畜生一樣逆來順受，除了我們應該伸出臉來挨耳光——如果這樣做會使我們的敵人為我們的愚蠢而高興的話，難道他就沒有別的什麼可以告訴我們的了嗎？除了這條我們必須像驢子一樣耐心前往的道路之外，難道就沒有一條更體面的道路通往至福了嗎？要知道，有一條光榮和歡樂的道路，它既不需要那麼多的苦勞，也不需要那麼多的責備，那是一條充滿睿智和寬容的道路。」[58]就是從這裡自由思想的學者產生

[56]瓦尼尼（Lucilio Vanini，1584—1619），文藝復興時期義大利哲學家，被宗教裁判所燒死。譯註。

[57]泰奧菲勒·德維奧（Théophile de Viau，1590—1626），法國詩人。譯註。

[58]加拉斯，《奇譚怪論》，頁709—710。

屢屢冒犯加拉斯神甫，他就是那位留下了許多記錄自由思想者言行的珍貴史料的神甫。每當加拉斯神甫佈道時，德巴盧就等在佈道台下，待神甫講完道步下講臺時，德巴盧便迎上前去，向他提出種種詰問，問得他瞠目結舌，狼狽異常。有一次，德巴盧離開了教堂跑到巴黎聖殿騎士寺院裡大唱酒歌。後來還有一次，有人看到他撲向一位手捧聖體的教士，將他的教士圓帽摘了下來，扔到地上，他說這是為了要好好教教這位教士什麼是禮貌。異端的自由思想者是不乏勇氣的。因為我們知道，百年之後，他們為了同樣的舉動而被燒死。最能體現這種大無畏精神和對宗教嗤之以鼻的代表人物，首推依埃羅尼莫·保羅。保羅是宗教裁判所一直盯著不放的哲學家。他不承認在八重天之外，在現實世界

了富有戰鬥性的反教權主義，他們不遺餘力抨擊教會秩序的代表。教皇、主教、教士因級別不同而受到不同的攻擊。這些不信教的自由思想者們嬉笑怒罵，皆成文章。

騎士拉巴爾[59]上訴後，雖然改判，但仍先斬首後施火刑。而騎士的前一個世紀，德維奧也一樣不向宗教遊行的行列脫帽致敬，他一有機會，就宣稱上帝、魔鬼、地獄和天堂都不存在。不信教的自由思想者輕而易舉地就擺脫了上帝。德巴盧也是

---

[59]拉巴爾（Jean François Lefebvre，chevalier de La Barre，1747—1766），法國騎士，因拒絕向宗教行列脫帽和因破壞帶耶穌像的十字架而被判斷手、割舌和施以火刑。譯註。

之外，還存在任何東西。在宗教法庭上，法官們要求這位思想家收回他的話，他沒有照做。在有人逗他說世外存在某種事物，存在神的實在時，他回答說：「如果在八重天外有什麼東西的話，那就只能是一盤通心粉啦。」[60]說完，他拔腿就跑，溜之大吉。這當然是義大利人的機智。可是人們沒容伽利略這麼風趣，他受到了嚴厲的審判。

自由思想的反教權主義也是反聖像的。德巴盧的朋友們對基督的聖像、象徵或圖徽厭惡至極。要是什麼人碰巧擁有耶穌那具十字架的幾千塊殘片之一，他也會試圖焚毀它。孔代[61]在聖像十字架專家布林德羅教士和一位醫生，以及巴拉丁公主安娜·德貢紮克[62]的陪同下就曾試圖這麼做過。不過，他沒成功，因為某些時刻，人們最終還是相信了上帝。

十字架特別招人憤恨。用沙特的話來說，這是完美的類比物。下面這件事相當可信：一天，在葬禮上，豐特拉伊、布里薩克和維特里揮劍衝進宗教遊行的行列，一邊砍聖像十字架，一邊大呼「這是敵人」。這類行為還有位於聖路易島中心的十字架被人放倒一事，這可是道地的破壞。

當然嘍，他們也不喜歡教士、修道士或修女。有一次，一個修女就成了實驗品。一個叫費爾瓦克的騎兵軍官不顧她的掙扎，硬用聖水給她灌了腸。他要以此向人們證實，他就是像人們所指責的那樣大逆不道。他的意圖實現了。

聖事也成為他們攻擊的靶子。他們對洗禮和婚禮的態度就是如此。有一次，出於自由思想事業的需要，也出於事業代言人德羅克洛爾騎士本人的需要，一個網球廳被闢為教堂，他按照嚴格的儀式給他的狗行了洗禮。後來比西也有類似的舉動，他給一頭乳豬和一隻青蛙還有其他動物行了洗禮。每當他作這種洗禮時，總有克莉絲蒂娜·德莫斯克松侯爵夫人助他一臂之力。據說，這位夫人性格豪放並且美貌驚人。她是幾個狂熱的反教權者之一，寫過一篇關於兩棲類動物及其靈魂得救的論文，可惜今已失傳。從這位侯爵夫人的行止上看，女性並未袖手旁觀。異端的自由思想發展之速，竟然已經觸及了更低的社會階層。有人記載道：當某位教士舉起聖餐餅時，雷茨的一個貼身僕人竟然把它從教士的手中奪了下來。這個膽大妄為之人是在催促基督快點顯身。這當然是徒然的……

無神論是享樂主義能夠存在的條件：上帝存在與人的自由水火不相容。勸人信奉自然之神的花言巧語並不能抹殺這個明顯的事實。唯有上帝的死亡才能提供一個先決條件，使人類超越巨大的異變和所受到的束縛，從而得到新生，得到主體與自

[60] F.T.貝朗（F.T.Perrens），《十七世紀法國的自由思想者》（*Les Libertins en France au XVIIe siècle*），Calmann Lévy，頁165。

[61] 孔代（Louis II de Bourbon，le grand Condé 1621—1686），波旁亨利二世之子。譯註。

[62] 安娜·德貢札克（Anne de Gonzague，1616—1684），法國貴婦人，嫁給選侯弗雷德里克之子為妻。譯註。

我的和解。神的先驗抑制了人的內在。這樣我們便可以理解為什麼伊壁鳩魯在偉大的世紀裡受到禮遇。他以他的原子論和唯物主義提供了忽視、反對乃至超越基督教的思想手段。這位希臘哲學家的價值所在，與其說是他提出了假享樂主義，不如說是他將傳統變成了反對教會教義的戰鬥武器。不信教的自由思想者為無神論和唯物論打下了基礎，他們的理論精髓可以概括為：「採取贊同日心說的鮮明立場；拒絕哲學上的一切權威；接受具有唯物主義傾向的原子論體系並贊同遭到徹底否定的懷疑主義；將理性和信念區分開來，組織理性反對一切超自然的形式並保證人類的行動具有充分的自治；利用一切異教的靈感。」[63]無神論的自由思想是對教會及其教義的真正宣戰。自由思想者認為，羅馬是在宣揚由《聖經》推論出來的地心論；它製造了經院神學的權威，製造了正式的意識形態；它相信唯心的唯靈論，此論產生了作為智力活動對象的上帝；它製造了一種標準與真實，一種直截了當的謬誤，讓人相信這種沉重的確定性；總之，它將哲學置於宗教的奴役之下，只有當哲學變為宗教的奴僕時，它才給哲學生存的手段。在啟蒙時代的前一個世紀，那些後來或多或少促成法國大革命的思想正在萌生，在活動，在流傳。

無神的自由思想的實證性建立在倫理的相對性上，這意味著對永恆真理存在的質疑。例如，拉莫特勒瓦耶便熱心於搜尋歷史，揭示風俗相互矛盾的多樣性。另外，如果要指出一位人類學之父的話，請李維史陀[64]別不高興，那不該是盧梭，而應該是這位《仿古人的對話》的作者。他大量引述了古希臘歷史學家希羅多德（Herodotos）、古羅馬的學者奧盧吉爾（Aulus Gellius）、古希臘歷史學家杜古地德（Thoukudid s），以及凱撒、波里比阿（Polybios）、荷馬、普魯塔克等人的文字，證明在風俗方面一切都是可能的。在性的方面，拉莫特勒瓦耶發現，沒有任何一種性欲受到普遍一致的禁絕，或者說在所有地方都同時被禁止，他由此而主張盡情縱欲。無神的自由思想者研究道德的自律問題，當倫理隸屬於基督教禁欲思想之下的幾個世紀之後，這種研究不無困難。

儘管無神的自由思想者的道德獨立於超驗者的監護，它也不能沒有根基就運行，自由思想者倫理哲學的基礎是自然提供的。加拉斯神甫就曾把他們的思想說成是一種無神的建構原則。這種思想就是：「世界上只有自然才是神聖的，才是至高的權力，無論在什麼事物上都應該遵從它，它在行使它的權力和它的自然能力時，在我們肉體和感官上所產生的任何欲望都不應該遭到拒絕。」[65]自然教給我們的，不會是壞的，我

---

[63]勒內·班達爾（René Pintaed），《17世紀前半葉博學的自由思想》（*Le Libertinage érudite dans la première moitiè du XVIIe si ècle*），Slatkine，Genève Paris，1983，頁567。

[64] 李維史陀（Claude Lévis Strauss，1908—），現代法國哲學家，社會學家，結構主義哲學創始人。譯註。

希臘古瓶上的人獸交圖像（約西元前560年）。

繪於十八世紀人獸交插畫（1787年）。

們應該遵從自己的衝動、欲望和本能。文明給情欲加上否定的係數，將情欲與惡聯繫在一起，從而使之變得危險。而自然的運動是趨樂避苦的。聖埃夫蒙在寫給德朗克洛的一封信中談到了伊壁鳩魯的道德：「人們注意到人最初和最自然的意念是喜歡快感和逃避痛苦；財富、權勢、榮譽、品德可以增加我們的幸福；但是享樂、快感是我們一切行動追求的真正目的。這已經是昭然若揭的明顯的事情，我對此堅信不移。」[66]享樂主義是一種利益的道德，是唯一考慮到本來面目之客觀實在而非人所希望之客觀實在的道德。利他主義是文化的一種產物，愛己是建構兩個人之間的互為主體性的一個心理已知數。享樂，並使別人享樂，以便感覺到主體所維持的關係，這肯定是自我的感覺，然後是他人的感覺。米東明確指出：「要成為一個正直的人，就應該投入到一切使生活變得對別人和對自己同樣美好而愉快的事物之中。」[67]這樣就產生了與享樂相關的一種新的肉體，一種新類型的肉體關係。

無神的自由思想者的肉體完全是為使能量、體液之流和活力在生命過程中循環，而構成的純物質。死亡帶給物質一種衝擊，這種衝擊改變了關係，但對本質沒有任何影響，因為原子是不死的，只是由它們構成的東西死了。經歷苦樂，存續，變化與生死的是同一個組織。因此行動必須是當下即時的，必須是在當下的前一刻與即將永逝的瞬息這兩者之間。屍體沒有任何神聖的地方，它是純粹的物質，如果一定要找出個什麼神聖之處，那就是它是生命的失敗，它是事物中的事物，物中之物。按照伊壁鳩魯的古老原則，對死亡的恐懼是毫無道理的。這個原則就是，只要死亡沒有來臨，那就還不到受死亡之苦的

[65]加拉斯，《奇譚怪論》，頁268。

[66]聖埃沃蒙（Saint Evremond），《文選》（*Textes choisis*），Alain Niderst編，頁324。

[67]貝朗，《十七世紀法國的自由思想者》，頁136。

時候，而當死亡來臨時，人們便不會再受死亡之苦了。比西，那位為狗和青蛙行洗禮的人，便視肉體為草芥，把它變成了享樂的臨時集中地，如此而已。死後，一切皆空。一天夜裡，他同兩個和他一樣離經叛道的弟子來到墓地，掘出一個新下葬的屍體，與它狂舞了一番，隨後把它放回棺材，到附近找了一個有醇酒美女的地方歡度一宵。對於清醒的人來說，與死亡接近就是在上享樂主義的課。趁現在還來得及，及時行樂吧。

德維奧便堅持此道而毫不動搖。他讚揚不節制的快樂和放蕩的縱慾，結果他在妓院裡染上了嚴重的淋病，這使他接受了雞奸的美德，並很快就變成了雞奸的新信徒。要知道，在當時，同性戀者是要受火刑，被活活燒死的。但是這些都沒有阻礙這位先生，還有德布瓦索伯爾或瓦尼尼等人，也樂此不疲。

在對全球道德實踐的研究中，拉莫特勒瓦耶無一疏漏地讚揚了所有那些可能的和可想像的經驗：從手淫，這種既是溫柔的外科學也是對神經的舒緩，[68]到男性結合的同性戀，還有獸奸和亂倫，無所不有。他寫道：「人們可以將這些問題無限擴展，因為在情慾方面，習俗、時代、身材、顏色、對話、優雅，無一是確定的，無一是決定性的，一切取決於千變萬化的興致和各種不同的口味。」[69]讓每個人都遵從自己的狂想吧，用不著考慮道德或宗教的清規戒律。

當然還有其他像性快感一樣的快樂。無神的自由思想者的身體在珍饈美味前，和與美女同寢共眠的睡榻上，一樣享受得到快樂。他們所要的遠非是那些被伊壁鳩魯視為奢侈的小乳酪，那些足以使花園派的信徒們感到滿足的乾麵包和水，他們要的是大吃大喝，酒池肉林。為了證明他們是多麼在乎真正的口腹之樂，德巴盧的朋友們有時甚至吃得消化不良，更有許多酒瓶會的兄弟們被活活撐死。比如拉瓦爾丹侯爵就是狂吃濫飲後窒息而死，拉法爾侯爵就是因吃鱈魚過量而一命嗚呼，而拉布勞斯侯爵也是因狂飲紅酒和大嚼西瓜而命喪九泉。

這些自由思想的哲學家有時常用美食借題發揮，迸出一些警世妙語，並且進行哲學論證。很多人都知道德巴盧在星期五禁葷日那天要豬油煎雞蛋的事。當時這位哲學家膽大妄為、乃至肆無忌憚的舉動，令餐館裡的那些常客大驚失色。他們呆若木雞，沒等他們回過神來，天空風雲突變，暴雨傾盆而下，閃電窮雲而過，轟雷

---

[68]拉莫特勒瓦耶，《仿古人對話》（*Dialogues faits a l'imitation des anciens*），Fayard，Corpus，頁96。註69，頁105。

滾落地面。看來他們的驚恐是有道理的。他們如夢初醒，說時遲，那時快，趕緊把那盤煎蛋扔出窗外。這些迷信的膽小鬼把它獻祭給老天了。德巴盧不動聲色，只說了一句：「一份煎蛋竟有這麼大的動靜。」[70]德朗克洛在封齋期也有過類似之舉。有一次，她津津有味地嚼完雞肉後，便將啃剩的雞骨頭扔出窗外。可是這些雞骨頭卻不肯老老實實地落到地上，不偏不倚打在路過的聖緒爾皮斯教堂的教士頭上。妮儂為此巧合高興得手舞足蹈。據說她有個習慣，一有人對她談到祈禱，她就婀娜起舞……哲學家通過同餐共席增進了他們非常看重的友誼。同席者都是靠得住的朋友，沒有被告發的危險。無神的自由思想者有許多聚餐和團會，其中有加斯通・德奧爾良的放浪會，多吉埃的酒神會，以及威尼斯諸會中的真福會等等。

自由思想者在考慮下體和口腹之餘，也會考慮到人們所說的精神快樂。他們與繆斯打趣，吟詩作曲，說俏皮話。沃克蘭・德依夫多作了一些用詩琴伴奏的歌曲；德巴盧說他渴望傾聽一切音樂，並說他從歐忒耳帕[71]女神那裡獲得了維納斯女神帶給他的狂喜；克伊布則充分表現了放蕩的自由思想者的荒唐嗜好，人們說他擅奏詩琴和雞奸，好講故事和旅行。

無神的自由思想者人才薈萃，各有不同的財富和才能。有些人留下了詩句，另一些人留下了俏皮話。有些人則因為一篇誹謗文章、一本小冊子、一則短論或幾頁抨擊文字而聞名。還有一些人只是在奇聞軼事中留下故事與名字。有的人更表現了高超的醫術，有的人則表現了行吟詩人的才華。但是他們有個共同點，那就是他們的言行都曾是禁欲理想的唯一選擇，有時他們也以其人之道還治其人之身。自由思想者在修士與名副其實的哲學家中間都大有人在。當聖賢笛卡爾和無神的自由思想者呂依里埃碰到一起時，他們會談些什麼呢？這倒是人們很想知道的……

啟蒙世紀的前幾十年是在無神的自由思想者努力的成果上運行的。在很多地方人們都把弗朗索瓦・貝尼耶[72]的話變成格言：「戒除快樂在我看來簡直就是天

---

[70]貝朗，《十七世紀法國的自由思想者》，頁136。

[71]歐忒耳帕（Eutepê），希臘神話中九位繆斯之一，司節日，長笛發明者。譯註。

[72]弗朗索瓦・貝尼耶（François Bernier，1620—1688），法國醫生，旅行者。譯註。

大的罪過。」[73]十八世紀的生活藝術，就像人們從畫家布歇（François Boucher，1703—1770）、弗拉戈納爾（Jean-Honoé Fragonard，1732—1806），或瓦托（Antoine Watteau，1684—1721）的繪畫中所能看到的那樣，與其說是盧梭式的，不如說是拉美特里式的；與其說是孟德斯鳩式的，不如說是薩德式的。但是大多數被稱為啟蒙時代的哲學家都是陰鬱的人物，是禁欲理想和克己的忠實信徒，是將基督教的教義披上了世俗的時髦外衣的教士。法國大革命的許多理想都純粹是抄襲福音教義。有這些理性主義哲學家的大力鼓吹，基督的宗教得以繼續發展，這種相悖的現象在愛爾維修或霍爾巴赫的著作中達到頂峰。他們本來是唯物主義者，而他們提出的博愛簡直就是宗教中愛他人的世俗版，他們對道德的解釋，就算是說這種解釋來自《聖經》而非霍爾巴赫的《道德政治》，就連教士也會欣然接受。真正的顛覆來自那些遭到流放或被投入牢獄的哲學家，例如享樂唯物主義的兩個代表人物，拉美特里和薩德，這並不是偶然。他們不知道沙龍的溫馨，沒有在那種地方設想過百姓的幸福，也沒有用中產階級代替貴族。拉美特里是個醫生，他的哲學生涯始於對性病的論述；薩德則是放蕩者，只有在受到鞭打時才有快感。

拉美特里——享樂是一種藝術

拉美特里是個行醫者，他在從事哲學研究時並不想丟掉自己對希波克拉底的忠誠：他不想研究出一套沒有根基的空中樓閣式的理論，他寧願腳踏實地的從觀察與實驗出發進行思考。為此，他主張徹底的唯物主義，激烈抨擊一切唯心主義的反常倒錯。他在結合醫學力學的新發現與研究伊壁鳩魯的體系時，提出了獨特的快樂範疇的唯物主義，但那不是快樂本身，而是因快樂而消除了緊張之後的滿足狀態。滿足與快樂截然不同。他「將滿足與快樂區別開來，就像把氣味與散發氣味的花朵區別開來一樣，就像把聲音與發出聲音的樂器區別開來一樣。他把荒淫說成是一種感覺不出味道的過度快樂，而把滿足說成是一種精神狀態，是快樂的精髓，是明智地、節制地運用快樂的藝術，是用情感品味快樂的藝術。」[74]享樂是一種別出心裁而又微妙高雅的藝術，所以不能用簡單而草率魯莽，或粗野的方式達到享樂，而只能通過精心計算，通過享樂主義的算術達到享樂。

無神的自由思想者的身體本質上是一部物質的機器，就像客觀實在中一切被賦予生命的動植物一樣。在肉體中，有神經系統，這是肉體的一部分；有衝動，這也是肉體的一部分；有思維，這仍是肉體的一部分。世界只是一個千萬種變化了的物

---

[73]貝朗，《十七世紀法國的自由思想者》，頁358。

[74]拉美特里，《享樂的藝術》（*L'Art de jouir*），*Oeuvres Philosophiques*，Fayard，Corpus，Tome II，頁327。

盡享口腹之欲後、慵懶躺在地上的農民。布魯格爾的＜樂土＞（1567）局部。

質的集合。沒有思想，沒有精神，沒有非物質的物質。存在的一切都遵守著支配物質的自然法則。反省、意識、沉思，都只是大腦的產物。拉美特里用驚人的現代性語語彙稱大腦為「思維的內臟」[75]。現在的神經科醫生都已經在這麼說了。

拉美特里以諷刺而又挑釁的態度指出，「從動物到人的轉換並不明顯」[76]。他也曾想接受畜生與它們的主人是有區別的這種看法，為此他對兩者進行了比較，而這種比較的結果對人卻極為不利。人們所說的低級哺乳動物實際上具有非常了不起的適應能力，而這正是人極為缺乏的

品質，人若是守著不符合他們飲食習慣的食物就會餓死。與人相比，猴子的長處是它們的智慧很靈活性，這些差別是如此之大，使得基督徒所說的「人是萬物之靈」的論斷受到懷疑。不過，在生理學上狒狒與哲學家倒是如同親兄弟一般相差無幾。當他們被拿到解剖檯上開膛破肚之時，人們會很驚異地發現他們的親緣關係竟如此之近。這證明了某些相似性並不單純地表現在容貌上。一種液體之流，一種能量，以同樣的方式分佈在馬戲團的動物和藝人的身上。拉美特里所說的這種「我們肉體中天賦的力量」[77]，不均勻地分佈在我們

[75]拉美特里，《伊壁鳩魯體系》（*Système d'Epicure*），Tome I，頁361。

[76]拉美特里，《人是機器》，頁109。註77，頁133。

布歇擅長描繪女性裸體,這幅<派里斯與三女神>展現出女性肌膚的光澤與豐潤的質感,閃著玫瑰色的光芒。

曼帖那(Andrea Mantegna,約1431－1550)<繆思之峰>(1497),九位分別掌管不同才藝的繆思女神齊聚。

體內的器官中,有些器官多一些,有些少一些。這就解釋了為什麼在同一個組織之中,不同部位有不同的功能差異和不同的重要性。這位醫生哲學家採用了動力學的暗喻:一切附屬的動力都歸於思想體系的原則,靈魂這個「刺激與命令的原則位於腦顱之中,是神經的源頭,它通過神經控制身體的各個部位」[78]。身體是按人們後來稱為熱動力學的法則運作的。它熱血沸騰,發燒,體內溫度升高,狂熱,神經緊張,興奮,迷亂,發癢,欲求,熱流閃現,在腦物質上留下痕跡,人體機器的溫度時高時低,有承受壓力的時候,有釋放壓力的時候,還有進行調整的時候,每當這些時候到來,身體便出現了紊亂與不和諧或者是平靜與和諧。肉體是思維形成的場所,思維也是欲望和快樂貫穿其中的物質複合體。人體是享樂和受苦的機器,它可以影響思維的活動。

唯物主義認為,沒有營養學便沒有可能的倫理學。機器運動需要燃料。進食就是攝取物質來維持物質的形態。吃東西是通過維護或阻礙動力秩序而使人體機器的內在齒輪運轉。根據這些原則,「這裡唯一可行的哲學便是人體的哲學」[79]。美食有道德的目的,人們用美食製造組織,組織則製造出思維。物質攝入物質,肉體構成肉體,自然運動是辯證的:攝入,消化,燃燒——思維無非是這種燃燒的方式之一。在肉體的中心,人們看到靈魂。無庸贅言,靈魂當然完全是原子的:「靈魂只是運動的一個本原,或者說是大腦的一個物質部分,人們可以毫不猶豫地將它視為整個機器的原動力,這一動力影響著所有其他動力。」[80]

---

[78] 拉美特里,《人是機器》,頁134—135。註79,頁151。註79,頁138。

弗拉戈納爾
的＜門栓＞
（1780），充
滿肉體性愛的
挑逗意味。

流體和固體保持著息息相通的關係，這種
關係在一系列不斷的變化中產生了動力，
亦即生命。流體為固體提供營養，兩者的
往復產生了熵效應，產生了一種消耗在生
命力之中的能量。就是在這奇特的時刻，
快樂油然而生。快樂與緊張的舒緩和能量
的釋放融為一體。隨即出現快感，就好像
熱動力產生後出現一種雲蒸霞蔚，就好像
肉體做功後出現一種雲山霧罩。享樂主義
者在此刻所體驗的境界就是一種充滿了
溫柔的出神，獨一無二的存在。「那是一
種真正的、持久的迷醉，」拉美特里寫道，
「一種愛的僵直症，它避開縱欲者而只留住
好享樂者。」[81]享樂的藝術意味著意識服從
享樂，也就是懂得並追求這種僵直症，渴
望這種僵直症，呼喚這種僵直症，允許自
身能量的自由釋放，讓身體、肉體、血肉
之軀的全部感官、全部感覺都服務於這種
追求快樂的行動。一個享樂者便是一個肯

定和製造使人得到平靜快樂的人。他追求
的目標就是快感，那是至福的境界，是最
大的滿足和最大的真福。「快樂就像植物的
芳香，人們吸進多少氣息，就感到多少芬芳；
這就是為什麼好享樂的人時刻都在豎著耳朵
傾聽他那些活躍而開放的感覺發出的神秘聲
音；他，就像是為了更能領略到快樂，而那些
感覺，就像是為了更能讓他領略。」[82]拉美特
里的享樂唯物主義意味著對「在世存有」
的強調，一種對構成客觀現實的事物的充
分而完全的參與。這種態度開了尼采思想
的先河。尼采要我們對寄居在我們身上的
健康大聲說是，對它充分肯定，對它完全
接受。五種感官成為快樂地感知世界的工
具。激情是快樂的原動力，出神具有方法
論的功效：「比起那種令想像麻木不仁、令
快樂驚恐萬狀的冷靜理性，他們的出神迷醉
具有更高的價值。」[83]這是給瞬間賦予最大
程度的肯定，這一刻現實的瞬間是唯一的

---

[81]拉美特里，《享樂的藝術》，頁322。註82，頁327—328。
[83]拉美特里，《伊壁鳩魯體系》，頁380。

真實。賀拉斯[84]給世人的忠告——從今天起就採摘生命的玫瑰吧——現實再次受到頌揚，被置於與世界的緊密相連的角度。唯物主義者不知道時間的其他向度，只知道當下。一切都是現在式，過去和未來都只是寫在最純粹的直接性之上的戲說：我們回憶，想像，懷舊，構思，但是這一切都是在人們所處的當下那一刻的唯一的框架裡。所以，「讓我們享受現在吧；我們只屬於現在」。我們在現在中活了多少年，也就是死了多少年；尚不存在的未來並不比已不存在的過去更能被我們掌握。如果我們不享受現在出現的歡樂，如果我們逃避那些現在似乎正在尋找我們的歡樂，那麼這樣的一天就將來臨：「我們尋找歡樂將會徒勞無功，歡樂將遠遠地躲開我們。」[85]應該活得永不後悔；要讓每一刻都像是最後的一刻，都像是這一刻的重複。流逝的時間一去不返，片刻的真實轉瞬即逝。時間的這種轉瞬即逝的特性也正是它的價值所在。放蕩的時刻是無害而道德的，放蕩、快樂和快感的實踐是無害而道德的。拉美特里後來在《享樂的藝術》中寫到哪些活動曾使他歡悅，哪些體驗曾使他體味到那些狂喜，那種他多次提到的精神的僵直症。在這位醫生的筆下，那些狂喜和那種精神的僵直症被比喻成鴉片。他寫道：

「我只想重新體驗我所體驗到的：美食，美女，歡樂，幽會，風流；那無時不在美女環繞中度過的溫柔鄉，那美惠三女神、希波克拉底和繆斯的迷人學校；那永恆地對荒淫的蔑視和對快感的親近；那睿智與瘋狂的美妙混合——兩者相互刺激而使得生活更加愉悅、更有味道。」[86]拉美特里寄居在普魯士國王的宮廷裡，與一個他從法國帶來的輕佻女人生活在一起，同時也絕沒有忘記領略那些送上門來的普魯士女人的風韻。他喜歡美食佳釀，總是口出狂言，常有天才的奇思妙想，最終因不消化而被撐死。如果說他是唯物主義者，他便是作為唯物主義者而終此一生的。伏爾泰的一些書信也讓人看到了這位放蕩不羈的真正的自由思想者被掩蓋的一面，拉美特里是一個也會充滿悲傷，絕望到極點的人。對快樂的認識都不受到實在的悲劇性概念所束縛。拉美特里的歡笑難道不也直是一幅滑稽可笑的漫畫嗎？在那些拉美特里著作的細心讀者中，有一個人後來指出，拉美特里曾是何等的清醒。正是這種清醒揭示了一個嚴酷的事實：道德的不幸，甚而可以說是不道德的昌盛。

薩德——激進的享樂主義者

整個的啟蒙時代都充滿了對基督教的

---

[84]賀拉斯，高乃依1640年寫的悲劇《賀拉斯》中的主人公。譯註。

[85]拉美特里，《享樂的藝術》，頁381。註86，頁380。

「人體是享樂和受苦的機器」（繪於1617年）。

霍爾巴赫（Paul Henri Dietrich d'咤Holbach，1723—1789），法國啟蒙思想家，哲學家和無神論者。

回憶。由至高的上帝過渡而來的革命的博愛，包括嚴厲的、斯巴達式的共和黨禁欲主義，1789年，所有的這些理想都不由得使人想到道地的福音教育復興。能夠不隨波逐流的思想家寥若晨星，那些敢趁此時超越傳統的陳詞濫調，超越已經被普遍接受的思想，並且企圖創立後基督教道德的人屈指可數。但終究還是有一些天不怕地不怕、膽大妄為之人，曾致力於非基督教化，為現代倫理的先期教育準備了空間。我們想到雅克・盧、賽巴斯蒂安・馬里夏爾、科洛・代爾布瓦、勒普勒蒂埃以及埃貝爾[87]。哲學家很少有人寫到他們，這使我們很難對他們的激進思想加以研究。不過有一位哲學家倒是把後基督教思想的哲學搞得沸沸揚揚，這位哲學家就是薩德侯爵。在習慣上，人們為了避免自找苦吃地研究他的哲學，總是堅持把他的著作納入

淫穢——最大的色情的範疇之內。但是的的確確存在著薩德侯爵思想。我們如果不理解他的思想，就根本看不懂他在歡樂的構架裡描述肉體活動的篇章。如果不瞭解薩德掩藏在淫穢之後的那些有關物質、必然、內在與活力等理論，那怎麼可能理解人們所說的薩德的變態的含義呢？那又怎麼可能理解他在《索多瑪一百二十天》中的狂言譫語呢？薩德基本上是一個激進的思想家。他把對自然和人在自然中的位置的深入探討推向了極至。

薩德家中的藏書可謂汗牛充棟。他很早便擁有了拉美特里的全部著作。他熟讀過這些著作，所以當他出版了一本驚世駭俗之作時，他有理由相信自己會惹禍上身，薩德知道自己可以躲藏在這位前輩的名字後面，掩蓋自己的真實身份。這本著作的名字是《真實》，副標題是《在拉美

---

[87] 雅克・盧（Jacques Roux，1752—1794），科洛・代爾布瓦（Collot d'Herbois，1750—1796），勒普勒蒂埃（Lepeletier de Saint Fargeau，1760—1793），埃貝爾（Jacques René Hébert，1757—1794），以上均為十八世紀法國中產階級革命時期的革命活動家。譯註。

希臘神話裡分別代表「歡喜」、「光輝」與「豐收」的「美惠三女神」。
畫中三位女神自信的展現美妙的肉體（圖約繪於1620年）。

特里的故紙堆裡發現的文獻》。在這本書裡，他還長篇大論地引用了《人是機器》等著作的片斷，但並未標明出處。薩德和拉美特里有親緣關係，這使得他可以採用假託的方式。世上的一切不都融於同樣的必然之中嗎？在享樂唯物主義的哲學中主體不就是一種幻覺嗎？

然而，親緣關係是自有其限度。當拉美特里在將快樂變為以追求快感為目的的手段時，此時與其說他採取了昔勒尼派的觀點，不如說他已置身於伊壁鳩魯派的邏輯之中了。作為目的，薩德追求的是快樂與歡樂自身。拉美特里追求的是快感的氣定神閒[88]。薩德追求的是毀滅性的世界末日。薩德喜歡性暴力許可的那種放蕩，喜歡在被稱之為解放的那一刻，體內所產生的那種活力說的混亂。薩德的享樂主義完全是肉體的：它更追求的是衝動和激烈本身，而不是理性和理性的滿足。薩德將理性和意識說成是快樂在狂放時捲帶而來的附屬物。這些附屬物是讓機器狂喜，將機器帶到深淵的邊緣。人們想到拉美特里在《享樂的藝術》中所說的這句話：「快感有它的陽光和陰影。」[89]或可說，快感有其黑暗之處。

薩德的唯物主義是他之後一切自由思想哲學的基礎。這裡應該指出的是，對於這些哲學家來說，只有不同變化的物質存在。除此之外還應該指出的是，物質充滿了神秘的活力。薩德談到「電流體」、「電原子」、「纖維」、「液體流」等，後來他又解釋說，「由於人身上血液的苦澀度不同，或是動物性特質不同」[90]，所以人的行為多種多樣。真實存在的秘密隱藏在肉體這一深淵之中，或者說隱藏在由物質所構成的各種形式之中，肉體的必然是不可迴避的哲理：「在動物界無處不是血液、骨骼、肉體、肌肉、神經、腔穴、動力、本能……本質都是一樣的，不一樣的只是客體構成的方式……不管人們怎麼看，在所有存在的這些生物中人們都只能看到物質。」[91]這裡，沒有上帝、精神與靈魂的位置，也不容唯靈論或基督教的無稽之談。超驗論死了，與它一同死去的是認識罪惡、錯誤的理性，是壓抑或罪惡感。一切都在內在和必然的控制之中。個體是服從這些法則的機器，內在和必然以外的任何事物都不可能左右個體。物質是將真實存在置於它的原則之下的專橫暴君。

機器是由神經系統的衝動推動的。薩德對這神經系統的衝動非常關注，因為它們提供了一種選擇，可以取代精神因果論

---

[88] 氣定神閒（ataraxie），古希臘斯多葛派哲學家用語，指心靈不受外界干擾的境界。譯註。

[89] 拉美特里，《享樂的藝術》，頁329。

[90] 薩德，《新潔斯汀》，頁357。註91，Tome II，頁670—671。

薩德《新潔
斯汀》插圖
（1797）。

以肉體與性器
官拼貼而成貴
族嘴臉，圖為
十八世紀末之
諷刺畫。

或神靈因果論的唯心主義古老原則。使人產生運動的只是一個絕妙的神經物質網路。在《新潔斯汀》一書中可以看到有關這個問題的雄辯論述：「人體中最為重要的組成莫過於神經。……生命和機器的和諧、感覺和快感、知識和思想，都依存於神經。總而言之，神經是全部組織的依託。這裡依託著靈魂，也就是那與動物一樣生生滅滅、繁盛衰敗的生命的本原，也就是那完全是物質的本原。……當一股火產生於生殖器官或與之相鄰的器官時，這股炎炎烈火便異乎尋常地刺激了流動在這神經腔內的動物知覺，並造成快樂。」[92]薩德力圖在這個觀點上，從物質出發，從肉體出發，給快樂下一個病理學的定義。拉美特里將快樂置於隨著愉悅和鬆弛而產生的快感。薩德則與拉美特里相反，他將享樂置於物質的中心，更具體地說，置於神經物質的中心：「享樂是興奮在神經體上的病態的現象現象。」[93]因而享樂

是消耗，是能量的釋放，是活力的減壓，是那個被詛咒的地方的興奮。沒人對這種活動負責，沒人對自身體內愉悅或不愉悅的騷動負責：每個人的體質都是自然的必然，人無法改變天然的自我。唯一能做的只是反抗社會的壓力，承認那驅使我們的衝動，並在享樂主義中尋找出路。唯一的自由只在於此：接受和同意將我們的身體變為一種享樂的工具，一種生產快樂的機器。

感覺主義是方法論的必要。感官是能夠接收可能的物質訊息、也就是肉體訊息的唯一途徑。在感官的幫助下，客觀實在作為氣息、聲音、味道、形象、可觸的印象等被感知，這樣便可將感覺互相結合起來，從而產生理性活動，產生理解與思索。思想、享受歡樂、感受痛苦，這些如果不是感覺又能是什麼？生命如果不是這些能夠被組織起來的運動的集合，又能是什麼呢？「一些肉體作些生存，感覺便

---

[92]薩德，《新潔斯汀》，Tome II，頁546。註93，Tome I，頁107。

能再活動；這時便不會再有思想，也就不會再有思維。思想只能來自我們的感官。……生命是整個身體運動的總和，感覺和思維只是這些生命運動的一部分。」[94]肉體是產生感覺的地方，是能量、體液之流和動力相互碰撞的有限空間。肉體除了包容在肉體形式中的活力之外，什麼也沒有。由此而產生了薩德體系的核心概念：唯我論的概念。從這個概念出發，人們便可以理解何以互為主體性會被置於一種不適合、不可能實現、甚至只能是互相誘惑的氛圍之中。人們不能溝通，不能交換，因為皮膚阻止我們在他人身上走得更遠，只能達到表面的一層而已。人們也可以理解薩德小說的主人公們為了探索他們的臨時伴侶的內心深處或內在時，而作出的種種企圖。從哲學上講，與他人的關係只能停留在表面之上，其餘的一切就都是幻想了。

部分出於這個理由，薩德對世界的看法帶著憂鬱甚至絕望的色彩。人們通過他的作品可以看到，人被視為「不幸的兩足動物」，人的存在被比作「一個往往是奇怪的命運在作祟的艱難歷程」。薩德冰冷的享樂主義植根於一種徹底的悲觀主義。如果人們關注一下多爾芒賽、聖豐·瑞斯丹、瑞里埃特、米爾維爾和聖安傑，這些薩德作品中的人物的浪漫奇遇，便會注意到這種悲觀主義的出現。「被稱為人的這個不幸的個體被丟棄在這個悲慘的世界上，它通過放

蕩得以在生命的荊棘中摘下一些玫瑰。」[95]因此，薩德的快樂是孤獨的，他的快樂是一種唯我論的殘酷事實。在一個被限制所束縛的肉體內，上演著能量的悲劇。這個肉體之所以被束縛，是因為它不是任何別的東西，而是因為它只是被衝動劃出一道道破痕的物質而已。享樂是肉體與神經、皮膚與纖維所保持的某種類型關係的方式。人同動物或植物乃至礦物或東西都是一樣，是物質存在的模式，他人在這種體系中是沒有任何位置的。原子說的前提，就是真實存在的元素組成都是孤單的，除了這些基本的形態和聚合這些形態的真空之外，什麼也沒有。就是這些形態結合的法則本身也毫不重要，毫無意義，不值得崇拜。即使是構成人形體的物質，也不該認為它比構成猴子形體的物質更優越。狒狒也好，哲學家也好，兩者並無區別。薩德的反人道主義並不是他刻意的追求，而是他對純粹客觀存在的一種描述。原子、物質、必然、自然法則，這些迫使人不能不正視這個明顯的事實，亦即，實在超越了善與惡，實在是殘酷的……

無神的自由思想者的倫理命令是對他人的否定，這並不是因為應該擺脫他人，而是因為自然使人毫無區別，並將唯我主義強加給了人。這就是說，「不論損害何人，但求自己幸福；……不拒絕任何可以使我們在塵世中享福的東西，哪怕為此而破壞、

[94]薩德，《新潔斯汀》，Tome I，頁245—246。

[95]薩德，《閨房裡的哲學》，頁38。

摧毀、吞沒別人的幸福。自然，讓我們生為單一者的自然，無論如何也不會讓我們憐惜他人」[96]。倫理是一種軟弱無力而毫無基礎的手段，人無法與必然抗爭。唯一可能存在的自由就是接受自然的運動。

語言非但不能填補將人分離的深淵，反而加大了人與人之間的鴻溝，凸顯了人的孤獨以及互相溝通的不可能。薩德把哲學範疇當作了他想像的基礎：他的想像是在哲學範疇內活動的。想像的人物在世界的大舞臺上活動，各自扮演著適合自己的角色。人們只能扮演應該由自己扮演的角色。你或者是達爾杜弗[97]，或者是女博士[98]、阿勒幹[99]、邦達隆[100]、歐也妮[101]、多爾芒賽、謝呂班[102]，或者是費加羅[103]，反串角色是不可能的，甚至是不可思議的。每個人都禁錮在自身中，囚禁在自身的形式和同一性中。薩德晚年的孤獨達到了頂點，他寄居在沙朗東的養老院裡，寫出一些劇本：養老院如同舞臺，世界如同舞臺，人物即是想像，他自己的存在也是想像。在這與假像和幻覺的遊戲中，死亡找上門來了。他作為操縱自己的手下傀儡人物的偉大藝人，作為一個創造象徵性偶人

的創作者，與世長辭了。這裡人們又看到了笛卡爾的自動機，拉美特里的人—機器，以及沃康松的動物⋯⋯

裝置著彈簧、機械、滑輪和輸導動物精神管道的布娃娃是既無善無惡的。它對其他的布娃娃冷若冰霜，其他的布娃娃與它一樣也是被一個叫作自然的本源所驅動的。它的運動毫不考慮對其他也是由物質構成的布娃娃會造成什麼後果。放蕩者的歡樂純粹是服從自然法則的機器的產物，這種歡樂無庸他人的允許，也不考慮他人的反抗，這並不是出於道德的意志或犬儒主義的意志，而是出於純粹精神的無能為力。唯我主義是具有吸納能力的，它在具有實在性和吸納一切的獨特性的組織周圍，構築了真實存在。必然的命令式的專橫毀壞了人的眼睛，人本來可以用眼睛來看到另一個相異性所產生的跡象。雙目失明的主體遊蕩在這樣的一個世界裡：它被簡化為只知道自己的狀態，並命令他人也服從那種驅動自己的力量：「只要我高興，其餘與我毫不相干。⋯⋯當人們在享樂時，人們在希求什麼呢？人們希求我們周圍的一切只考慮我們，只想著我們，只照顧我們⋯⋯

---

[96] 薩德，《新潔斯汀》，Tome I，頁139—140。

[97] 達爾杜弗，莫里哀《偽君子》中的人物。譯註。

[98] 女博士，莫里哀《女博士》中的人物。譯註。

[99] 阿勒幹，義大利喜劇形象：滑稽可笑、厚顏無恥的小丑。譯註。

[100] 邦達隆，義大利喜劇形象：吝嗇、骯髒的老色鬼。譯註。

[101] 歐也妮，薩德作品中的人物。譯註。

[102] 謝呂班，博馬舍《費加羅的婚禮》中的人物。譯註。

[103] 費加羅，博馬舍《費加羅的婚禮》中的人物。譯註。

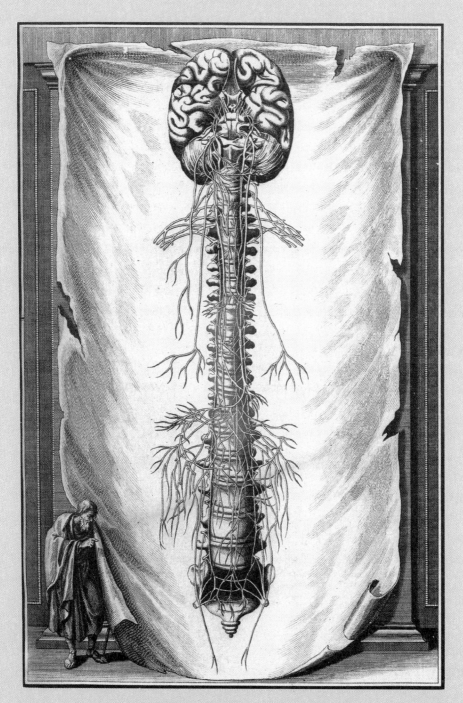

人體的神經與大腦系統圖（1735年）。

當一個男人陰莖勃起時，如果他沒有暴虐的想法，他就不是男人。」[104]

　　這種人所具有的自然傾向將現實化為他們的個性，倫理意志所攻擊的很可能正是這種自然傾向。康德的絕對命令從自己的存在推斷出他人的存在：他設想他人像我一樣存在，因為我是這樣存在的。笛卡爾看到街上走過那些戴著禮帽的機器，他便問自己這架機器裡面究竟存在著什麼，這時他提出了一個遠非無解的問題。薩德提出了同樣的問題並解答了這個問題。在這些行走的帽下面只有物質，沒有其他。這就像猴子身上或甜瓜裡面的物質一樣。那些並未被調動起來產生我的形式的物質所構成的形態，沒有任何理由與我建立任何關係，卻有理由不與我建立任何關係。倘若我偶然感覺到我可以同那種不是我的物質相容，那也是純粹的錯覺，因為在這個思維的活動中，只是我獨有的物質在變化：人們無法逃脫自我，一切都歸於自我。唯物主義是無情無義的。正是由此而產生了這些具體的結果和對事實的認定：「別人的感覺與我們自己的感覺毫不相干；我們對別人的最強烈的痛苦也毫無感知，而對自己所感覺到的最輕微的快樂也會心癢難忍；因此，無論怎樣，我們都會喜歡那令我們自己心癢的輕微的快感，而對那並未觸及我們自己的他人的巨大不幸無動於衷。」[105]我們無法憐惜他人，無法與他人同甘共苦，我們

獨自享受快樂，也獨自承受痛苦。任何想要違背這些客觀實在的想法都是幻想。拉羅什富柯早在此前一個多世紀，就明確指出我們是怎樣受自愛的法則所左右，就是這種自愛的法則迫使我們先走上倫理的、接著走上純精神的自我中心主義。薩德確認這個事實，隨後又予以猛烈地抨擊，他的全部作品都是絕望的諷刺，都是宿命的犬儒主義和關於最壞事物的教科書。薩德的非道德主義意味著人們已經懂得，要修剪這些由獨特的能量所構成的植物般的企圖都是徒勞無益的。道德想抑制人身上的生命、力量和潛能。道德是以閹割為目的的，道德的要求是無止境的。但是自然創造了千差萬別的生命體。體液之流也是千差萬別的。有的富有強制的能量，有的幾乎沒有這種能量；有的具有真正子宮的狂歡，有的則完全是性冷感。道德只是抑制虛弱的體液之流，只是對較弱的天性產生作用，卻不足以抑制最瘋狂的生命力的強大本能。一方面，道德是在製造那些已經沒有了它、正在違背它的東西，那些脫離它而存在的東西。另一方面，道德也是毫無能力的，完全不可能確保產生它所預期的結果。無論在哪方面，道德都表現出了它徹底的無效性。弱者始終是弱者，強者始終是強者。無論道德說什麼，無論它多麼想造成另一種局面，個人不是支配者就是被支配者。薩德要每個人承認其天性，

---

[104]薩德，《閨房裡的哲學》，頁259。註105，頁169。

集體性愛派
對。圖繪於
十八世紀。

要強者喜歡自己身上的力量並賦予自己所有發展自身的手段。讓弱者縮在感傷和虛弱之中吧。由此產生了他那不可動搖的決心：將妨害能量、歡樂和享樂天性的一切都打翻在地。如果某人享有適宜享樂的體質，享有異常完善的享樂機器，那就讓他在這個方面使身體運作起來吧，那就不要讓任何東西來阻止他吧。享樂的意志必定是完全的，快樂的原則必定不顧現實的原則，必定反其道而行。這就是為什麼歐也妮會在她初入道之時聽到多爾芒賽說：「你想做什麼就做什麼吧，總而言之，為所欲為吧；你是為此而生的；歡樂是無限的，有限的只是你的力量和意志；不要分地點、時間或人物；一切時間、一切地點、一切人都應該為你的快感服務；禁欲是一種不可能實行的道德，這種對天賦權利的違背會使我們立即遭到千萬種報應。」[106]大家都知道，薩德有多喜歡表現道德的不幸和不道德的昌盛。潔斯汀和茱麗葉特對此深有體會。要知道，薩德並不像人們所說的那樣厭惡女人，要明白這一點首先應該清楚，薩德出於人所共知的純精神的理由而將他人置於純粹工具的地位，這與其說是揭示了他對女人的輕蔑，不如說是揭示了他對包括潔斯汀和茱麗葉特姐妹在內的普遍人類的輕蔑。如果你仍需要說服自己，你可以讀一讀這位哲學家請女人們把肉體歸還自己的相關文字。在《閨房裡的哲學》一書中，歐也妮說道：「你的肉體是屬於你的，只屬於你一個人的，世上只有你一個人有權愛你的肉體和使你的肉體得到享受。享受你生命中最美妙的時光吧，我們那歡樂的美妙時光是何等的短暫啊。」[107]不要求歡樂，那就無異於使自己冒了更大的危險：能量產生的巨大危險，將把矛頭轉而對準自己，力量產生的巨大危險會集中在自我上。薩德的享樂主義是一種解放，沒有這種解放，個人便會遭受

[106]薩德，《閨房裡的哲學》，頁82—83。註107，頁84。

體內衝動流的消極影響：「人體內的激情可以使其能量達到這樣一種程度：什麼也控制不住這種激情。人們越是試圖讓肉體聽從理性的聲音，人們的變態就越徹底地壓制這種聲音；幾乎總是如此：人們為熄滅欲火而提出的種種方法都只能加劇欲火的燃燒。」不僅如此，「人的不可抑制的激情是可怕的；這是一條氾濫的江河，如果不開口分洪，就會淹沒周圍的一切。」[108]後來佛洛伊德也談到這種快樂原則和現實原則的區別，指出，為了創造文明，前者為後者作了甚麼樣的犧牲，這種必須付出的代價就是抑制，就是那種使肉體感到痛苦的抑制。薩德想避開這個邏輯，他追求不考慮任何現實及其條件的最大快樂。這也就是避開在人們遵從欲望時所出現的痛苦。薩德其實是在佛洛伊德的第二場所論的框架內宣揚著反對超越我的本能衝動，雖然他並不知道鎮壓結構和與之相隨的法則的存在。

人們在薩德的著作中太過於將快感與色情和單純的性聯繫起來看。其實在他的著作中還有其他使欲望達到高潮的方式。薩德享樂主義的導線是縱情、縱力和縱能。在這個角度上，譏諷的嘲笑便成為上選。有許多篇章，只有當人們的頭腦裡出現了薩德那欲求放縱、發洩的理念時，才能讀懂。人們只有一次在他的一部著作中看到一個男人抱住一個女人，而在他的其他著作中，看到的總是用相同的工具在擊

打房間的隔牆，以述說在它還沒有成為夾破乾果的核桃夾時，也就是說在陽物不壯而不能一錘定音時，那保持著貞潔狀態的絕望。節儉的薩德有時只用幾立方釐米的精液便熄滅了一座火山。有時我們這位碩果累累的哲學家還推崇某位貪食糞便者在吃糞便時的津津有味，任何一個食遍山珍海味的美食家都不曾有過這樣的滋味。放蕩者的身體也是一個貪吃並在美食中尋歡作樂的肉體。薩德推崇口腹之樂，在他看來，口腹之樂緊排在性快樂的後面，口腹之樂是性快樂的預備期，因為吸納營養，就是在使機器處於產生快樂的狀態。吃就是恢復用於消耗的力量和能量，就是攝入發洩和釋放的潛能，就是維持享樂的機制，就是給大腦加熱，就是使神經有所準備。吃的活動是一種鍊金術的活動，它使物質轉化為力量。關於口腹，薩德說道：「為了吃上一盤更美味的佳餚，或者是一盤更精美的珍饈，如果必要，就是犧牲上千人，我也在所不惜。我毫不奇怪古羅馬人創造了一個食神。那些將他們的所好加以神化的民族與世共存！耶穌愚蠢的信徒們與朱庇特的信徒們相差何其大也！」[109]我們這位放蕩者對美味佳餚推崇備至，什麼塊菰野雞、佩里格肉醬、布倫肉香腸、義大利藏紅花湯，還有什麼蝦醬濃湯、火腿醬、英式牛脬肉醬、桂皮酒、香檳酒、托蓋酒、法萊納酒，等等，等等，不一而足。他寫道，在盡情享

---

[108]薩德，《新潔斯汀》，Tome I，頁74。註109、110，Tome II，頁580。

「吃的活動是一種鍊金術的活動，它使物質轉化為力量」。圖為＜迦納的婚禮＞（1562－1563）局部，保羅・加萊瑞（Paolo Caliari，1528－1588）繪。

用這些美味佳釀之後，「我們的精神是何等的振奮。彷彿有一股新的熱流在我們的血脈中奔湧；淫蕩以更大的能量出現；淫欲變得那麼強烈，以至於無法抗拒」[110]。重新積聚起來的能量要求得到新的宣洩。對抗這種使能量永恆回復的動力，就是使自己處於抑制的狀態，也就是使自己處於痛苦不適的狀態。享樂論是營養論。通過享樂，身體養成不對體內流動的力量作出任何損壞的習慣，以此達到平衡狀態。薩德說：「我們只應該將快樂視為神聖，一切背離快樂的都是虛假的，都是導致謬誤的，都只配遭受我們的蔑視。」他還說：「跨過一切堤壩吧，不要受任何束縛！」[111]從沒有任何哲學家在蔑視成規和讚頌享樂方面走得如此之遠，禁欲思想從沒有遇到過這麼一個兇猛的攻擊者。後基督教思想也從不曾被如此激進地向前推進。達到這種程度的虛無意志是令人震驚的，但對人也是有益的。對可行

的而非理論的享樂主義的倫理所作的思考正是從這樣的過度出發的。薩德用他的著作表現出康德所說的那種理性思想，那種無法實現的思想。薩德這樣一種思想的作用是指示出一個方向。方向的指示是簡明的。將現實原則視為敵人，將快樂原則當作嚮導。拒絕禁欲理想，追求享樂理想。在要求閹割的康德就是在要求解放的薩德。他們的共同點就是彼此都難以相處。至於薩德的烈焰，那是使自己熱血沸騰，而非被焚為灰燼。

後來在薩德的遺囑中，人們發現他明確表示不得將他的身體解剖，就好像一旦打開他的身體，就會發現他想一直帶到墳墓裡去的秘密。他還具體談到有關埋葬事宜，他希望把他葬在瑪爾麥宗的土地上的樹林邊緣。這位哲學家希望人們在翻開的新土上種植橡栗，以便掩蓋墳塋的一切痕跡，讓人們對他的記憶從人類的思想上永

[111]薩德，《新潔斯汀》，Tome II，頁632。

遠消失。可悲啊！與薩德一起消亡的是一個徹底的享樂唯物觀，也是整整的一個時代。法國大革命曾摧毀了某些封建的價值。比如，自路易十六死後，人們便大唱平民百姓的讚歌，偉人的個人價值被消滅了。人們不喜歡那些被認為只包容在集合性中的特殊性，個人享樂主義讓位給社會幸福主義。人們認為，只要進行一場社會革命，就可以讓所有的人幸福，或者絕大部分的人幸福，也就可以為個人的快樂提供可能的條件。全體的實現必可保證部分的實現。

傅立葉的享樂烏托邦

1789年之前，享樂主義是特定個體或孤立之個人的問題。人們實行著尼采所說的「星之愛」（l'amitie stellaire），並希望在一種封閉的形式中，在一種社會性的團體裡實現這種愛。昔勒尼學派、諾斯替教派、自由思想的兄弟姐妹們、博學的無神論者，都是意氣相投的，他們形成小團體，將他們的感覺集中在一個小小的社群裡，對他們的生命形式進行實驗而不對當時的社會多加思考。他們並不想改變世界的秩序，不想改變明天世界的秩序，他們只想改變自己，改變此時、此地、今天的自己。他們的思考是實用主義的，他們體驗著他們所推崇的東西。他們的思想不是嚮往一些中未來的只實存在在想像，而是種即時的特殊的革命。烏托邦不再時髦，生命才是直接的哲學。

法國大革命的流毒之一是對未來主義末日學的宣揚，人總是在來日實現理想。

為了來日，即使當下是最壞的狀況，也是理應如此。在未來中，日日笙歌的天堂使人魂縈夢繞，這使得當下變成了夢魘。這是權力執掌者手中的法寶，對享樂的要求，或者說是對幸福的要求，哪怕是最微小的要求，都必須以信仰未來為前提，而現在則必須處於最嚴酷的統治之下。古老的神學圖式又老調重彈，哲學不再是一個改變當下的手段，而是一個使人對未來充滿奇妙幻想的手段。與拉美特里和薩德一起崩潰的是一個世界。他們兩人都曾生活在他們的學說巔峰。他們從不信神到被放逐，經歷了消化不良和日常享樂主義，對他們兩人中的一個人來說，那是傷風敗俗，對他們兩人中的另一個人來說，那是必然的巴士底獄和絞刑架。生活就是行動的哲學，哲學就是面對生活。

工業社會以及工業革命是1789年帶給人們的最後的有毒禮物。隨著它們的出現，享樂主義變成了一種虔誠的祝願，享樂主義的讚頌者生活在一個地方不大，堪稱狹隘的天地裡。我們遠離了亞里斯提卜的戲謔、諾斯替教派的歡聚、自由思想者的花天酒地、無神論者的放蕩縱情。比如傅立葉勸說人們耽於一種宇宙普遍的淫蕩之中，服從情欲的吸引並投入到狂歡的社會瘋狂之中，雖然他自己只滿足於眼前的淫穢，那種俄南[112]式的有限的放蕩。不過這個假小論為難得小店老闆的呢喊高唱究還是在他的著作中為我們提供了一個享樂主義烏托邦的模式，這很值得關注，這是一種全面的顛覆，情欲被提升為一種本原的驅動力。傅立葉的著作是陰沈的馬克

思著作之外的一種歡樂的選擇。要知道，在讀傅立葉的著作時，可以就在自己的日常生活中從《新愛情世界》中獲得靈感，而不必非等到文明讓位給和諧、一去不返的時代讓位給傅立葉末日論中的歡樂時，再獲得靈感。

傅立葉抨擊了佔據著統治地位的道德對世代相傳的愛欲的憎惡。他寫道：「三千年來，大地已被那些關於愛欲的振振有詞的胡言亂語玷污得血跡斑斑了。這麼多的惡應該終結了，應該解開一切有關愛欲的謎團了。」[113]我們的這位哲學家扮演著新大陸發現者的角色，他是享樂倫理的新哥倫布，他提出了愛欲引力的新牛頓公式。情愛的愛大於友愛的愛，這是一個槓桿，用它可以撬起實在，並把實在從它當前所處的那種狀態，挪向實現愛欲和諧時它將處於的那種狀態。愛欲變成建構的力量，這種力量可使人在塵世實現宗教在天上勾勒的美景，這種力量是崇高的美德，具有一定程度的神性。傅立葉寫道：「我預告一位神的到來，這個神是機械師，是平衡大師，是過度之害的清除者，是某種調節者；這個神懂得在一切享樂之中建立平衡，並通過大量歡樂的本身而不使歡樂造成過度之害；這些大量的歡樂將通過不斷的花樣翻新而避免一切歡樂的過度之害，將使人無需忍耐和節制。」[114]這也是一個數學之神，一個節日力量的計算器，一個集體歡悅的電腦，它們將算出一個將體現在法倫斯泰爾中的非常甜美的享樂主義。

「對愛欲的中傷者、哲學家和教士們都只是設想出一些體制來壓制別人的愛欲而滿足自己的愛欲，」[115]從這個被證實的想像出發，傅立葉提出了他稱作反道德的戰鬥倫理，他用這種倫理抨擊禁欲，並將快樂當作在其周圍構築行動準則的軸心。愛欲被解釋為在各方面產生獨特而新穎的歡悅。傅立葉明確指出：「我的理論只限於原封不動地使用自然所賦予的愛欲。這就是愛欲引力的奧秘與奧妙。」[116]這位哲學家宣佈，在他所鍛造的表述自己體系的語言中，他將把愛欲當作反道德來運用。

肉體提供了傅立葉主義的享樂主義的工具。所有的感覺都是以獨特的方式加以培植的，就像那些珍奇的植物需要以和諧而獨特的方式加以精心培植一樣。愛成為道德中的道德，不過應該按新的含義來理

---

[112]俄南，《聖經》人物雅各之孫，猶大次子。其兄因作惡死後，猶大令他與嫂嫂同居，為其兄立後。俄南知道生子不歸自己，同房時便遺精在地。見《聖經·創世記38.4—10》。

[113]傅立葉，《全集》，VII，頁38。註114，VIII，頁285。

[115]傅立葉，《全集》，X.2.，頁191。

[116]傅立葉，《全集》，V，頁157。

（左）放縱
口腹之慾的
人們，圖約繪
於1600年；
（右）十八世
紀的街頭歌劇
演出。

解愛。這種愛與那種基督徒的友愛、與那種一本正經和道貌岸然的仁愛、與那種通過他人與上帝的心靈相通，是毫無關係的。更應該將拉丁譯名的「性愛」或「維納斯」視為這種愛的典型。傅立葉後來在議論肉體之愛時，談到機體「不受任何阻礙，得到充分的滿足……這種需要同其他對感官滿足的渴望一樣，同對美味、音樂、芳香、服飾等的渴望一樣，並不是下流的。人們只有滿足了機體的需要才能樹立愛的美德，那種處於文明時代的年輕人幾乎不知其為何物的愛的美德」[117]。天然的性傾向受到讚揚，它們被啟動，被賦予一種於社會有益的、為社會所接受的令人愉悅的形式。在文明時代，有些愛欲被說成是變態的，根據這種先驗的推理，人們對這些愛欲大加摧殘，其實大可不必如此，只要將它們納入一個整體設計之中就萬事大吉了。在這個整體設計中，它們將充分發揮自己的力量，將

使容納它們的肉體充分發育。一切愛欲都可以是好的，如果它們被用來服務於和諧的機制。

舊道德產生悲傷、厭煩和變態。它還產生負罪感、痛苦和焦慮。「陰沈的道德教導年輕女子說：你要討厭鑽石和珍珠，你要鄙夷披肩和服飾，你應該只喜歡搬肉末和給小孩擦屁股。道德教導年輕男子說：你要討厭女伶和良種駿馬，你應該只喜歡路易十八立法憲章之美。道德教導孩子們說：你要討厭果醬和甜乳，你應該只喜歡幹麵包和拉丁入門課。道德教導平民百姓說：你要鄙夷集市上的糖果、發酵的乳酪、肥嫩的豬肉、濃黃油的烤餅、蜜漬的甜餅，還有印度的葡萄酒；你應該只喜歡不給你麵包、不給你工作的統治。」[118]這種要人們抑制欲望、要人們去恨、去憎惡而不是去愛的教導，是對道德的否定。這是禁欲理想的、禁欲的、鄙視自我的和鞭笞自我的道德。從傅立葉所抨擊的事物的

[117]傅立葉，《全集》，VII，頁445。
[118]傅立葉，《全集》，IX，頁537。

另一面，人們可以看出他的和諧世界的某些特點：奢侈、輕佻、愉悅、溫柔、美、饞，凡此種種都與沉重、辛勞和嚴峻針鋒相對。人們同時也會注意到歌劇院的舞女肯定不會令愛好舞蹈、輕佻和優美的尼采掃興。

權力是最大的閹割者。對照一下路易十八的立法憲章便可以看出，傅立葉對當時的社會從道德上進行了甚麼樣的詛咒。這些詛咒是針對禁欲理想的，禁欲理想充當著統治的手段，充當著束縛愛欲也即人類的手段。「一切以壓制愛欲為目的的手段都只是用來折磨和愚弄最大多數的人而有利於那些嘲弄法律的最強者，明智的做法應該是使愛欲得到與公眾秩序相容的最大發展。」[119]薩德畢生追求的是在現實原則之外、在反對和不顧現實原則的情況下激化快樂的原則。而傅立葉則追求一種調和，一種更實用主義的、同時也許是更現實主義的調和。

對少數人激情的愛欲的崇拜是對文明所唾棄的邊緣趣味的禮讚。在和諧的狀態下，愛欲將產生新的享樂。肉體與愛欲本身調和的新的享樂方式將與愛欲一起構築而成。法倫斯泰爾的教育學家們將從小便培養人們的愛欲。兒童的嘴饞和反叛的自然本能將運用於社會目的，對美食和新奇事物的倡導為快樂提供了新的機會。年輕女子對珠寶首飾和出風頭的興趣將得到保持和發展。種種愛欲將用來製造經常而持久，以及和諧的享樂。為此，每個人都將自由地加入與其主要愛欲相應的團體。團體成員可以自由地變換團體，就是性團體的成員也有此自由，當然，如果他願意，他也可以是團體的忠實分子。但是同一團體的成員應該是屬同一種享樂主義的類型。每個團體都集合了一些在共同的愛欲中彼此相通的人，這些個人將他們的享樂意志與一個著意設計的享樂主義計畫結合起來。凡此種種都是為了特別促進某種趣味，各種感官都被調動起來，集中到對這種趣味的體驗上。

觸覺的愛欲將通過自由的愛情、通過對各自肉體的和諧支配而得到培育。人將用心安排，使夫妻關係出現一些間隙，使忠誠關係出現一些中斷，以打破令人恐懼的社會的和性的靜止狀態。如果說一夫一妻的忠誠是一種自由的情感，那它絕不是強制性的，而它也正在自然而然地趨於消失在和諧狀態之中。當沒有任何東西屬於任何人時，或者說當一切東西屬於一切人時，那種構成嫉妒基礎的私人佔有的感情便失去了存在的理由。限制快樂是古老道德的咒語。傅立葉主義的反道德提倡欲望的發展和滿足。這位哲學家在一些俄國人身上找到了他那和諧秩序的微型團體的雛形。他對這樣的一些團體讚賞不已：「我不知道，我是說我從未聽說過還有什麼團體比莫斯科一個叫作『人體俱樂部』的團體更令人神往。俱樂部會員由一個認識所有會員的守門人放進，在更衣室脫光衣服，赤身走入大廳。

---

[119]傅立葉，《全集》，XI.3.，頁311—312。

大廳一片漆黑，人們在黑暗中亂碰亂撞，碰到誰算誰，結對做愛而不知對方是誰。」[120]這真是神仙的狂歡！社會團體將組織這類建築在愛欲吸引基礎之上的情愛和性愛。

在性的方面，一切想入非非都將被允許，被認可，進而有了被納入某個集體計畫的可能性；人們還將替那些通常被肉體的性愛所遺棄的人著想。例如那些老人，在文明社會中，他們因為失去了社會生育力而被拋棄，但是在傅立葉的和諧社會的假說中，他們則受到格外的關愛。人們將為他們組織一些聚會，他們可以盡情享受青春少女、成熟女性、或者隨便什麼合乎他們口味的女子。同樣，那些先天醜陋的人或者意外破相的人，特別是那些其醜無比的人，也不會被排斥在愛之外：醜女自有人疼愛，醜婦亦有癡心漢。人們將在和諧主義者中間給他們選擇最美的人。這些被派到長相難看者身邊的人被稱為天使般的人。此外，如果有些人還得不到滿足，想尋求能滿足他們古怪需要的東西，一些放蕩不羈的婦女會自動獻身，來滿足他們。女子同性戀、一夫多妻、雞奸、性虐待和受虐狂等各種各樣的把戲，狂歡和物戀等各種各樣的名堂，還有各種各樣的怪異變態，都可以有它們的愛好者。無論對於何種愛欲都不乏情趣相投的伴侶。傅立葉舉例指出，有搔腳跟癖的人，有舔腳趾癖的人，還有形形色色染有口舌怪癖的人，他們都能輕而易舉地找到樂於貢獻自己嬌足供人賞玩的伴侶。在和諧的世界裡，不能讓失望存在。「一切愛好，只要無害於他人，只要無傷於他人，都可以以社會的形態存在並成為有益之舉。」[121]沒有任何一種愛欲不在傅立葉的意想之中，在法倫斯泰爾的長廊中，一切都應有盡有。

如果有什麼人並不把觸覺的愛欲享受看得太重而是更喜歡嗅覺的愛欲享受，他們也會得到滿足。一些團體會專門組織體味的藝術、氣味的妙處的活動。一切嗅覺的愛欲都將得到管理和組織。比如，兒童對難聞氣味的愛好，對玩髒東西的愛好，就將如此。這裡傅立葉看到了後來佛洛伊德所揭示的東西：佛洛伊德指出了兒童對自己糞便的興趣和所有人對污垢文學的興趣。這些對污垢的愛好將被納入各種群體之中，這些群體會成為一些「小部落」，會特別著重從事那些在傅立葉筆下將成為「骯髒生涯」的活動。和諧世界可以毫不遜色地實現佛洛伊德意義上的昇華，這是由和諧世界進行管理和組織的昇華。小部落將進行清理、清潔、疏通陰溝、處理糞便、處理下水道等等的活動。[122]在文明社會裡，怪誕的愛欲遭到鎮壓。在和諧社會裡，這種愛欲被利用：一方面不使失望存在，另一方面讓生命煥發。早在《愛

---

[120]傅立葉，《全集》，VII，頁327。

[121]傅立葉，《全集》，III，頁23。

[122]傅立葉，《全集》，VI，頁206—207。

傅立葉。

的新秩序》一稿中，傅立葉便提出了後來成為佛洛伊德壓抑理論的論點。他甚至指出了壓抑的機制，並對此進行了更尖銳的批評：「一切被扼殺的愛欲都會產生某種補償，這某種補償是有害的，就像自然的愛欲是有益的一樣。」[123]享樂主義的一個強大思想就是認為，禁欲是對文明產生消極影響的可能甚至真正的根源。這種思想意味著將真實的存在理解為快樂原則和現實原則相互妥協的結果；在這種妥協中，享樂不可避免地扮演了主角的功能，而社會的真實存在則是勝利者並得到加強。在一切快樂哲學中，這兩種原則的調和都是一種建構性的命令。如果一些和諧世界的人有可能在觸覺，生殖，以及嗅覺中都得不到任何滿足，那也不要緊，傅立葉專門為他們設想了一個可以通過大飽眼福的方法來滿足基本視覺的需要。人們將設計和建造一個活人博物館，展出完美無缺的人體。由於有些人對身體的某個特定部位有特殊的愛好，為滿足他們的需要，博物館還將特意突出展示這些美妙的部位。這樣，人們在博物館裡不僅可以欣賞到完整的裸體，還可以特別欣賞到傅立葉替大家想到的手臂、臀部、乳房、大腿等等。腳跟的愛好者，大腳趾的愛好者，腳的愛好者，腳腕的愛好者，都可以在這裡大飽眼福，看得心裡發癢。

在新的社團秩序中，美食也將佔有一席之地，這甚至是一片廣闊的活動天地：「烹飪是和諧世界各種技藝中最搶眼的技藝。」[124]每個和諧世界的人都會幾手，有的技驚四座，有的也就一般，但無論廚藝高低，無不是熱衷於這種享樂主義科學的愛好者。這種昇華了的饞嘴可以替代角鬥的活力。法倫斯泰爾的那些常在一起進餐的人，不必再從戰場上作戰士，真刀真槍地大開殺戒了，他們可以通過比一比誰

[123]傅立葉，《全集》，VII，頁390。
[124]傅立葉，《全集》，VII，頁131。

十八世紀歌劇上演的情形。

的美味和美酒更勝一籌來進行角鬥。一個評判委員會將評出最佳者，然後競賽者將歡聚一堂，大擺宴席，山珍海味，應有盡有，所有賓客都將口福大飽。

最後，傅立葉為音樂愛好者們準備了最高級的藝術：歌劇。這是集美於一身的高雅活動。他這樣寫道：「如果不將歌劇放在幼稚教育原動力的首位，那是對人類天性的無知。社團教育將兒童的身體視為精神的附件。這種教育認為，精神像是一個大老爺，只有當管家鳴鑼開道之後，他才會蒞臨城堡。這種教育首先就是在幼年時期便將身體塑造得能夠完全服務於和諧的精神，也就是能夠完全服務於恰當、真實、諸事的結合和適度的統⋯⋯

為了在塑造精神之前使身體習慣於完美，人們調動了與我們的道德方法截然不同的兩個原動力，那就是歌劇和烹飪。」[125]歌劇是魔力、虛幻、夢想和審美之所在。我們在歌劇的身上看到這些成功的結合：歌唱與歌喉，音樂與音色，詩與節奏，默劇與手勢，舞蹈與動作，體操與肌肉活動，油彩與服裝。這的確是一切感官的享受，一切感覺和一切享樂主義精神官能的激發。為了說明歌劇是如何絕對的藝術，傅立葉把歌劇說成是「上帝精神的鮮明象徵」[126]。倫理與美感融為一體，在這渾然一體的倫理與審美活動之外，人們只聽到天體的音樂，用傅立葉的話來說，那是天體容備時的咖咖聲響⋯⋯

---

[125]傅立葉，《全集》，VI，頁222。

[126]傅立葉，《全集》，VI，頁223。

社會從不曾像現在這樣被動員起來滿足欲念、本能和各種各樣的性潛能。當人們看到馬克思為給他的自相協調的社會的烏托邦塗上嚴肅的色彩，而糾纏於剩餘價值的計算時，人們不禁啞然失笑。說到人所津津樂道的烏托邦，享樂主義的烏托邦更令人歡悅，兩者對壘的形勢是：博物館的狂歡對無產階級專政，普遍的性欲對生產資料的集體所有制，喜歡撫摩腳後跟的人對人民委員，愛好糞便者的小團體對無產階級的先進分子，美食對意識形態的帝國主義，作為倫理的歌劇對作為限制的政治經濟學。兩相比較，人們怎麼能不是傅立葉主義者呢？換言之，人們又怎麼能是馬克思主義者呢？

馬庫色的社會享樂主義

儘管馬克思已經描述了他的政治版的禁欲思想，但是自他之後，出現了一些佛洛伊德—馬克思主義者。當馬克思的思想被尼采或佛洛伊德的思想所抵消時，這些佛洛伊德—馬克思者主義便涉足了享樂主義的形式問題，這些形式有時因過於簡化而漏洞百出，但並不妨礙人們從中瞭解到快樂的歷史及其最新影響。在那些既考慮到資本主義所產生的強大異化和工業革命所達到的成果，而又試圖超越馬克思的人當中，有一位是馬庫色[127]。他認為，商

品文明及其消費、效益和庸俗主義的命令所成功實行的幸福論的變態，是不可接受的。就像傅立葉以和諧世界的名義同文明世界交戰一樣，馬庫色以他所衷心呼喚的新感覺的名義運用其批評理論進行著反對工業資本主義的鬥爭。

馬庫色的方案從根本上說是尼采式的，他雖然沒有明確提到尼采，但是所採用的卻是尼采的藥方：「一種價值的徹底改變。」[128]清理舊物，騰出容納新物的空間是必要的。所以應該終結資本主義所需要的肉體和感覺的異化。這種資本主義就象《聖經》中所描述的那個大海怪一樣，在勞動中吸盡了人的精力，將他們變成了順從的人，也就是服從現實原則和工業世界價值的東西。資本主義所希望的是單一向度的、被閹割的、將個人欲望讓位給社會所推出的假像的人。而這種假像最終使人們達到幻想的頂峰，竟至於相信社會加給

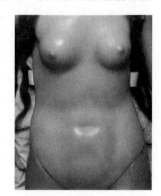

自己的欲望是由自身自發產生的，而其實自身只是服從了一個被制約了的人，規模最大的事業。人的欲

---

[127]馬庫色（Herbert Marcuse，1898—1979），現代哲學家，法蘭克福學派主要代表之一。原籍德國。譯註。

[128]馬庫色，《走向解放》，《超越單向度的人》（*Vers la libération，Au dela de l'homme unidimensionnel*），J.B.Grasset譯，Denöel Gonthier，頁18。

望被變態、被屠殺、被摧毀。人們在單向度的人的靈魂上嫁接了適應社會樣板的意志，用以替代自然的衝動。人們不再自由地去欲望，而只是欲望著社會向我們所顯示的，在表面上可以去欲望的那些東西。異化已達到頂點，我們要的是人們向我們建議的欲望，而放棄我們自己的欲望。通過資本主義玩得爛熟的技術，就是媒介體系和表演社會，快樂的原則已完全服務於現實的原則。這也就是讓人們去欲望能使他們的欲望有益於社會的那些東西——如商品、消費品等等。那些偽造的偶像被理想化，人們推出一種與真正的享樂主義背道而馳的庸俗的享樂主義：當事物本是存在的時候，人們喜歡的是擁有；當本應是歡樂、愛和享受的時候，人們想的是積累、佔有、消費。

馬庫色重申了佛洛伊德在《文明及其不滿》中所提到的論點。他看到社會中充滿了人的異化，實在中充滿了人的異化的物質：「文明建築在對人的本能的永久奴役之上……自由地滿足人的本能的需要與文明社會格格不入。」[129]使文明運轉的能量是從個人身上截取的，這些個人已在異化，已在失去他們自己享樂的能力、他們決定自己生命的能力、他們決定自己存在的能力。真正的快樂成為實在祭臺上的犧牲，而給予它的全部補償，則是向消費迎面撲來的自我閹割的狂熱。這種自我閹割的狂熱便是免除存在。學校、教會、家庭以

及附著在它們之上的思想形態——知識、宗教、道德等，所有這些意識形態的上層建築都在敦促人們擺脫自己的力量。軍隊與祖國，政治與民族，都在發揮著同樣的作用。交易很簡單：獻出你的自由，你的智慧，你那自由決定自己的能力，作為交換，你將成為公民、畢業生、家庭中的父親或母親、士兵、軍官。你將是你自己的鬼魂，你自己的影子，你將是社會的職能……

在這個分泌出異化的手術中，整個肉體被任意擺佈。肉體的馴服是至為重要的：它必須順從地採取社會要求它所採取的姿態，它必須對那控制著它的權威逆來順受。肉體越是被非性欲化，運轉得就越好。為此，性欲被簡化為生殖，而生殖本身也服從著社會的命令：一夫一妻，忠誠，延續後代。肉體就是這樣一點一點地被製造出來的。富人保持著對窮人的控制，男人保持著對女人的控制，成年人保持著對兒童和少年的控制，有知識的人保持著對文盲和沒有文化的人的控制。肉體生產兒童，生產順從的性，生產用於社會的能。沒有任何東西可以讓人充分發育，可以讓人保持平衡。只有產生於馬庫色稱之為偉大的拒絕的新社會，才會給愛欲在享樂主義的方

[129]馬庫色，《愛欲與文明》（Eros et civilisation），De Minuit編，Points Seuil，頁15。

向上自我表現的手段：「本能從鎮壓的理性的桎梏中解放出來，趨向於自由而持久的存在的關係──本能產生了新的現實原則。」[130]一種新的感覺出現了：「整個肉體變成了一種淨化的客體，一種享樂的東西，一種快樂的工具……人體的整個組織變成了性欲的基礎。」[131]馬庫色在這裡引述了傅立葉的觀點。

關於社會向享樂主義轉化的手段，馬庫色談了許多：理性的貶低，感覺的自動昇華，自動化技術的發展，物質生產的極大豐富，勞動分工的取消，自由時間的增多，等等，等等，不一而足。也許他低估了資本主義的塑造能力，低估了它那使用純熟的並不是法西斯主義的而是消費社會變態的殺手鐧。這種消費社會的變態從不曾像現在這樣製造出如此之多的淫穢，任人竟日觀瞻……

馬庫色產生了影響，社會享樂主義在一九六八年的五月風暴中有過片刻的輝煌。牆頭上說出了哲學諱莫如深的話。在巴黎大學的牆上：「我把我的欲望當作現實，因為我相信我的欲望的現實」；在街頭的牆上：「生活沒有停錶，享樂不受阻撓」；在街頭的塗鴉中：「強加給快樂的保留激發著保留的生活的快樂」；在街頭的招貼畫上：「將你的欲望當作現實吧」。但是自從那以後，天空重又烏雲密佈。禁欲理想又找到了心領神會的知音，他們在重振那些效勞有年的老道德，他們在千方百計地賦予伊壁鳩魯、斯賓諾莎、康德以新的青春。萬幸的是還沒有牽扯到耶穌和佛陀，這就應該感到高興了……

---

[130]馬庫色，《愛欲與文明》，頁183。

[131]馬庫色，《愛欲與文明》，頁186、188。

（左）羅什富科（Fran3 çois La Rochefoucauld，1613—1680），

法國倫理學家，十七世紀法國道德主義的代表人物；

（右）波特萊爾肖像。

真正的罪與惡

煩惱降臨到我們這個世紀了，與之俱來的是一種渴望，渴望和那些憎惡生命的人作個了斷。但是只要個性一露頭，道德就會被用來賦予死亡所有的權力，這種情況已經持續得太久太久了。道德以雷霆萬鈞之力追訴著肉體和身體、精神和熱情，它必欲從物質中根除揭示生命的能量而後快。如果我們說「罪愆」（peche）的概念已經使人覺得好笑了，但是抱著「根本惡」（mal radical，radical evil）的概念不放的人卻仍然大有人在；如果我們說過錯的概念已經不能引起普遍的贊同，但是人們卻仍然在為罪疚而犧牲。最後，正在高奏凱歌的非宗教世俗化又重拾基督教所有的牙慧。當人們回歸倫理學專家的哲學樂園時，不可能不碰到禁欲理想的信徒們。人們滿腦子摩西、伊壁鳩魯、斯賓諾莎或康德的律法，只要有那麼一個修會的會長振臂一呼，號召用祈禱文替換倫理學，他便會一呼百諾。可憐的道德！可憐的道德家們！

當倫理學不能使過去小學的道德課本具有哲學的形式時，它就會被用在免除這個時代的道德性[1]上。現在盛行於世的已是庸俗犬儒主義的不道德——資方與商品、教士和軍人、政客和表演者，但是，就像一切壞事都有好的一面一樣，我們畢竟還是有一些思想家、知識份子、哲學家和智者，他們在大眾傳播媒體中的精彩表現和大學神聖講壇的莊嚴演說的間隙中，告訴我們什麼是善，什麼是道德法則，什麼是正義，什麼是好，什麼是他人之所欲。但是，這些人的道德往往只停留在他們著作的目錄裡，他們的倫理學宣言完全停留在他們的大作的封底上。他們的生命和這些似乎都風馬牛不相及，他們的日常生活也與之毫不相干。尼采希望哲學能導致新而美好的可能生命的出現，不是在星體上出現，而是在他自己存在的地方出現，因為末世學世界的時代已經消亡。如果哲理不能使他的生命、他的思想、他的思考、他的行動納入一個新的視角，那就犯不著費力去研究它。如果只是為了一有機會就加入福樓拜[2]稱之為中產階級的陣營裡去——福樓拜還說這個陣營的最大特點就是耽於卑下的思想，那麼縱覽一個道德家的完整著作又有什麼意思呢？波特萊爾從不曾有過如此的現實意義，他在上個世紀的中期曾寫道：「如果一個詩人要求擁有這樣的權力：在他的馬廄裡豢養幾個中產階級，人們準會大吃一驚；但是如果一個中產階級吃飯時要一份烤詩人肉，人們會覺得這很自然。」[3]自此之後，資產階級已經習以為常：每頓飯都要有一份詩人的肉，烤的，燒的，加醬油的，甚至生的。尤有甚者，哲學家還給

---

[1] 道德性，黑格爾用語，指意志與行為的一致性。譯註。

[2] 福樓拜（Gustave Flaubert，1821—1880），法國作家。譯註。

[3] 波特萊爾，《迸發》，*Fusées*，65。

他們捧上鑲金的碟盤，極盡奉迎拍馬之能事。人們看到一些康德們為了不值幾文的薪俸和好處便將康德最起碼的道德忘到腦後。為了分散人們注意到他們的妥協，這些人甚至到了馬基威里[4]主義的地步。普魯士人和佛羅倫斯人成了夫唱婦隨的和睦一對……

享樂主義者可恥！享樂者可恥！他們的道德將他們直接引向了死亡集中營。薩德和尼采成了納粹的思想家，而儒爾·拉諾[5]——這位法國的康德成了反對淫穢和無恥，唯一的中流砥柱……快樂的道德既是為他人也是為自我的，它既要他人享樂，也要自我享樂，而且一方是另一方可能得到享樂的條件——按照拉羅什富科[6]對愛己的解釋，愛己是一種狡獪的理性，因為人們將他人變為給予享樂的主體，作為回報，自己也就成了享樂的主體。人們構築納粹主義或者史達林主義時，其實無法利用享樂主義的倫理，也無法利用基督教，反而只能利用奮鬥、克己、普遍概念，和形形色色的禁欲思想。

用風格對抗整體

享樂主義希望把各種倫理和美學混合成個體的生活。當波特萊爾號召人們用漂亮的穿著反對工業革命、用美妙的獨特性反對商品價值的至高權力時，他寫道：「首先應該成為一個自為的偉人和聖人。」[7]把道德變成一種快樂命令的道德，就是要製造出一種風格，一種與整齊劃一和全體一致相反的東西，這種道德是個人的和絕對自由主義的。倫理的模式不再是科學，而是藝術。最終應該明白，當尼采在《權力意志》一書中寫道「藝術比真理更有價值」[8]時，他究竟想說些什麼。這部關於倫理的傑作，就是存在，就是生活，就是一種風格的製造。

風格是從筆法一詞發展而來的，而筆法與尖筆一詞相同，尖筆則源於古代的尖刀一詞，人們就是用尖刀這個簡單的工具在蠟盤上或濕地上，刻寫出他們的思想，他們的構思，他們的胡言亂語。在這個書寫的遊戲中，有的只是主觀性。最傑出的作品被肯定後，脫穎而出。在某些獨特之處，就有招魂攝魄的力量撲面而來。於是人們談到美，談到美的作品。風格在作品之中，這也就是風格的精髓。

形式通過藝術成為風格：美感是一種訴求，通過這種訴求，生命有了形體、有了形狀、有了輪廓、有了形式。道德的傾向可以是針對功利、效用或時機的。道德將會成為功利主義的、實用主義的或馬基

---

[4] 馬基威里（Niccolo Machiavelli，1469—1527），義大利政治思想家和歷史學家，提出為達目的可以不擇手段，不顧道德和諾言。譯註。

[5] 儒爾·拉諾（Jules Lagneau，1851—1894），法國哲學家。譯註。

[6] 羅什富科（François La Rochefoucauld，1613—1680），法國倫理學家，17世紀法國道德主義的代表人物。譯註。

[7] 波特萊爾，《我裸露的心》（*Mon coeur mis a nu*），livre de poche，頁7。

[8] 尼采，《權力意志》，853。

威里主義式的道德。它也可以把自己定義為美，也就是說，美感本質上只是一種主觀情緒的產生。而我們可以肯定的是，美感不能號稱自己可以普遍化。在表述我們的美感時，讓我們成為反康德主義吧，因為美是令個人歡悅的，它意味著個人的快樂，它的目的就是個人的享樂。讓我們成為尼采的信奉者吧，讓我們把藝術和道德融為一體吧。

倫理應該是一種遊戲，倫理教科書應該是隨心所欲的享樂主義。在羅歇·凱羅瓦[9]研究的類型論中，倫理是一種依蘭克斯（illinx）的流溢，被理解為眩暈的糾纏。[10]在尼采的用語中，倫理則是被定義為遵從生命的戴奧尼索斯。這終結了對生命的污蔑。活著不是一種惡，活得不好才是一種惡。倫理從靈魂得救和地獄懲罰中被解放出來，從這種倫理的角度上看，對不美的行為的制裁就在行為本身，就在行為本身的醜惡上。集體道德是一種虛無的幻想，只有在主體自己與自己的關係中才有所謂的道德，就像波特萊爾提倡穿著入時的錦衣華服一樣，享樂主義者「必須不斷地嚮往漂亮，必須照著鏡子起居和睡覺」[11]。只有享樂主義者自己評判自己，只有他自己知道自己是否越來越醜。

認為倫理可以有合法依據的想法是一種虛無的幻想。人們不可能將倫理法典化，頂多可以勉強作出主觀的肯定，說人們給自己制定了那些道德。如此而已，豈有他哉！同樣，美的倫理是不能法典化的，也是不能體系化的。絕對命令從不曾阻止過罪人犯罪。倫理的侷限性就在於它的無效性，在於它的無能為力。享樂主義的道德也不能使一個禁欲理想的支持者改弦更張。這裡排除了任何勸人皈依的熱情，不過這一點倒是令人欣慰。美的道德只能以獨特的方式表達，而這種獨特性最多也只能擴張到自己選擇的共同體或社群之中，也就是朋友。

倫理不可能成為科學，因為它不可能產生普遍性的真理，它只能採取美學和美學形態的模式，比如，偶然、激情、即興、衝動和趣味的主觀性。說到底，就是快樂。只有美的行為是道德的。但是人們要問，什麼是美的行為呢？表現出一種風格，表現出一種顯而易見的主動性的行為就是美的行為。這種主動性是在法理之外的，它將他人納入了享樂主義的意志之中。美的行為就像是對驚喜的美感，使人皆大歡喜，博得普遍的歡迎。當人們共同約定可以將享樂和使人享樂變成享樂主義的絕對命令時，人們便是在實施一種令快樂的道德橫空出世的策略。這些道德，我將在下一部著作中專題論述。

[9] 羅歇·凱羅瓦（Roger Caillois，1913—1978），法國雜文著作家，翻譯家和社會學家。譯註。

[10] 羅歇·凱羅瓦，《遊戲與人》（*Les Jeux et les hommes*），《面具與眩暈》（*Le Masque et le vertige*），Idées Gallimard，頁67。

[11] 波特萊爾，《我裸露的心》，頁119。

終曲

VI 肢解

我患心肌梗塞三年之後，由於一位成為我的好友的心臟科醫生的慫恿，我心裡開始充滿了對解剖課的好奇，於是重返醫療中心的念頭油然而生。此前，我曾在維也納的城市歷史博物館裡，在赫伯特·伯克爾的一幅名為《解剖》的油畫前駐足良久。我看著畫上的那具人體，白裡透青，皮開肉綻，露出支支棱棱的骨架，胸腔和腹腔內的五臟六腑一覽無遺。我覺得噁心，卻又被深深吸引，更恍若在觀看肉體真實的不朽。外科醫生的目光在死亡的肉體上搜索，切割，剜挖，而屍體的眼睛則死死地盯著黑夜。林布蘭相同題材的油畫卻又不同，表現出了一派泰然自若和肅穆安寧。在阿姆斯特丹，我再次發現了那種表現屍體和屍體面部表情的風格，那種風格的運用就好像在呼喚人們在這唯一的視角上與實在和平相處。在奧地利，印象主義將沒有生命寄居的肉體的真實推向極至。油畫充滿了活力，它攫獲了注視著它的人的身體，它使人反感，令人噁心，讓人感到被摧毀、被粉碎、被捏成一團。清醒從不曾產生如此直接的效果，解剖從不曾受到如此的考驗。

跨進醫院大門之前，我感到了嚴冬的寒冷。呼出的是縷縷的霧氣，吸進的是冰冷的寒氣，令人麻痺。我四肢麻木，也許是因為天寒地凍，也許是因為我的計畫太不近人情。醫院門庭沒有探病的人，只有醫科學生。學院的氣氛、貼滿啟事的佈告欄、釘在軟木板上的考試成績和各種通知，很快便閃到身後。走廊通往一片迷宮，不知會把你帶到哪個人身牛頭的怪物那裡。氖燈發出慘白的光，已經讓人聯想到手術室的燈光。青黃色的門一個接一個，門上的標籤表明這是某個主管的辦公室，那是某個實驗室的入口，要不就是陳列室。說是陳列室，其實就是儲藏著可怕怪異之物的大倉庫，那裡堆滿了廣口瓶，瓶裡漂浮著解剖學的怪異和畸形，在堅持不懈凸顯著人的動物性。照明燈嗡嗡作響，使周圍的寂靜凝固了。在這些門的後面，人們可以想像最糟的狀況。肉體夾在戰慄和噁心之間。

解剖室和一般房間毫無區別，無論從什麼地方來說，都可以當作居室。慘白的

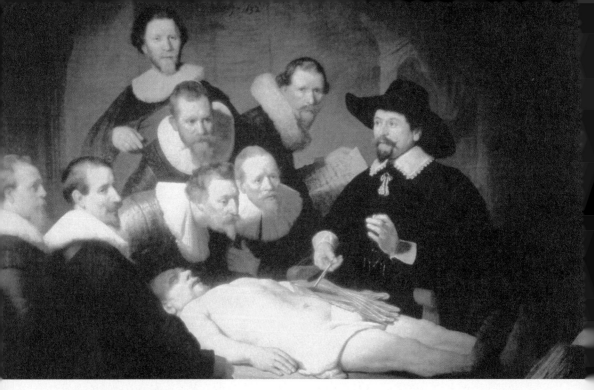

林布蘭〈杜普醫生的解剖課〉（1632）。

燈光具焦在分解開來的肢體上。一眼就能看到散落在鐵製實驗檯上的肢體，它們就像是在一起事故中，在一場戰爭中，或在一場大災難裡被拋落在那裡的。在一張工作檯面上擺著兩隻前臂，在另一張工作檯面上放著兩隻手。其中一隻手齊腕切下，呈栗色，是女人的手，因為指甲上還有指甲油。可能是由於持久保存的產品的化學反應，也可能是由於化妝品所獨有的特性，那指甲油的表膜閃著鋼的寒光，就好像是變種的手指大，像鐵慌的指甲。

兩隻前臂仍然粉紅雪白。由於前臂齊肘切斷，肘關節骨頭的象牙色格外顯眼，裡面還斑斑點點地攙雜著一些神經索截面的白色。體毛規則地倒向同一個方向，

好像被某種液體沖過，或者是有一陣想像的風拂過。指甲很乾淨，但是一隻手的指縫裡還是殘留著一些污痕，讓人覺得這是一隻活人的手。我的目光停留在手腕上，上面纏著一條鋼絲，似乎是拴號碼標籤用的。此時此刻，我浮想聯翩，把這條有實際用處的鋼絲想像成了飾物，一個帶到另一個世界去的賣弄風情的飾物——這真是最後的諷刺。我想像著，鐵板上這些破碎的、已不在正常位置上的殘肢可能也曾帶渦結婚戒指、鑽戒或手錶。

看著那只略略捲曲的手，不由得找聯想到一個睡眠者的姿態。那多像一個酣睡的人伸出床外的手，一動也不動。但是只要看到關節，你就會意識到，那曾與整

人的手前臂解剖。圖為十八世紀末的蠟像，藏於 "La Specola" Museum of National History of the University of Florence。

個軀體如此協調的器官，現在已成冰冷的物體，一種純粹的物質。手術刀的利刃在手掌上有力而精確地滑動著。每一個動作都是為了掀起皮膚，都是在揭開神秘的面紗，都是在揭示原本看不見的東西。在皮膚與紋路清晰的紅色肌肉之間，我看到一簇簇、一團團的黃色油脂分泌物。解剖者以令人震驚的平靜進行著他的解剖。我又看到了林布蘭的安寧。

旁邊的另一張工作檯面上，放著身體的其他碎塊，從軀體上切下來的器官。還有一張實驗台蓋著苫布，我看到台下有一小灘染上血的液體，中間呈粉紅色，邊緣略帶黃色。我想像著血在那裡是如何慢慢地凝固起來。一位醫生走來，彷彿是踏著舞步，躲開障礙物，他掀起蓋在一具老婦人屍體上的布單看了看。蒼白的頭髮，裸露的軀體——從色澤、密度和溫度上看都使人覺得那是一塊大理石。醫生以同樣精確的動作讓布單歸了位。永恆在那之間出現了。

在隔開兩個房間的一扇大玻璃門後，有四五個人正俯身朝向一具軀幹，那是一具割掉了頭，從不同部位切除了雙腿，以及沒有兩臂的軀幹。我想到羅馬的貝爾維代爾軀幹雕像，我覺得根本可以不用石頭，就用這具同樣冷冰冰的肉體來製做這座雕像。

奇怪的是，軀體並不像手那麼讓人印象深刻，也似乎不那麼具有象徵性。胸腔開了腔，雙乳下面是橫著切開的，從頸項下端到肛門則是豎著剖開的。皮膚的切邊都能很容易地掀起來，容易得就像掀起面紗一樣。一個解剖者走過來，把胸口掰開，像肉店裡把一塊肉分成兩半，打開了通向心臟的通道，找到了他要找的心臟。肌肉無聲無息，紋風不動，浸在微微擴散的血泊中。醫生用一些紗布沾掉血管和各種形態的物體上的紅色的血漬。就在旁邊，有一口大鍋坐在爐子上。這是用來煮器官肢體的，為的是將骨肉剝離。這是好像是地獄的烹飪……

就在我的理性與肉體的論證抗爭時，我突然覺得渾身麻木，這不是氣味使然，也不是這些怪異的形狀使然。任何原因也無法解釋我此時此刻所產生的這種難受的

感覺。我得坐下來。我的額頭盜冷汗，嘴裡乾澀。窗外駛過一輛輛汽車，車燈留下的光痕漸行漸遠。我的目光又回到那些被開膛剖肚，殘缺橫陳的軀幹上。走近時，我發現在腹股溝的部位有一個皮膚包裹著的三角形。那是性器官，它歪向一邊，上面罩著一個用橡皮筋繃緊的小口袋，但不知是紙袋還是布袋？腹部的內臟已經挖空，變得乾癟，皮膚形成一個大腔洞。骨盆突出，圓圓的。可以想像得到當初手摸上去時，那種堅硬而柔軟的感覺。

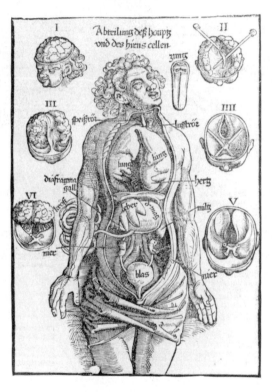

胸廓雖然已經破裂，仍顯得龐大，充滿了空氣。這具屍體似乎原本就很碩大，但此時已碩果無存，屍身被解剖得支離破碎，只是平攤浮攔在那裡，肋骨、內臟都像是堆放在庫房裡的道具。

我也許早期這只殘缺的軀幹分離的那顆腦袋的形狀，那副面孔的模樣。外科的實習生正圍著這具屍身耐心地做著練習。一派忙碌的氣氛，只偶爾有人對那只手上的紅色蔻丹說上隻言片語。燈光追逐著暗影。一切都沐浴在均勻的光亮之中，光亮將鬼影、幽靈和想像出來的陰影驅散得無影無蹤。在這種冰冷慘白的光線下，器官在實驗檯上顯得格外突出。它的周圍形成了一圈暗影，至少是形成了一圈不那麼強烈的光影。

難受的感覺消失了。此時，我恍若在觀看一個幻想中的情景：散置的器官，破裂的肉體，切斷的四肢，無臭的氣味，慘白的燈光，藍色的工作服，燒水的火爐，解剖的工具，一道道的血痕，乾乾淨淨的工作檯面，專心致志的氣氛，在解剖物上俯下身來的旁若無人的實習生們……這情景太可怕了，很難令人當真。

人們的腦子裡從不曾閃過這樣的念頭：這些肉體曾是活生生，有名有姓，有身份，有歷史的。無論是一隻手還是一具軀幹，也無論是一隻前臂還是一個性器官，都不會使人閃過這樣的念頭。而那張面孔最徹底地揭示了非人的一面。

我也該走了。這裡的工作是漫長的，需要極大的耐心，沒有時間的概念，因為

十八世紀中葉公開的人體解剖現場。

時間已經融化。我關上門，關住了那些失去固定形狀的屍身的粉色、白色和紅色的景象。我又回到氖燈下、走廊裡、醫院中心廚房的氣息中。我又看到熙熙攘攘的病人和來訪者。我又找到了生命、運動、與聲息。

　　外面，嚴冬的寒風砭人肌骨。噁心消失了，我真想用雙臂擁抱生命，但是一切已經變得簡單得多了：大街吸納了我，在一片物質中將我蒸餾。夜色包圍了我，我感到精疲力竭。突然，我想聽一聽自己喜歡的某個人的說話聲，然後，想讓生命日復一日地重複下去。

　　感謝我的老導師呂西安‧傑爾法紐（Lucien Jerphagnon）給予寶貴的指正。感謝派翠克‧於萊勒（Patrick Hurel）、讓-保羅‧勒萊耶（Jean-Paul Lerayer）、讓-皮耶‧布歇（Jean-Pierre Pouchet）檢閱此書。感謝克洛迪娜‧勒邁爾（Claudine Lemaire）做了那麼多的事情。也感謝讓-保羅‧昂托萬（Jean-Paul Enthoven）所做的一切。

享樂的藝術 Michel Onfray著；劉漢全 譯 --初版
    --臺北市：邊城出版：家庭傳媒城邦分公司發行，
2005〔民94〕
    面： 公分

ISBN 957-299153-1（平裝）
1.哲學—享樂主義

191.2